原民国大学与台湾『复校』大学对接比较研究

黄俊伟 —— 著

教育部人文社会科学研究规划基金项目
《在台『复校』大学与原民国大陆大学对接比较研究》．编号：13YJA880028
湖南省哲学社会科学基金重点项目
《原民国大陆大学在台『复校』后的教育发展经验及启示》．编号：12ZDB075

九州出版社
JIUZHOUPRESS

图书在版编目（CIP）数据

原民国大学与台湾"复校"大学对接比较研究 / 黄俊伟著 .—北京：九州出版社，2019.7
　　ISBN 978-7-5108-8084-1

　　Ⅰ．①原… Ⅱ．①黄… Ⅲ．①高等教育—教育史—对比研究—中国—现代　Ⅳ．① G649.29

中国版本图书馆 CIP 数据核字（2019）第 234210 号

原民国大学与台湾"复校"大学对接比较研究

作　　者	黄俊伟　著
出版发行	九州出版社
地　　址	北京市西城区阜外大街甲 35 号（100037）
发行电话	（010）68992190/3/5/6
网　　址	www.jiuzhoupress.com
电子信箱	jiuzhou@jiuzhoupress.com
印　　刷	河北盛世彩捷印刷有限公司
开　　本	710 毫米 ×1000 毫米　16 开
印　　张	16.5
字　　数	265 千字
版　　次	2019 年 11 月第 1 版
印　　次	2019 年 11 月第 1 次印刷
书　　号	ISBN 978-7-5108-8084-1
定　　价	59.00 元

自　序

本书写作之缘起，可推溯至 2009 年。那一年，我随湖南省教育科学研究院组织的教育考察团赴台湾，记得抵台第一日在台北某路段遇到堵车，当我观望车外街景时，竟看到印有"东吴大学"字样的校门，马上再凝神聚焦，又看到了这个杜型校门的顶端还刻制了东吴大学的校徽，其中校训"养天地正气，法古今完人"字样清晰可见。记得这个初到台北的无意收获，让我着实产生了一点小兴奋：因为东吴大学于大陆早在 1952 年就不复存在了，而在台湾竟然还有东吴大学，不仅如此，连校训、校徽都与该校在大陆时期的字样（范式）完全一致。自此，我开始在过去观察民国大学史的基础上，作为一种延伸比较，关注起了台湾的高等教育体系。2012 年，我申请的课题：原民国大陆大学在台"复校"后教育发展经验及启示，获得湖南省社科基金重点项目（12ZDB075）。

所谓关注，学术定位不是纯粹写编年体式的历史，因为这样不仅要费大气力阅读史料文献，及其他学者已有的相关成果，当然也超出了我的学术能力。因此，我主要选择若干反映大学本质属性的一些元素，如制度设计是否体现了尊重并保障教育独立价值的原则，及在这种特定制度环境下，师生所自然展现出的对应之精神状态。再回到时本段起首的"关注"，我是这样考虑的，总前提是把台湾谓之为"复校"的大学和 1949 年 10 月 1 日前的原民国大学连接起来，并视之为一个在历史变动中存在着前后沿革关系的制度范式加以比较观察。这个观察主要集中在三个方向：一为针对 1912—1949 年间的民国大学，就早期办大学管大学者，在面对西方现代大学制度之大学自治、学术自由等核心价值观时，如何平衡其与中国政治文化传统的冲突，并在文化适应、文化包容及结合中国实际基础上，建设出一批既符合现代大学题中之意，又兼具中国特色的好大学之过程和背景，作粗线条的梳理。二为基于历史回眸与现实前瞻的考虑，了解"复校"大学如何在台湾传承其在大陆时期形成的办学理念，如关于大学自治、学术思想、教授治校、通识教育等方面的一些具体制度设计，以此判断"复校"大学与原民国大学传统是否关联、如何关联的相互关系。三为原民国大学在台"复校"的背景、动因及教育发展历程。重点了解并诠释："复校"大学在台湾高等教育发展过程中，基于何种理念，采取了哪些措施，来均衡办学历史传统、本土意识、时代变化、国际视野等多元关系。

2013 年 2～3 月，应时任台湾政治大学国际关系研究中心第四研究所所长王瑞琦教授的邀请，我再次赴台湾，就"复校"大学进行专题调研；其时，我在主持湖南省社科基金重点项目基础上拓宽的研究计划：原民国大学与台湾"复校"大学对接比较研究，获得了教育部人文社会科学研究规划基金项目（13YJA880028）。

在台期间，我先后参访了政大、台湾清华、台湾交大、台湾中央大学、东吴、辅仁等"复校"大学，与这些学校的校史室（馆）专职人员和部分校史专家进行了交流，并获得了对方赠送的若干相关史料。通过实地调研和访谈，同时借助文献的阅读，形成如下主要心得：

任何类型的大学文化风格都是遗传和环境的产物。如爱弥尔·涂尔干说："在第一个生命细胞得以构成的那一刻，也就具备了独一无二的、绝对是无法根除的意涵，它的效果会贯穿此后整个生命的终结。"某种程度上，生命体的这种遗传特征，同样也适应大学这种学术机构。随着时势的变化，大学的功能、发展方向会有相应变化，但其核心的本质，作为近现代大学孕育之初就形成的本质，任何情况下都是大学合理存在的核心价值。原民国大学与在台"复校"的大学有着源于同一母体基因的血肉联系。因此，从历史文化学、高等教育学的基本理论出发，探究"复校"大学对原民国大学优秀传统的继承，以及在此基础上缘于时代变迁、社会发展的背景下形成的办学经验，将能为大陆高校破解大学制度、大学精神建设方面所面临的困惑，提供一个具相同文化背景且具操作可能的改革参考范式。同时，把在台"复校"大学视为与中国近现代大学制度发展变化的一个紧密相连的关联整体，在注重因素分析与整体分析结合的前提下，作历史背景与现实背景的思辨探讨；并以其大学理念发展为自变量，发展的结果为因变量，用整体思维观比较自变量与因变量之间的互动关系。

在舶来的近现代教育制度诸遗产中，民国大学制度不仅现在看来仍具现代性，并呈现出某种精神指向的象征意义。其可贵之处在于："西方的学术自由和大学自治，经过同中国传统文化的不断作用和适应后……它在保持中国传统和世界大学制度互相接轨中，成功找到了平衡点。"[1] 倘进入台湾这些"复校"大学的官网，在关于办学历史的表述上，无一例外能读到这样的文字：

台湾交大："追本溯源，竹校盖亦前述交大血脉之嫡裔也"；台湾清华："教育目标为：秉持'自强不息，厚德载物'校训，致力培育德、智、体、群、美五育兼优，具备科学与人文素养的清华人"；"中央大学以'松'为精神象征……松之四季常青，屹立挺拔精神，不断在中大延续，使得中大的校务发展蒸蒸日上，尤其南京母校历经一千四百多年淬炼的'六朝松'，更象征了中大历史源远流长，蜚声中外"；政大则强调"本校自民国十六年创立，民国四十三年在台复校，其间虽经改制、迁校，但始终秉持'亲爱精诚'的校训精神……和谐、自主、均衡、卓越之创校宗旨"；东吴大学于校歌歌词里明确"东吴旧誉，台湾继朏，圣道必弘扬"；这些含有丰富怀旧元素的表述，让人清晰感受到这些学校对过去大陆办学历史传统的尊重和传承意涵。纯从高等教育学的角度观察，1949年前的民国大学制度体系，从精神层面言，其实并未消失。诚如2009年，时任中国国民党主席吴伯雄在南京大学演讲所言："当时在大陆的名校校友到台湾来，一心一意怀念、爱护原来的学校，纷纷在台湾复校。但学校彼此之间绝对不是闹双胞、打对台，而是基于共同拥有的历史、校风，拥有的很多人才，在台湾跟大陆有一样校名、一样校史。"

通过对在台"复校"的原民国大陆大学教育发展历程、背景的观察，并求证其民国大学精神气质的遗传印记，同时将这个印记具体到学校内部能支撑大学自治、学术自由、教授治校、学生自主之类的一系列制度设计或安排；以此从历史文化传统自然传承的角度，延伸并拓宽大陆学术界对原民国大学的关注视野。此外，在中国现代高等教育的发展格局中，台湾与大陆之间有着不可分割的关系。但这种关系的脉络究竟如何，作为中国近现代高等教育重要遗产的民国大学精神，在台湾有着怎样的承续或是流变？台湾以"复校"大学为代表的高等教育发展，虽也处于所谓"战时动员状态"，但得益于大学与台湾主管当局实际存有一定的平衡关系，这种关系使得"复校"大学在制订校内制度、明确办学目标等方面，仍体现了教育优先的原则。因受非教育因素的内外部折腾不多，故"复校"大学大都顺利度过了从草创到完整大学的进程，并在历史传承、本土考量和国际化视野过程中收获了较为丰富的教育发展成果。

就两岸大学言，中国大陆高等教育发展的主要任务，可归纳成四个指标：一是提高人才培养质量；二是提升科学研究水平；三是增加服务社会之能力；四是优化结构、办出特色，建设一批世界一流大学。应当说，得益于政府、社会和大学三方的共同努力，大陆高等教育改革已经取得了明显的进步。但一些结构性的障碍仍未消除，如在大学内部，则存在：领导体制行政化、管理模式机关化、教学地位边缘化、学术风气庸俗化等与大学组织本质属性完全相悖的问题。如何改进，早期民国大学之遗产，是两岸大学共有的文化瑰宝，无疑有值得借鉴之处。故两岸大学如何以理性的文化反省态度，通过回眸与前瞻，善待两岸曾经共有的"民国大学文化"，寻找共同的文化反省之理性视角，传承与发扬其特质精神，为当前两岸大学的教育改革，建设世界一流高校的诉求服务。

不惮冗繁，写下以上文字。末了，还想说明一点，本书不是为专业学者提供专门学问，只为关注中国近现代大学教育发展史的人群，就某些通用问题，介绍个人思考。不当谬误之处，也期待同行学者不吝指正。

另，关于本书，特作以下说明：

一、本书观察对象的时限，民国大学的时间节点为 1912—1949；台湾"复校"大学则从"复校"申请核准始，至完全恢复大学建制止。

二、为让读者了解台湾"复校"大学的完整进程,本书附了"复校"大学大事记。

三、在民国存续的时限内,对官方的称谓均以政府或具体部委的名称称之;1949 年 10 月 1 日后,对台湾地方当局行政系统和其他机构的称谓采用公布的规范用语,部分因引用文献无法回避时,则加注引号,以示区别。

四、采用公元纪年。

五、注释采用每章后尾注。依次注明作者(编)、书(篇)名、出版社(期刊名)、出版(发表)时间、页码等项;多位作者(编著),一般列首位,后加"等"字;多次引用的同一文献,一般在引用文献处加注序号及对应页码。

参考文献

[1]许美德〔加拿大〕.中国大学:1895—1995 一个文化冲突的世纪〔M〕.许洁英,译.北京:教育科学出版社,2000:85—86.

目　录

第三章　民国大学校长、教授及师生关系

第四章　光复初期台湾高等教育之转型（1945—1947）

第五章　原民国大陆大学在台"复校"之背景

第一章　民国大学若干核心特征扫描

中国近现代意义上的大学制度发端于晚清，是西学东渐的产物。从1862年清政府举办第一所官办外语专门学校京师同文馆始，至1895年，陆续按西方专业人才培养模式，开办了26所偏"西学""西艺"的洋务学堂。与鸦片战争后对西学的抵制不同，这个时期的教育改革因渐趋与西学接纳并对接的迹象，而折显出部分近代因素。当然，这些学堂的纯职业属性，显然还不是欧洲近代意义上的大学制度，至多属于中等专门学校。1898年京师大学堂成立，这所既为全国最高学府，又为最高教育行政机关的国立大学，开学之初，不足100人。所招收的学生，均为五品到八品的官员和举人，学生在学堂内被称为老爷：因培养目标主要是官吏，加之现代化的课程设置极为有限，"在辛亥革命前，对他们的成就评价极低"。[1]故京师大学堂虽谓为近代中国大学制度的雏形，但中国现代高等教育制度真正意义上渐显端倪，无疑是民国成立以后的事情。1912年1月1日，中华民国在南京宣告成立，临时大总统孙中山在当日发布的临时政府第一号公告中提出：政府的任务是"尽扫专制之流毒，确定共和，以达革命宗旨，完国民之志愿"。政体的改变及新政府所展示的与封建专制决裂的鲜明态度和行为取向，给民初高等教育践行欧美教育独立的思想奠定了良好的外部氛围，晚清政府钦定之"忠君、尊孔、尚公、尚武"的教育宗旨，因与共和时代的诉求明显相悖而被西方大学倡导之教育独立、学术自由等理念取而代之。尽管中国现代大学制度草创之初，国家仍处在南北分裂中，加之受限于传统教育的惯性力量，以及经费不足、人才缺乏、内乱外忧、政治动荡等诸多因素困扰而步履蹒跚；然这个时期中国改革进程最顺遂、成效最明显的当首推大学教育。可以这样说，在民国诸多的教育遗产中，以大学教育的遗产最具现代性。所谓现代性，以为具体表现在于应首先尊重舶自西方的现代大学品格或特质的基础上，不特立独行，把教育与科研置于主导地位来设计大学的主体制度。因此，本章着重讨论：民国大学缘何能成为东西方文化良性融合的结晶体？中国缘何"只有在这一时期，才真正开始致力于建立一种具有自治权和学术自由精神的现代大学"？[2]

第一节　起步晚但办学水准进步快的民国大学

从比较历史的角度观察，受限于文化传统，诸如公平正义、民主、自由、独立人格养成等价值观念，中国历史上一直较为缺乏。在近代化的过程中，这些文化资源伴随西学东渐之风才进入中国。但因是舶来品，西方的这些价值观念在中国遇到了严重的水土不服问题，故把这种观念与实践相融合并付之运作的成功范式并不多见。相形之下，民国期间中国大学的制度设计及由此衍生的大学精神，似乎就属于较为成功的"个案"，而这也符合我们萌发公共记忆的基本前提条件。对此，加拿大比较教育学家许美德（Ruth Hayhoe）认为，尽管于理论和实践的角度，中国的大学很难完全接受欧洲大学学术自由和大学自治的思想，但无论从哪个方面看，整个民国时期的"中国大学已经走过了对外来文化的适应和吸收阶段，这种情形与德国的学术思想和现代科学研究的双重作用下的美国大学在19世纪的发展状况颇为相似"，并"最终形成了自己独特的知识自由和社会责任的大学办学思想"。[3]

其实，民国初年中国人开始创办自己现代意义上的大学时，除部分外国人办的教会大学外，并未弄懂西方的大学精神，办学动机中的国家功利主义仍占了较大成分，依然把大学理解为类似中国旧式国子监或翰林院一样培养官吏的行政教育机构，秉承信奉的教育目标还是学而优则仕之类。丝毫没有受到西方人所理解的学术自由和大学自治精神的影响。如民国元年建立的北京大学（1912—1916 年，北京大学是民国教育部直属的唯一国立大学），这所代表当时中国国立大学最高水平，堪称一枝独秀的学校，起先也乏善可陈，社会评价很低。"中国今日没有一个真正的大学。……就是大名鼎鼎的北大，也不过是一个有名无实的纸老虎。他的本科毕业程度，不但比不上德国的 Gymnasium（中学），连法国的 lycée（也是中学）也还差得远。北大尚且如此，何况那些远不如北大的呢。"[4]曾任北京大学校长的傅斯年也曾有过类似观点："直到民国初年，大学只是个大学堂。民国五六年以后，北京大学侈谈学问，眼高手低，能嘘气，不能交货，只挂了些研究所的牌子，在今天看来当时的情景着实可笑……"[5]北大如此，其他国立大学的"幼稚程度可以想见……"（蔡元培语）。1934 年，蔡元培先生回忆受令任这个"声名狼藉"的北大校长前的个人思想状态，所表达的顾虑就颇能说明当时北大的真实状况：

"友人中劝我不必就职的颇多，说北大太腐败，进去了，若不能整顿，反于自己的名声有碍。"因为，"北京大学的学生，是从京师大学堂'老爷'式学生嬗继下来（初办时所收学生，都是京官，所以学生都被称为老爷，而监督和教员都被称为中堂或大人）。他们的目的，不但在毕业，而尤注重在毕业以后的出路。所以专门研究学术的教员，他们不见得欢迎；要是点名时认真一点，考试时严格一点，他们就借个话头反对他，虽罢课也所不惜。若是一位在政府有地位的人来兼课，虽时时请假，他们还是欢迎得很；因为毕业后有阔老师做靠山。这种科举时代遗留的劣根性，是于求学上进有妨碍的。"[6]

北京大学作为中国早期现代大学制度建设的起点，草创之初虽学潮迭起，校长更换频繁，校园内部极不稳定，但得益于民国元年颁发的《大学令》中第 1 款："大学以教授高深学术，养成硕学闳才，应国家需要为宗旨"的办学方针，其明确大学以教育为优先原则的法律定位，还是完成了中国早期大学现代化转型的使命。这一成果颇为难得。1915 年，英文教授亚丹在课间很不经意地问在美国留学的胡适："中国有大学乎？" 这个亚丹随口一问的问题，但在胡适那里，却是个一时"无言以对"的难题：要说没有吧，不是事实；要说有吧，又说不出一所大名鼎鼎的大学来。1917 年，蔡元培先生正式执掌北京大学，针对"学科之凌杂……风纪之败坏"这两弊，开始在"延聘纯粹之学问家……以改造大学为纯粹研究学问之机关"，[7] "以专门教授为本校主体，使不致因校长一人更迭而推动全校"的方向，通过设置或改革评议会、各学科教授会，推出"选科制"（即学分制）、废除经科、增设反映西方社会科学和精神文明发展的课程等大量改制、整饬学风等一系列机制框架之构建，来保障北大能按现代大学的题中应有之义步入正轨。应当说，没有多久，北大沉闷的颓废学风已悄然消失，精神状态明显改观，大学自治和学术自由的思想在北大身上初露端倪。1922 年，距蔡元培先生主持北大改制仅几年，胡适先生虽对北大的学术水平仍评价不高："我们有了 24 个足年的存在（1898—1922 年，笔者注），而至今还不曾脱离'裨贩'的阶段！自然科学方面姑且不论；甚至于社会科学也还在裨贩的时期……这不是我们的大耻辱吗？"但他对北大改制方面所取得的成效，则给予好评：

"我看这五年的北大，有两大成绩。第一是组织上的变化，从校长学长独裁制变为'教育治校'制；这个变迁的大功效在于：（一）增加教员对于学校的兴趣与情谊；（二）利用多方面的才智；（三）使学校的基础稳固，不致因校长或学长的动摇而动摇全体。第二是注重学术思想的自由，容纳个性的发展。这个态度的功效在于：（一）使北大成为国内自由思想的中心；（二）引起学生对于各种社会运动的兴趣。"[8]

显然与蔡元培先生执掌北大改制的良好示范效应的"辐射"有关，[9] 民初中国其他大学的除旧布新式的体制设计进程同样较为顺遂。关于这一点，观察蔡元培、胡适两位先生对民国初年北京大学草创时的负面评价之时间节点稍往后推几年，再读两位先生同样以北大为视角谈对中国大学的看法时，评语就基本从负面转向正面了。1925 年，蔡元培先生在国外回应世界基督教联合会就中国大学发展现状时，他结合北大基于文理融通的部系设置改组 [10]，教授会和行政会等行政架构之组建的改革进程，尤其是采取了为保障教师研究兴趣而采取的若干举措："强调教授及讲师不仅仅是授课，还要不放过一切有利于自己研究的机会，使自己的知识不断更新，保持活力……研究者进行学术讨论有绝对的自由，丝毫不受政治、宗教、历史纠纷或传统观念的干扰。即使产生了对立的观点，也应做出正确的判断和合理的说明，避免混战。"由此认为：北大的进步尽管缓慢，但这种进步已经是不可逆转的了。由北大的进步论及民国其他大学的情形，蔡元培先生做了如下表述：

"晚清时期，东方出现了急剧的变化。为维护社会的生存，不得不对教育进行变革。当时摆在我们面前的问题，是要效仿欧洲的形式，建立起自己的大学……随着 1912 年民国的成立，它把政府的控制权移到了民众的手中……在大学内部也体现了这种新的精神。最早奏效的改革，是废除经科，从而使大学具备了成立文、理、医、农、工、法、商等科的可能性。作为上述这项方针的结果……几乎所有这些大学都完全或基本贯彻了政府关于教育方面的指示。迄今为止，在北京有国立北京大学，在天津有北洋大学，在太原有山西大学，在南京有东南大学，在湖北有武昌大学……最近，几所省立大学也相继宣告成立……直隶的河北大学，沈阳的东北大学，陕西的西北大学，河南的郑州大学，广州的广东大学以及云南的东陆大学，都有了良好的开端。一些以办学有方而著称的私立大学，如天津的南开大学，和厦门的厦门大学，也是值得一提的。"[11]

1928 年，胡适先生在中央大学表示："北大久不为北大"，因为"中大经费较昔日北大多三倍有余，人才更为济济。我希望中央大学同人，担任北大所负之责，激烈的谋文化革新，为全国文化中心"。物理学家、教育家吴有训也有一段很精彩的文字，他将民国大学的理科教育发展历程分成逐级进步的三个时期：阶段一为"妄读时期"，高等教育处于草创；阶段二为空谈时期，自以为"中国的大学程度，似较世界任何大学为高……这种高调的课程，对具有谈玄传统的中国人，非常适合口味，结果学生对于实验常识几无训练，唯日谈自由研究不知研究为何事"；阶段三"可称为实在工作时期，这时期包括抗战前十年至十五年的时间，国内才真正有了科学工作……重要的实验，均可举行，实验科学意义，学生得以了解……英国剑桥大学已可承认国内大学研究部所给的学分，法国巴黎大学已承认由中国的学士学位可直接进行法国国家博士学位的论文工作"。[12]

作为横向移植而非纵向继承的中国现代大学制度，建立初期就能够摆脱传统文化惯性的强力牵制，没用太长时间便在中西文化的碰撞冲突中突围出来，迅速走上正轨，至少在办学思想和制度设计方面，初步办出一批与国外主流大学只有量差没有质差的好大学，这在当时中国处在内忧外患、国力羸弱的特别环境中，无疑当属奇迹。于大学格局看，公立（国立、省立）、教会和私立大学三足鼎立，形成与欧美主流国家大学格局一致的良性竞争态势。于大学数量和地域分布观察，民国建立之初，大学不仅数量少、多为单科专门学校，且主要分布在北京、上海等大城市和东南沿海各省。1912 年 10 月，《大学令》规定：大学以文理二科为主，或文理二科并设，或文科兼法商二科，或理科兼医农工三科或二科、一科。而到 1917 年 9 月，修正《大学令》较之早先规定又有拓宽之变化："大学分为文科、理科、法科、商科、医科、农科、工科""设二科以上者，得称为大学；其但设一科者，称为某科大学"。这些又为单科大学的设立开辟了通道。加之当时各界均已形成高等教育是国家建设和社会文化进步的重要支撑之共识；自始，"中国除了综合性大学、多科大学，又增加大批的单科大学。不仅丰富了高等学校的类型，而且大幅增加了大学的数量"。[13] 其中"各专门学校、高等师范学校，多升格改为大学或师范大学，高等教育骤然发达"。[14] 至 1928 年，大学数量已从 1921 年的 13 所快速扩张到 74 所，[15] 初步形成覆盖南北的大学群和知识共同体；于办学品质分析，除"老牌"的北大外，出现一批名校如中大（中央大学）、清华、浙大、武大、北洋、交大、金陵、燕京、圣约翰、东吴、南开、厦门、光华、复旦等；于学科水平看，1912 年后，陆续兴建的中国各类主流大学均对科学研究持极力提倡的态度，学术品质也随之水涨船高。"所谓大学者，非仅为多数学生按时授课，造成一毕业生资格而已也，实以是为共同研究学术之机关。"[16]"以谓西方学术乃西方文化之所以异于东方者，一言以蔽之，西方有科学，东方无科学而已……故欲效法西方而撷取其精华。莫如绍介整个科学。盖科学既为西方文化之泉源，提纲挈领，舍此莫由"。[17] 正是因为中国知识分子有这种文化反省精神，作为中国现代科学研究的开端，民国大学"在发展现代科学研究机构方面取得重大进步。新一代知识分子在日益增多的大学和研究所里忙于学习和创新。从表面上，中国似乎已经到达起飞点"。[18]

事实似乎也是这样。以学科水准和学人队伍的综合影响力分析，民国时期已有不少学科在世界上崭露头角，清华的文史、数理，北大的文史，协和的医学都蜚声国际；北洋和交大的工学，东吴的法学，南开的经济学，燕京的新闻学，金陵的农学等，都已具有相当的国际知名度。尤其想强调说明一点，和国立大学不同，私立大学办学经费主要靠学费和自行筹措，管理体制的差异，加之政府对国立大学的重视程度相对而言，要高于私立大学。不过，民国时期的主流私立大学，在人才培养和学科发展或研究方面，即使是与如北大、清华、交大等国立大学相比，也并不逊色。而这种情形，在当时的中国大学结构或社会评价体系中，又是一件极平常的事情。故这里仅就上述几所私立大学之享誉国内外的知名学科情况，做简要介绍：

东吴大学之法学。1915 年，其时北洋政府正着力倡导"宪法"和"法治"，社会存在对司法和律师从业人员的大量需求。基于"中国注定要有一个现代的政府，现代政府的顺利建成和运转的前提之一是强有力的司法"。[19] 时任东吴大学校长，美国人葛赉恩于是委托美国律师兰金（Rankin，C.W.）博士负责组建一个"夜校形式"的法律学校，英文校名为"Comparative Law School"，中文校名为"东吴法科"。东吴法科的开办得到了上海美国司法委员法院和有关人员的大力支持。兰金聘请了当时上海的法律、司法界的许多名人，如罗炳吉（C.S.Lobingier），佑尼干、F.J.Schule、P.M.Linebarger、Lawrence、L.Kentwell、王宠惠、罗泮辉、梅华铨等，到东吴法科任兼职教员。草创初期的东吴法科起点颇高，着重培养通晓英美法、罗马法、希伯来法这三种不同的法律体系的专门人才。以让学生"在比较中掌握法律制度的基本原则"；同时在课程设置上则注重中国法的教学和研究。这种注重原理、注重比较的教学模式，使东吴法科的学生口碑良好。哈佛法学院哈德逊（Hudson，M.O.）教授（后来成为国际法院的法官）来东吴参观时，认为"对国内法的教学建立在对英美法及民法进行比较的基础上，你们学校是我所知的唯一的真正名副其实的比较法律学校"。[20]

东吴法科的办学水平也得到美国哈佛大学法学院、密歇根大学法学院等世界著名大学的认可。这使得东吴法科毕业生取得东吴学士学位后，经学校推荐后，可直接到美国攻读硕士或博士学位。1928 年，东吴法学院开设法学硕士班，为中国法学研究生教育先河。1929 年，"东吴大学法学院还开始招收外国留学生，共有 4 名，来自美国康乃尔大学、密歇根大学、纽约大学科劳鲁劳大学。1930 年，又有三名留学生入学，其中一人来自哈佛大学，另二人来自密歇根大学。"[21]

胡适先生曾给予东吴大学这样的评价："在燕京大学于二十世纪三十年代成为领先的教会大学前，东吴大学和圣约翰大学在中国教会大学中发挥了领导作用。"[22] 仔细琢磨胡适先生的话，在当时国立大学迅速崛起，似有认为东吴大学的社会评价已经落后的隐喻，但就东吴大学法科所培养的人才品质言，其始终在国内保持了领先水平并持续做出了重大的贡献也是不争的事实。有数据显示，从 20 世纪 30 年代至 90 年代，国际法院一共有过 6 位中国籍法官，从顾维钧开始，一直到 1997 年的联合国前南国际刑事法庭法官李浩培，都是东吴法学院的教授或毕业生。东吴法学史上最值得夸耀的另一件事，是 1946 年参与远东军事法庭东京审判的中国法官、检察官及顾问中，大半出身东吴大学法学院，包括：向哲浚（检察官）、倪征燠（首席顾问）、桂裕、鄂森（检察官顾问）、裘邵恒（首任检察官秘书）、高文彬（翻译、检察官秘书）、方福枢、杨寿林（法官秘书）、刘继盛、郑鲁达（翻译）。1952 年在院系调整中，因废除私校制度，东吴大学收归公有易名为江苏师范学院，设在上海的东吴法学院大部也于同年并入华东政法学院。至此，东吴大学于中国大陆完全消失。但东吴法学的影响，似并没有因岁月流逝而被历史记忆淡忘。2003 年 1 月 9 日，《南方周末》第 987 期，以"被遗忘 30 年的法律精英"为题，报道了历时 8 年，当时已完成词典的最后校样，460 多万字，所收词条达到 4.5 万多个，为日本人编辑之《英美法词典》3 倍的《元照英美法词典》（主编薛波，总审订潘汉典，法律出版社 2003.5）即将出版的通讯。在该报介绍这本有史以来中国最大的英汉英美法词典编纂过程中背后的故事时，列出了部分（该词典计有数百学人参与）参与编审、校订、审稿的一长串多为老者的名单，他们是：

盛振为，美国西北大学法学博士，东吴大学前校长兼法学院院长；周木丹，比利时鲁汶大学 1934 年法学博士；卢峻，美国哈佛大学 1933 年法学博士；王名扬，法国巴黎大学 1953 年法学博士；蔡晋，东吴大学 1933 年法学士；许之森，东吴大学 1934 年法学士；卢绳祖，东吴大学 1934 年法学士；徐开墅，东吴大学 1940 年法学士；王毓骅，美国印第安纳大学 1949 年法学博士；俞伟奕，东吴大学 1944 年法学士；郭念祖，东吴大学 1946 年法学士；陈忠诚，东吴大学 1947 年法学士；周承文，东吴大学 1944 年法学士；高文彬，东吴大学 1945 年法学士……细心的读者可能注意到，这串名单的共性特征是：几乎都来自东吴大学法学院。

南开之经济学。作为一种对 20 世纪 20 年代人才培养目标的反省，南开大学经济学的特色在于真实践行了"教学与研究相结合，教学与中国问题相结合，课堂学习与实地考察相结合"的大学学科建设思路和教学理念，而所谓学科特色则隐喻在教学与研究相向而行的内涵品质之中。这个特色的形成，显然与学科带头人物何廉之引领是密不可分的。何廉（1895—1975 年），湖南邵阳人，耶鲁大学哲学博士，著名经济学家，1948 年曾出任南开大学代理校长。1927 年何廉回国在南开任教后，发现国内大学经济学教学情况十分"惨淡"，弥漫着一种非常脱离实际的矫揉造作气氛，学生只关注考试和分数，课堂仿如温室且与外界隔绝。不仅教学内容完全西化："一些大学的经济学教授能够胜任美国的都市财政讲演，然他们之中很少有人能对中国一个县政府的财政略知一二。"教员也因授课任务繁重加之常外出兼课，对教学之余从事研究也多了无兴趣。[24] 鉴于"教师若不参加研究，教学只有死路一条；只有通过教学才能使研究有机会持续不断发展"的改革思路，何廉向时任南开校长的张伯苓提议设立一个专门研究机构，即南开大学社会经济研究委员会，[25] 这是南开经济学院前身的一部分。1931 年，根据何廉的建议，南开将商学院、文学院的经济系和校本部的社会经济委员会合并，组建设有"独立董事会"的经济学院[26]（1934 年，根据《大学组织法》，经济学院更名商学院，另设商科研究所经济学部：简称经济研究所——作者注）。

经济学院成立后，首任院长何廉"分配给每个教员的工作为教学和从事研究两个相等的部分",借此深化经济学教学"中国化""教学与研究相辅而行"之理念的实施。所谓教学内容"中国化",即教学内容都应尽量与中国的经济生活和经济组织对接,用何廉的理解,就是要求将中国的素材和学科内容融合在一起,并且用中国素材来解读所学原理。以让学生在研究和工作能力上,为适应中国经济生活和经济组织的实际情况奠定良好的基础;否则,讲授的知识不能解决本国问题,这种教育就容易流入空谈。而研究项目选择要求对接中国问题,则能保障把教学中国化、教学与研究相向而行落到实处。这种教学制度设计及安排,为当时中国的经济学或放大至整个社会科学教学,都具有方向性的指标意义。即使当下看,无论观其制度设计之理念或教学实践之效果,恐也具领先水平。从教学方面看,得益于经济学院创办时所强调之教学与研究同等重要的定位,其以中国社会经济问题观察与研究的学术导向,使该学院的学术视野从早期之社会经济研究委员会,主要关注中国城市社会社会经济发展和工业存在的主要问题,开始向农村方向拓展。这种学术拓展分为农业经济、乡村工业和华北地方政府财政三个领域。由于研究范围的扩大,加之研究成果与文献需入编教科书,这些做法使教学与研究之紧密结合有了注脚,最显著的变化是导致师生研究热情和学习积极性高涨。据《何廉回忆录》有关数据:以选修经济学专业的学生人数为例,经济学院创办的第一个学年,注册学生人数为69人,第二学年即倍增到139人,第三学年达到172名。1935年秋季,经济学院经济研究所开始培养研究生,首届11名学生均由全国主要大学毕业生中通过考试竞争录取。这些学生全部获得洛克菲勒基金会提供的奖学金。因将课堂学习与实地考察相结合,要求学生将所学理论知识,借助实地调研加以消化,故首批研究生培养"获得完全成功……所有毕业生都根据他们的专业得到了合情合理的分配。"于研究方面的成果分析,南开经济学院成立前后的一段时期,正值中国国立大学快速发展的阶段,因国立大学有政府固定拨款,教师的课业负担量和薪资都显著优于私立大学,于是一些国立大学开始"不择手段"到私立大学挖人。[27]但南开经济学院显然与其财政独立和行政稳定等制度设计因素相关,教师似不为所动;不仅队伍稳定,相反,因"一半教学,一半研究的体制,员工薪金还有某种程度的提高，在新的教学人员招聘上我们很少遇到困难。"[28]
如方显廷、吴大业、李卓敏、林同济、丁佶等一批当时站在国内学术最前沿的
海归学者，纷纷加入经济学院的行列。1936—1937学年，经济学院由早先社会
经济研究委员会仅有主任和研究助理计3人，发展到10位教授、9位讲师、5
位助教、8位研究助理，计32人，教师队伍多为海归博士。强大的团队研究实
力，尤其是利用现代西方经济学的若干理论，针对中国经济社会问题展开的调
研，其开创性质，使之一开始就得到了海内外学术界较高的评价。他们是国内
最早引入市场指数之调查者，由他们推出的趋重实地调查和以物价指数为主的
经济统计资料，如"南开物价指数"等，一经发布便立即在世界受到广泛关注。
随着研究团队的扩大，范围也开始向人口迁移（主要研究河北、山东两省向东
北地区的人口迁移问题——作者注）、中国货币理论、明清两代经济史、社会
传统及组织、经济问题与政治制度及措施、社会组织及文化等领域拓展。1935
年，南开经济研究所与北京协和医学院、燕京大学、清华大学、金陵大学等校，
为配合农村复兴运动，成立了"华北农村建设协进会"，由何廉任主席。这时
南开经济学院将首批研究生的培养目标，定为土地问题、乡村合作、地方政府
与财政三个方向，开始向中国农村问题作深度介入。南开经济研究所对中国经
济生活的研究立足于国内数据的收集，立足于实地调查，而不是仅利用西方的
经验或案例之务实学风，被当时公认为：独开风气之先。作为对中国经济学家
学术水平的高度认可的证据，不仅其研究人员的论文常刊载在《经济季刊》《哈
佛商业研究》《世界经济文集》《太平洋事务》《外交政策报告》《中国社会
与政治学研究》等学术期刊上，美国罗氏基金团社会科学部副主任 S.M. 冈恩教
授访问南开时，对南开经济研究所就中国经济问题所展开的开拓性研究颇为赞
赏，决定为经济学院提供75000美元的分期拨款；[29] 而美国洛克菲勒基金会在
1932年给予南开经济研究所一笔为期五年的资助。（据何廉回忆，洛克菲勒基
金会对南开经济学科的资助，一直持续到1948年——作者注）

　　南开大学经济学科国际知名度的获得，体现了当时大学教授对学科建设之
定位与实践思路，所恪守的理性文化反省意识和实是求是的学术精神；同时，

秉承大学学科建设的公共责任感，力戒空谈学理之浮躁学风，学科建设植根于国情并为中国服务而形成的"真实"特色，这与当下中国大学学科建设多侧重学位点数量，和与之相对应的具极强功利学术意趣的科研数字化指标，所谓教学与研究结合，科研促教学往往成为空话，两者价值取向是不一样的。故南开经济学之特色形成的背景，至今仍值得我们借鉴并反省。

燕京大学之新闻学。燕京大学[30]新闻系创办于1924年，虽设置较晚，但发展颇快并迅速成为国内乃至亚洲新闻界人才培养的引领者。据燕大新闻系1931届毕业生汤德臣回忆说："在我服务于新闻界快半个世纪里，曾眼见燕大同学在新闻阵线上风光过一阵，譬如在抗战及战后，中央社海外单位在伦敦、巴黎、纽约、华盛顿、三藩市、新德里、汉城、马尼拉、澳洲、东京，记者都是燕大出身（多半是新闻系）。代表中央社在1945年春联合国在旧金山筹备会议的三位记者，清一色燕大新闻系出来的。"[31]司徒雷登对新闻系办学成效与学生品质也曾给予高度好评："新闻系独特的教学与实践使之成为中国而且也是亚洲第一所完全的新闻系。""有一段时间（指第二次世界大战——作者注），中国新闻机构派往世界各大首都的代表全是我校毕业生。"[32]1945年，在密苏里战舰采访报道日本向美、苏、英、中正式签署投降书的中国记者，全为燕大新闻系学生。"新中国成立后，驻外记者尤其是新华社、人民日报等单位派驻联合国和世界各国首都的记者，多为燕京人。"[33]

据有关史料，崇尚自由主义的燕京大学校长司徒雷登，很早就认识到处于变革之中的中国社会，对新闻人才的大量需求。故在建校初即将新闻系纳入设置规划，因教会反对而作罢。虽如此，1922年，他还是将新闻系的设置纳入了学科计划，并亲自前往美国密苏里大学联系，"得到了环球报界名誉会长，密苏里大学校长兼新闻学院院长威廉博士的支持（密苏里新闻学院创立于1908年，是世界上第一所新闻学院）"。[34]于是，1924年首先开始在文学院设立一系列新闻学的选修课，由密苏里大学新闻学院派来的聂士芬（Vernon Nash）和已在燕大任教的美籍教授白瑞登（R.S.Britton）授课；1929年以试办的模式设系。1933年底，因美国发生经济危机，各种社会慈善事业收入锐减，燕京大学年收入仅得 91.6 万元，不得不实行紧缩政策；这时新闻系的试办期将满，因设系所募资金即将告罄，时任新闻系主任聂士芬对媒体公开明确表示："新闻系不拟再办，主修学生转校转系，概听其便。"[35] 在新闻系存废之时，显然与燕大高层对新闻教育的信念有关，借助司徒雷登发起的"百万基金运动"[36]，遂决定该系续办一年，若 1935 年夏，还不能得到外援，再行停办；并聘请其时已在燕大新闻系任教的梁士纯执掌新闻系。临危受命的梁士纯，凭借其燕大"百万基金运动"执行干事的身份，[37] 为快速筹款以解新闻系生存的燃眉之急，宣布"该校教职员可随意赠捐新闻系以代百万基金之分"。[38] 因百万基金运动的募款目标大获成功，燕大新闻系的经费危机随之解除。1935 年 2 月，燕大校务会议正式通过新闻系为燕大的一个组成部分。不过，新闻系稳定的时间并不太长；1937 年日本侵华致华北沦陷，司徒雷登在燕大成为孤岛后参加的第一次社团活动就是新闻系举办的，他在会上发表了这样一段讲话：

"本人对新闻系素极关怀，也极感兴趣，本人之目的在造就培植中国之新闻人，以为国家、社会服务。新闻系成立之时，曾受到时美国密苏里大学协助，关系基为密切。最近因时局关系，颇受影响，致令人疑及本系之存在问题，发生种种谣传。实则本校既照常开学，一切组织并无变更，自将本既定计划，竭力维持。燕京存在一日决不使本系中途停顿也。"[39]

司徒雷登对新闻系学生的讲话固热情洋溢，但字里行间也表露出新闻学科创办之路的艰辛和无奈，燕大新闻系的办学之路却一直在存续间磕磕绊绊，但何以能在如此境遇如此短暂的时间内，办出一所国内外赫赫有名，被燕大人自称为新闻学"天下第一系"的学科重镇？如司徒雷登所言，得益于其独特的教学与实践。

首先，瞄准世界第一流学科并与之深度对接。新闻系从创办之日起，在司徒雷登的关注下，就与密苏里新闻学院建立了良好的沟通。1922 年，时任密苏里新闻学院院长的威廉，就成功说服了哥伦比亚大学新闻学专业毕业生白瑞登和密苏里大学新闻学院毕业生聂士芬加盟燕京大学新闻系。1924 年，燕京大学新闻系创立（时称"报学系"），白瑞登任系主任，聂士芬任讲师。观早期燕大新闻系初期的专业课程设置，会发现与密苏里新闻学院有很高的相似度。实际上，燕大新闻学科虽设在中国，基因却来自美国，其办学方针、课程设置、学术思想都呈现出浓郁的美国"密苏里新闻教育模式"，[40] 据燕大新闻系重建初期在系内任教的卢祺新和葛鲁甫回忆，"燕大新闻教育全都是美国式的，因为任课教师不是美国人就是接受了美国教育的。当时所有的新闻教科书或参考书没有一本是中文的。"[41] 以课程为例，对比密大、燕大建院（系）初期的专业课程设置，会发现两者有很高的相似度（见表1–1）。

表 1–1 密大、燕大建院（系）初期专业课程比较 [42]

学 校	密苏里新闻学院（1909）	燕京大学新闻系（1929）
课程名称对应	新闻历史和基本原理	新闻学史 新闻学导论
	新闻采访、报道、编辑与写作	新闻之采访与编辑、报章文字、社论
	通讯	通讯练习
	比较新闻学	比较新闻学
	报业管理	经营及印刷法
	新闻伦理、诽谤法、报纸法理	出版须知
	解说艺术	特载文字
	报纸制作	报纸参考材料、报纸图画
		广告原理

在燕大新闻系随后的发展岁月中，无论是经历人员短缺还是经费危机，密苏里大学新闻学院都给予大力支持，并动员全美报界为其筹款。1928 年，威廉在密苏里大学新闻学院成立二十周年院庆时宣布，与燕京大学合作设立"中国一流的新闻系"。以"密苏里—燕京交流计划"为代表的各种交流计划随后展开，双方确立起校际合作关系，燕京大学迎来众多美国学者，新闻系的学生也会前往密苏里大学新闻学院深造。不仅如此，1929 年 5 月，密苏里新闻学院选派了该院 29 届毕业生葛鲁甫（SamuelD.Groff），作为第一个密苏里—燕京的交换研

究员来燕大新闻系研修，两年后，他获得燕京大学文学硕士，成为第一个在中国取得硕士学位的外国人。葛鲁甫硕士毕业后没有回国，而选择在燕大新闻系任广告学助教，并任《平西报》《新中国月刊》营业部指导。实际上，燕大新闻系从初创之后相当长的时间里，来这里的美方访问教师和学生都来自密苏里大学新闻学院。"密苏里新闻教育模式"在燕大首先实现了全方位的横向移植。应当说，"密苏里新闻教育模式"不仅促进了中国新闻教育观念向近代化的转型，拓宽了中西方新闻教育的交流的深度，也培养大批职业化新闻记者和熟悉现代报刊业经营及编排模式的专门人才。

其次，"密苏里新闻教育模式"与中国国情兼容并包，以此凸显中国新闻教育之特色。民国大学草创之初，无论国立或私立，最大的困惑即如何化解完全照搬欧美大学模式而致水土不服的问题，表现在学非所用或学不能用之人不在少数。这也是当时有识之士常常诟病大学的主要话题。而这一点，对教会背景的大学言，其本身的外国基因，表现无疑更甚。如当时中国新闻教育，也同样存在多偏重外国素材，难以尽合本国办报的需要，"是在为外国报馆添人手，而非为中国报馆添益处"等现象。对此，燕大新闻系在人才培养对接中国需求方面，做了诸多尝试。

明确中国的新闻学科之人才培养定位，当切实适应中国报业及社会的需要，此为办学宗旨。如何切实适应中国国情和需要，当然不是一句空话。1935年，华北事变使日本侵略者分割华北五省的阴谋得逞，民族危机进一步加剧。北平和天津的新闻学界和业界人士于1936年元旦成立了平津新闻学会，在向政府提出取消检查制度、加强国际宣传、训练新闻人才、创办新闻学术期刊等诉求时，同时也提出了"新闻救国"的意愿。为呼吁"新闻救国"，时任燕大新闻系主任的梁士纯于同年5月，借举行燕大第五届新闻学讨论会之机，将主题定为"新闻事业与国难"。把新闻事业与国难问题直接联系起来进行大规模的学术探讨，这是近代以来中国新闻学界的第一次，体现燕大新闻系肩负国家时代使命的情怀。梁士纯在回答为何选这个主题时，其言已经说明了新闻教育何为适应中国之需要。他说："我们今年讨论会的总题是'新闻事业与国难'，我们选择这个题目的意思是我们感觉到中国的国难，不会在一二年内就可终了。换一句话来说，这国难是方才起始，到哪一年可以说是国难告终，那全看我们的应付如何。最早这个国难恐怕在十几或二十年内不能结束。既然如此，我们要晓得至少在这十几或二十年内新闻事业应负的使命是什么？服务的机会是如何？并有何特殊问题，及此特殊问题的解决方法。这种种的疑问，我们是很希望在这几天的讲演和讨论里能够得到圆满的答复。如在这些问题上我们能够得到较圆满的答复，那么我们就应当晓得在未来十几年或二十年的新闻教育所应走的途径是什么？它的注重点是什么？"[43]

第三，把通专平衡发展落到实处。通才教育为西方近代大学制度设计为平抑工业化致专业主义或职业主义日盛的一种教育理想。作为中国早期大学教育制度安排的一个选项，欧美大学通才教育理念也同样舶来中国，并成为民国时期各主流大学教育理念的共识。但说与做是两个概念，具体到应用性、实践性较强的学科专业，真实的通过课程安排或其他手段来达至所谓通专平衡发展的教育思想，不是一件容易的事情。如新闻学就是一个实践性、专业性较强的应用学科，若虽有理念但不通过具体制度安排来践行之，人才培养同样会流入只关注专业知识和技能发展的惯性思维中。"现在的新闻系，竟是束书不读，专做实验，这与6个月毕业的新闻速成班，其价值相差无几，不如高小毕业生在报馆做访员有年的人好呢！"[44]故此，怎样才能做到在强调专业理论与实践并重、做中学的专业教育理想的同时，亦对种种普通学识也极为注重，以此实现其建系之初即拟定的"培养报界人才，授予广博之专门知能"的目标。于燕大新闻系在课程设置方面所体现的教育优先之精神，可以看出他们对把握新闻人才培养之完整性的精致考量。1929年的新闻系细则规定：本学系主修生须在本大学各学系中选定一系为有关之学系（最宜选社会科学）。其选修之学分数至少在20以上。主修必修科目至少须有32学分。[45]梁士纯执掌新闻系后，通过邀请部分非新闻学科的知名教授举办专题讨论会，就新闻专业与其他学科之关系征求意见。经充分交流后修订的新"学则"，对通才教育及通专平衡的理念，又有较明显的深化。该学则明确："新闻学与人的任何方面皆有关系。因此新闻人才，不但应具有专门的学识与训练，对于各种学识，皆宜有清晰之概念。是以本学系一方面对于新闻的专门学识极为注重，而同时对于其他与新闻学有特殊之学科，亦为重视。"[46]这时，课程与学分分布尤其是非专业学分较之建系之初，通过设置副修学科，对通用知识的要求有进一步强化且具体的安排："凡欲以本学系为主修之学生，必须修读本学系专修课程 36 学分；必修课程国文及英文各 16 分；同时须有一副修学科，此项副修学科至少须修足 20 学分，副修学科在本系指导之下得随各生任意选定之，惟比较以政治、经济、社会等学科为最宜；除上述各项之必须修读之学分外，其余为选修课程，主修学生得随意由其他有关系之学科选修之，唯以地理、心理、历史、教育、哲学等学科为宜。"[47]

金陵大学[48]之农学。金陵大学农科于 1914 年开设，创办人是金大数学教授裴义理（Joseph Bailie）。[49]翌年，增设林科，1916 年两科合并为农林科，1930 年更名农学院，为中国历史最悠久的四年制大学农业教育机构。陈裕光[50]在评价金陵大学农科办学成绩时，认为它的主要特点是教学、研究、推广"三一制"，重在联系中国农村实际，不尚空谈。其中对推广一项尤其重视，师生足迹遍及全国十多个省的农村，受到各地农民的欢迎。其他如教学、研究也卓有成效。金大校誉鹊起，农科为主要因素。[51]金大农科之特色，用毕业生就业率恐就能足够说明其特征。民国时期因大学少，文凭犹如金字招牌，但大学生就业难的现象普遍。查民国时期发行的诸多报刊里的求职广告，经常能读到大学生的求职类信息是为佐证。据 1934 年山西省政府的一个报告透露：该省兴学 30 余年，专科以上毕业生 8905 人，失业者却高达 4700 多人。就连当时顶尖级的国立中央大学的就业情况也不乐观，1931 年的《教育杂志》披露："央大本届毕业生二百余人，半数未获相当职业。"在"毕业即失业"的年代里，金大农学院的毕业生竟然无一人失业，这在当时近乎神话，也从侧面体现了金大农科人才品质方面的特色，非常难得。如胡适言："民国三年以后的中国农业教育和科研中心是南京，南京的中心先在金陵大学的农林科，后来加上南京高等师范学校的农科，这就是后来金陵大学农学院和东南大学（中央大学）的农学院"。[52]1985 年，湖南科技出版社出版《中国现代农学家传》（金善宝主编），书中共列现代著名农学家54人，其中金大农科毕业生19位。在台湾，金大校友在农林方面的贡献同样尤其突出。由金大校友主导的"中国农村复兴联合委员会"（简称"农复会"）[53]，如沈宗瀚长期担任台湾"农复会"主任委员，钱天鹤、金阳镐、张训舜、马保之等均为"农复会"重要成员，对台湾农业的恢复和发展做出了主要贡献，从"三七五减租"到"公地放领"，最终到"耕者有其田"，及促成台湾农林业结构转型，应当说，"农复会"之"农业培养工业"的发展思路，实现了促进生产、降低物价、增加供给、提供工业原料的"复兴"台湾农村之目标。因此，"农复会"工作成就于台湾，某种意义上可谓改写了台湾历史，成为台湾经济腾飞的起点。而这当中金大农科校友可谓功莫大焉。

金大农科特色形成的原因，如陈裕光言，就是教学、研究、推广"三一制"的结合。语言平实，并无高深之处，但若从"三一制"的出处，联系国情再细致思索其运作背景，还是有许多教学理念与实践值得我们反省。其实，所谓教学、研究、推广"三一制"，并不是金大人的首创。这种大学教学模式来源于美国。为因应西方工业革命进程，近现代大学办学理念或职能也随之发生过三次较大的演变。第一次为1852年时任柏林天主教大学校长的纽曼（John Henry Newman），写的名为《大学的理想》（The Idea of a University）一书里所表达的大学是什么机构的观点。他认为：大学是一个教化机构，目的是培养有学问、有教养、有趣味、懂文明基本价值和规范的博雅之人。大学理念发生重大演变的第二个阶段，始于19世纪初时的德国。这个潮流的具体推动者和实践者，为德国教育思想家洪堡（Wilhelm von Humbolt），他的主要思想是，大学应该是"知识的总和"，大学应重在发展知识而不仅是传授知识，教学与研究应同时在大学内进行；大学完全以知识学术为最终目的，并非培养务实型人才。大学理念发生第三次重大改变的源头则在美国。1862年，林肯总统颁布《莫里尔法案》。[54]依据该法由地方政府拨地兴建着重培养农业和工程类专业人才为主的赠地学院。赠地学院的办学定位，就是强调大学开始系统强调大学应该具有主动服务社会，与社会保持紧密联系，即大学服务社会的职能。通过美国人的成功实践，社会服务这一理念获得广泛认同，成为与"教学""科学研究"并列的大学三大职能之一。

1865 年成立的赠地学院康奈尔大学，其首任院长怀特拟订的学院办学思想（通称"康奈尔大学计划"——作者注），可清晰看到美国赠地学院在教学、研究二大职能外，开拓出大学社会服务功能的早期标志。"康奈尔大学计划"对当时美国诸大学办学思想产生了极佳的示范性效益，并获得了广泛的认同。怀特的教育思想主要有四点内容：

康奈尔大学的所有学科及课程享有同等地位，在实际生活中发挥着同样的作用；康奈尔大学的学生须参加手工劳动，在帮助学生获得一定程度自立的同时，引导他们获得有价值的教育经验；在所在知识领域中，无论是出于纯理论研究目的还是出于将科学知识用于生产实际的考虑，都必须加强科学研究；教育的真正目的及全部意义在于造就全面发展的个人。[55]

怀特之"康奈尔大学计划"，其实就是教学、科研和推广"三位一体"的美国赠地学院模式。这种模式就其内涵，实则是在既承继了英国大学之重育人和德国大学之重研究的传统基础上，结合国情与社会需求，拓展出大学要服务社会的第三大职能，这反映了美国人务实与理性兼容并包的文化精神。故这里想特别说明，金大农科特色之形成，首先要庆幸他们的参考模式之范本，本身就直接来自于康奈尔大学农科，且两校有密切的往来。如均为康奈尔大学农学毕业的美国人芮思娄（Reisner. J. H）和卜凯（John LossingBuck），前者为金大农科的创始人之一，1915 年曾任金大农科代理科长（1916—1928 年任金陵大学农林科美方科长），他的主要贡献是引入教学、研究和推广三方面相辅相成的制度，特别是把一般人不重视或不屑于做的农业推广工作放在重要位置上；后者卜凯 1920 年起担任金陵大学农学院农业经济系教授，并兼任农业经济系主任。而金大农科的可贵之处，在于美国模式移植来中国却没有走样或变异，这对于20 世纪 20 年代，作为完全精英教育阶段的民国大学，设置农科并把舶来的"三一制"完全落实到人才培养的诸环节，对办大学者和师生来说，都是一个极难做到的事情。而这也是金大农科特色的核心。

从开办农科的角度分析，民国初期，无论中央政府和地方政府都无暇顾及高等农业教育，导致农业科技人才极度缺乏。在这个大背景下，金大率先设置农科本身即极富象征意味，它体现了早期金大人所秉持办学要秉持"基督牺牲与服务精神"，"造就健全国民，发展博爱精神，养成职业知能的根本"之公共情怀。1927年陈裕光任金大校长后，其学科设置要"适合国情""要为中国人民办学"之理念较之前任得以更加强化。1930年改农林科为农学院，下设八系一部，分别是农业经济系、农艺学系、植物学系、动物学系、森林系、蚕桑系、园艺系和乡村教育及农业推广部。我们知道，人才培养诸环节之把握或控制，一定要从教育是个整体的观念出发，若从功利主义的角度切割或分解教育的整体性，对教育的伤害将直接影响人才培养的综合品质。值得注意的是，若分解支撑金大农科特色形成的教学、研究、推广的"三一制"各个元素，并将这些元素的教学或实践作个案分析，最终均能以整体的形状对应到人才特色的层面。如基本课程体系之安排定位高端，草创之初就与当时国外最先进的美国农科课程体系对接：20世纪20年代初，教育部派员到金大视察，独赞誉农科之成就，认为该科"所授功课均系按照美国农科大学程度，当无躐等降格之弊""教授中多为高材之士，此为该科发达之最大原因"。[56]

研究方面，在强调国际化、前沿性和高水平的标准下，着重选择与百姓生活相关、具应用与现实贴近性的科研课题。1925年，时任金大农林科长的芮思娄，借助金陵大学、康奈尔大学及纽约洛氏教育基金世界教育会三方订立的一个为期六年的"作物改良合作计划"（1925—1931）。聘请洛夫（H.H.Love）、马安师（C.H.M yers）和魏更斯（R.G.W iggans）三位康奈尔大学作物育种专家来华指导实施作物改良合作计划。在三位康大教授及与以沈宗瀚[57]为代表的金大教职工以及各地合作试验场人员的共同努力下，六年时间里，三位教授和项目组成员的足迹遍布半个中国，亲手培育和参与指导培育的农作物改良品种达38个，其中小麦13个、棉花7个、水稻2个、大豆1个、粟米6个、高粱3个、大麦4个、玉米2个，改良作物的种植面积达数万英亩。著名的"金大2905号"麦种就是洛夫和沈宗瀚在农田里无意发现而后培育出来的。此外，中国的这些作物改良品种经优中选优，还移种到了美国，如金陵大学农学院教师王绶[58]试验田里的产物"四穗麦穗"，经美方认证后销售到纽约州、宾夕法尼亚州、俄亥俄州、新泽西州等七个州，种植效果极佳，经独立估算，21 年的时间里产值达 2 亿美元。

1947 年 6 月，金大曾经简要地回顾过自己在"作物改良"方面的具体成果，其中金大研发的小麦良种有：金大 2905 号、金 26 号、金大开封 124 号、金大南宿州 61 号、金大南宿州 1419 号、金大燕京白芒种标准小麦、金大泾阳蓝芒麦、铭贤 169 号、定县 72 号、定县 73914 号、徐州 1438 号、徐州 1405 号、济南 1195 号。棉花良种有：金大脱字棉、金大百万棉、金大爱字棉 481 号、金大爱字棉 949 号、斯字棉 4 号、德字棉 531 号。水稻良种有：金大 1386 号。大豆良种有：金大 332 号。粟良种有：金大燕京 811 号、金大南宿州 373 号、金大开封 48 号、金大泾宿谷、定县燕京 22 号、济南金大植物组 8 号。高粱良种有：金大开封 2612 号、金大南宿州 2624 号、定县 33 号。大麦良种有：金大 99 号裸麦、金大开封 313 号大麦、金大南宿州 1963 号、金大南宿州 718 号裸麦。玉米良种有：铭贤金皇后。柑橘良种有：江津甜橙 26 号、24 号、18 号，金堂土形甜橙 17 号，江津红橘 11 号。蔬菜良种有：甘蓝金陵 10 号、榨菜金陵 2 号、番茄金陵 20 号。[59] 上述这一长串作物改良之研究成果名单，是在中国政治局势动荡不安的背景下进行的，它不仅代表了当时中国在相关领域内的最高水平，且几乎涉及了普通中国老百姓生活的各个方面，显示了金大科研贴近现实、关注民生的价值取向。

调查推广与实践方面，同样可以提供许多数据来说明问题。金大农学院设有推广部，规定学生在校期间，须定期到学校附近的农场劳动并参与研究调查或推广项目（金陵大学农学院南京总场即占地 1700 余亩；另森林学系在南京亦有苗圃 38 亩，合作林场 2000 亩）。1930 年，"由卜凯主持，美国政府出资，农业经济系师生对 7 省 17 处 2866 个农家进行调查"[60]，以此基础上集体撰写的长达数千页的英文报告，《中国农家经济》（Chinese Farm Economy）曾在海内外广受好评（该书中文版由商务印书馆出版——作者注）。另外，金大农学院还对全国近 20 个省开展"土地利用调查""全国农科经济调查""人口及水灾调查""战争损失"等，开展大规模的社会科研调查活动，其形成的调研报告，成为当时中国政府相关职能部门的重要参考文献。据1947年金大农学院的一份总结资料：农家经济调查（7省17地区2866户），中国土地利用调查（22省168地区），乡村人口问题调查（11省22处12456户），鄂豫皖赣4省农村经济调查，四川省土地分类调查研究，成都市附近7县米谷生产与运销，四川农产物价及成都市生活费用研究。[61]这些调查资料均来源于真实的田野调查，弥足珍贵，为当时研究中国农村人口学、土壤学、经济学、社会学等学科的必读文献。

金大农学院的可敬之处，是让舶来的"三一制"没有走样。所谓"没有走样"，一则指理论与实践都能寻找到对应注脚；二则他们还在结合国情基础上延伸拓宽了其内涵，不仅使学生受到良好的学术与智能的训练，人格品质也在这个教学过程得以熏陶。如陈裕光所言：

"教育非仅求知，乃在加强服务意志，锻炼耐劳刻苦精神。教育本身，并非仅以增加知识为已足，而在教育人才，济世惠民。所谓：'非我役人，乃役于人'，由小我而推及大我，变利己的思想，而为利他的思想……总之，本校办学以来，除沟通文化外，亦常勉以为学问而致力，为修养而淬砺，为和平而奋斗，为服务而尽力。"[62]

第二节　于"裨贩与创造"间缓慢进步的民国大学之学术成长

中国传统学术研究方法，无论人文社科或自然科学，主要是依赖文献考据或直观外推式的模糊阐释，而西学之基于学科分类、专业化基础上的重严格标准的证据收集、重合理的理论概念体系、重客观分析因果关系，尤其是可控实验的广泛运用，作为对中国传统学术研究理念和方法的补充或曰革命，在民国大学草创初期显得特别重要。因此，这里拟选择专门研究机构的设立和部分民国大学在国际上的排名情况，作粗略分析。

中国最早设立的具现代科学意义上的科学研究机构，为1916年由章鸿钊、丁文江创办的农商部地质调查所，[63]大学方面设立这类以专门发展学术的机构则稍晚。1917年蔡元培就职北京大学校长之始就规定大学"当以研究学术为天责"，并在当年年底迅速成立了文、理、法三科研究所，开创了中国现代大学设立研究所的先河。但由于定位与学术经验的不足，"各系分设，觉得散漫一点，所以有几系竟一点没有成绩"。[64]所以，这些机构还不是严格意义上的科学研究所。1921年12月，北大评议会通过了旨在规范、打破学系界限的《北京大学研究所组织大纲》，拟定以"学门"，即按自然科学、社会科学、国学、外国文学四学门设立研究所，其研究所定位是："本校为预备将来设大学院起见……为毕业生继续研究专门学术之所"；明确所长由"大学校长兼任"；各门设主任一人；研究的问题与方法"由相关各系之教员共同商定之"。之后，北大又对研究所之研究规则、专门图书资料之储备，入所学生资格及奖学金分配、导师选择、学术期刊出版等事项进行了明确。1922年1月，北大研究所国学门正式成立。这个所为我国现代大学制度设计中，第一个组织结构基本健全，体现专业化、制度化并具现代科学研究与人才培养功能的文科类专门研究机构。

自然科学方面，始建于1926年6月的交通部南洋大学工业研究所（国立交通大学前身——作者注），为我国大学最早设立的偏应用技术科学方向之专门科研机构。该所由时任校长、铁路工程专家凌鸿勋[65]发起创办，内分物理、化学、机械和材料四部。1928年11月，南京国民政府铁道部接管原直辖于交通部的南洋大学，更名为交通大学，由铁道部长孙科兼任校长。1930年春，根据孙科物质建设应工程与经济并重的建议，遂对研究所进行改组扩充，定名为交通大学研究所，"设工业研究与经济研究两大部各六组，全所工作人员共有50余人，黎照寰（时任交通大学副校长，1930年10月始任校长）兼任所长"。[66]研究经费除铁道部的专项拨款和有偿服务的收入外，由孙科出面，向中华教育文化基金董事会（简称中基会）[67]提出补助申请，得到三年内拨款9万元的资助。交大研究所的早期研究工作，主要是承接社会各界的委托开展化学、电气及材料等方面的分析试验；归并到铁道部后，研究内容开始侧重铁路建设材料及工程问题，并渐渐拓宽到凡事关国计民生，而该所又力所能及的科学技术问题。1930年6月，交大通过《国立交通大学研究所暂行组织规程》，这是该所改组之后较为完备的一个章程。该"规程"分定名、宗旨、组织、职员与职务、经费及设备、附则共6章20条。在中国高校工程应用技术研究起步之初，交大研究所之定位和制订的所务运行规则，为其他大学效仿并建立自己的工科类研究所，提供了参考范式。如1934年成立的我国第二个大学工学研究机构，国立北洋工学院工科研究所的所务管理制度，就与交大研究所极为相似。

1927年，随着南京国民政府成立，开始明确发展科学为国策，国家层面除设立"最高学术研究机关"中央研究院外，[68] 各大学也相继设立专门的研究所。1934年5月16日，教育部颁布《大学研究院暂行组织规程》，具体规定了大学研究院所的设置要求及研究生教育的相关标准。至此，大学研究院所被国民政府正式承认，并走上制度化的轨道。至1936年，国内主流大学基本都设置了旨在专业研究和研究生培养职能的研究院所（见表1-2）（依教育部规定，凡按学门分类设三个研究所以上者可，始得称研究院；三所以下者，不冠用研究院名称——作者注）。

表 1-2　大学研究院统计表（1936年）[69]

校名	院（所）名	设置学科
国立 清华大学	文学研究所 理科研究所 法科研究所	中国文学部、外国语文部、哲学部、史学部 物理部、化学部、算学部、生物学部 政治部、经济部（暂停招生）
国立 北京大学	文科研究所 理科研究所 法科研究所	中国文学部、史学部 数学部、物理部、化学部 暂停招生
国立 中山大学	文科研究所 教育研究所 农科研究所	中国语言文学部、历史部 教育学部 教育心理部 农林植物部、土壤部

续表

校名	院（所）名	设置学科
国立 中央大学	理科研究所 农科研究所	算学部 农艺部
国立 武汉大学	工科研究所 法科研究所	土木工程部 经济部
国立 北洋工学院	工科研究所	采矿冶金部
私立 南开大学	商科研究所 理科研究所	经济部 化学工程部
私立 燕京大学 文科研究所	理科研究所 法科研究所 历史学部	化学部、生物学部 政治学部
私立 东吴大学	法科研究所	法律学部
私立 金陵大学 文科研究所	理科研究所 农科研究所 史学部（准予二十六年度招生）	化学部 农业经济部
私立 岭南大学	理科研究所	生物部、化学部

倘若纯从发现学理的角度观察，大学研究机构的普遍设立，并不能说明学术水平亦能如社会上创办者的理想一样，快速达到能与欧美一流大学学术机构比肩的状况。胡适在美国学习时，其理想就是为把中国建成一个现代化的国家，而达此目标，"就一定要在中国的大学建立若干所像哈佛、牛津、剑桥、巴黎大学水平的国立大学"。[70]罗加伦1927年执掌中央政治学校（台湾政治大学前身）时，也有类似表述：希望政校能成为兼具伦敦经济学院和法国政治学院的特色。[71]不过，因多数研究机构的主要定位还是侧重于形式模仿或培养研究生的层面，

真正具世界比较意义的自主创新成果尚不多见。究其原因，固然与当时确有不少大学教师仍把大学视为教学单位而非科研机构有关。但制约大学研究发展的主要因素恐怕还是政府层面。如曾任中华教育基金会干事长的任鸿隽言[72]："我国科学技术不发达，并非由于科学家才智不如人。事实上，多数科学家的工作，在表示他们有过人的才智。我们以为我们科学不发达的根本原因，实在是由于国家对科学未尽其倡导与辅助的责任。我们自来不曾承认科为重要的国策之一，因之也从来不曾有过整个发展计划。所有的科学事业，皆委之于少数人的热心倡导，自生自灭。"[73]

任氏的上述观点发表在1945年3月，正值抗日战争时期。实际上，因受战争的影响，当时大学的教育水平都已降低了标准，日常教学且难维持，更何况研究工作。事实上，战时的中国大学教育或研究情况，因战争的破坏和军费开支巨大，自然会一定程度致教育和研究经费投入不足。但总体来说，民国高校学术界不仅顽强维持了抗日战争全面爆发前，中国高等教育和学术水平的平稳发展态势，有的方面还有"惊人的发展"（任鸿隽语）。如西南联大数学系教授华罗庚、陈省身，物理系教授周培原等的研究成果，都为具国际学术重大影响的案例。另外如抗战前默默无闻的浙江大学，在竺可桢执掌期间发展迅速。从战前的3个学院16个学系发展到1948年的7个学院30个学系，9个研究所，1个研究室。被李约瑟誉为"东方剑桥"。当然，若循着若干轨迹分析，制约大学研究发展的因素，科研经费的公平或合理分配确也存在着非学术因素的困扰。因为，在中国做科研，水平高或许不一定能得到经费支持，少数人的私欲或外行建议或行政干预等"学术界利益集团"现象，在民国时期同样存在。所以，"对学术带头人积极性之消极影响有一个不容易忽视的现实，是因为全部的学术机构建立在一个自相矛盾的形式之上。他们把研究目标变成现实的机会取决于他们左右政权的能力"。[74]所谓左右政权的能力，在当时主要指学者如何平衡其与"国民政府和中华文化教育基金董事会董事之间"的关系。[75]当然，学者与掌控研究经费的当局或诸董事间的冲突对立，依当时国情，除受中国传统的人际关系学影响，项目厘定缺乏专家学术层面的独立判断外，至少还有两点因素需要关注：一为国家层面的科学研究经费没有单列之专门预算，这容易导致经费拨付的随意性；二为受限于战争年代的特殊背景，所拨付之专门经费常常不能按时或足额到位，如1939—1940年国民政府曾允诺提供100万美元，给各主要大学购买设备和图书，但直到1945年，这笔专款"仍未全部到达"。[76]

如果以上述中国大学设立现代学术意义的专门研究机构为时间起点，近现代意义的科学研究进入大学的时间着实很短，但进步却较快，尤其在工学、农学、医学等应用科学方面的研究进展明显。如代表了民国时期研究最高水平的中基会资助项目，应用类研究便多集中给予了设置在大学的研究所。以工学为例，尽管清华大学至1925年才设立大学部，但工科的一些实验室，如土木系之水利实验室、材料实验室、道路工程试验室、卫生工程实验室；机械系新建的机械工程馆，"凡热力工程所包括者，已应有尽有，比之欧美各大学机械实验设备，实不相上下。"对此，1934年来清华执教的李郁荣（李郁荣，美国麻省理工学院电机工程学博士，1934—1937年任清华电工系教授——作者注）在邀请控制论创始人，美国科学院院士N.维纳来清华访问讲学时，曾以骄傲的口吻在邀请函中写道：清华工学院以拥有的设备和装置而自豪，数学系的图书与MIT的一样完善。[77]另据教育部一项统计，随着研究所的设立，大学教员对科研的兴趣日趋高涨。1934—1936年两年之中，大学中在研的（含已完成与未完成）科学专题共达到1102项，其中属理工农医类达到743项，占全部研究项目的67%以上；同时，参加研究的科研人员达到1066人，大学的科学研究队伍初步形成。[78]

民国大学科学研究之发展态势，与民初设立现代大学制度不久，既快速与国外主流大学之大学理念接轨的情形颇为类似。虽有相当之研究机构草创之初与欧美主流大学学术水平相比，仍处在"开风气有余，创造学术不足"的学术裨贩阶段，但通过若干年的努力，进步明显也是不争的事实。如曾认为大学研究机构多半"有名无实"的任鸿隽，1933年在其撰写的题为《中基会与中国科学》一文中，对民国大学研究所之学术进展，作过如此表述："中基会每年之用款，实以各学校之补助费为大宗……经此六七年之缔造经营（指各研究所的设立时间——作者注），不独外表焕焕辉煌，耸人观瞻，即其内藏之名贵充实，亦为国内首屈一指。"[79]认为"我国学术在以往 30 年间，已骎骎入世界学术之林，而非以负贩他人之所得为已足。此吾人所可引以自慰者也。"[80]令人痛心的是，这种学术之良好进程因抗日战争，导致大量研究设备或损毁或丢失，使相当数量的研究工作无从进行而陷入停顿状态。故任氏 1945 年在题为"50 年来的科学"一文写道："各种科学的发展时间，多者不过 30 年，少者不过 10 年。以如此短促的时间，得到如此重要的成绩，我们尤当钦佩……但在这短短的时期中，尚须减去此 8 年的停顿和耗损，我们科学发展，应当划然改观。"[81]

当然，民国诸大学科研机构的普遍设立，主要意义或许不在于观察其普遍研发水平如何，熟知舶来之科学研究形式、方法和理念，需要时间消化和基础学理之积淀，苛刻审视或一味拔高，均容易陷入非理性之中。所以，民国大学科研机构之设立，其指标性价值在于让专业、系统、有规划的科学研究模式在中国的大学从无到有，借此支撑现代大学之道的题中要义，这本身亦为突破。而大学教员通过这种组织化、专业化的研究制度设计，不仅可以拓宽彼此间学术交流的空间和视域，明定专业研究方向，促成学术共同体之形成；更为关键的是，可以此奠定大学教员树立以研究为职志的专业意识，并促进教学与科研并重同步发展。此外，研究所取得的成果通过国内外学术刊物，可以让国际学术界知晓中国大学的科研状态，而这又为中国从国际上获得学术资源，促进学术交流打下基础。

依当时大学的国际排名看，中国的排名也相当靠前，据清华学者刘超的专门研究[82]：1934 年，中央大学国际排名在 50～100 左右，清华、北大则排在约 100 名左右；此后的西南联大排名更有所提前，[83]其他如浙大、燕京、金陵、北洋等亦国际驰名。依当时中国的实情，内忧外患、国力赢弱，如果以中国正式经营现代大学，让师生逐渐摆脱此起彼伏的"索薪罢教"或"滋事罢课"之类现象，正儿八经办大学始于南京国民政府；而从 1934 年这三校的教授人数看，了多的中央大学有教授 197 人，而北大和清华教授数则分别只有 56 和 87 人，相对于哈佛、哥大、牛津、剑桥等来说，这都是典型的"小而精"名校。以这如此的短的时间，如此少的教授，三所大学能进入"世界百强"，无疑是非常振奋的事情。胡适日后在台湾东海大学回忆说："记得 20 余年前，中日战争没有发生时，从北平到广东，从上海到成都，差不多有一百多所公私立大学，当时每一个大学师生都在埋头研究，假如没有日本的侵略，敢说我国在今日世界的学术境域中，一定占着一席重要的地位。"[84]

第三节　本章余论

民初中国现代大学制度之草创和学科专业之发展，何以能在如此不甚理想的内外部环境中，克服重重阻碍，且至少在大学定位、大学类型、培养宗旨、学科设置等方面，办出了若干与国外主流大学只有量差没有质差的大学，这与中国早期办大学者接受并践行了"大学独立、学术自由、教授治校"等主流大学的核心理念有关。因为，这些理念观点一旦转化成具体的制度安排和操作层面的运行规则，如评议会、校务会和教授会制度，选科制度，学生会制度等；则制度设计亦会对大学内部师生行为之价值取向产生导引，大学精神也在这种导引下产生。或者说，大学制度设计与大学精神互为因果，有什么样的制度设计，就有什么样的大学精神。大致归纳，这么几点要素，值得讨论：

一、在兼顾中国国情的情况下，主要沿用欧美近现代大学制度模式，把提升教育和科研的品质置于主导地位来设计当时中国的大学制度。纵观民国大学制度设计发展变化的参照标的，无论早期的德国洪堡大学模式、法国的"大学区模式"，以及之后"在我国博得最多之赞美者"（常导之语——作者注）的美国模式，民国大学学人包括管大学的政府，对中国大学的宏观定位和微观制度设计方面，基本价值取向似始终秉承了"取人之长，补己之短"的开明之理性精神。在大学理念方面，没有深陷在中西模式的体用之争，尽管关于"教育须中国化"争论从未停止过。如梅贻琦说："今日中国之大学教育，溯其源流，实自西洋移植而来……就制度言，中国教育史中固不见有形式相似之组织。"[85]既然是舶来之物，就当遵循大学教育的规律，以"文明人类之经验大致相同，而事有可通者"的思路构建大学制度，而不应强调自己的国情特立独行，质疑甚至抹杀人类文明的普遍价值观。1931 年，针对国联技术部考察团对中国教育现状与发展的评估报告（受中国政府委托），指中国教育存在的主要问题是受外国的影响太深等之类观点，曾任教育部专门教育司司长、四川大学校长的任鸿隽对此明确反对。他说："但谓中国目前的教育失败，由于过分的外国化，则尚不敢苟同。我们以中国目下新教育的失败，一大半由于新的只在形式而旧的仍是实质。这种实质的改革，除欢迎彻底的外国化——即种种方法、精神的改革，无他道也。"[86] 任氏的观点，在当时中西教育模式的争论中，具有相当大的代表性，这本身亦说明民国的办大学教育者于包容情怀下，所展示的开放心态和世界眼光。

二、兼容并蓄，有容乃大的办大学情怀。1923 年，时任北大代理校长的蒋梦麟说：北大屡经风潮，至今犹能巍巍独存，是因本校具有大包容的精神。凡一个机关只能容一派的人，或一种思想的人，到底必因环境变迁而死。即使苟延残喘，窄而陋的学术机关，于社会决无甚贡献。虽不死，犹如死了一般。[87] 值得注意的是，民国时期具包容与反省兼容并蓄之情怀的绝不止北大一家，它是一种如社会学"共生效应"所表现出的特征，不是个别现象，而是大家都持有这种理性情怀。倘若归纳这种民国时期特有的文化符号，大致可含三个维度：

一为对外来文明的包容。这个包容的核心是强调中国的大学教育不仅只是简单推崇或模仿"西学、西艺"，而是在文化比较、文化反省的基础上，认同人类文明的普适价值，进而矫正中国传统文化中的"悖道文化"，引领其向着理性的方向发展。基于这种情感，他们有一个共同的理念：一个民族的性格和一个社会的状况大半是由教育和政治形成的。倘若一个民族的性格不健全，或是一个社会的状况不稳定，唯一的结论就是教育和政治有毛病。如蔡元培就曾明确表示："我对于各家学说，依各国大学通例，循思想自由原则，兼容并包。无论何种学派，苟其言之成理，持之有故，尚不达自然淘汰之命运，即使彼此相反，也听他们自由发展。"1930 年，唐文治对上海交大毕业生作训辞，他认为中国之所以落后，是因"吾国风气，徒知空谈学理，不能实事求是，以致程度日益低落……日日言提倡国货，试问国货能否制造？日日言抵制洋货，试问洋货能否抵制……国之民皆系不良之知觉，而知觉全落于人后，试问能立国于世界乎？"为此，中国的大学教育务必要首先树立知耻近乎勇的精神，何为耻："我学问不如人，事业不如人，可耻孰甚于此"。[88]

二为对各种批评的包容。1932 年 7 月，傅斯年发表《教育崩溃之原因》一文，谓中国现代教育自清末创办到现在，从不曾上过轨道，原因主要是：一为学校教育仍不脱士大夫教育的意味；二为政治不安定；三为一切的封建势力、部落思想、工具主义都趁机影响；四为部分海归教育学者过于机械沿用西方模式；五为社会无法满足青年人之要求。关于对海归教育学者的批评，傅在这篇文章里，记录了一段他与胡适的对话："何以这些人这样不见得不低能？胡答'美国人在这个学校毕业（这个学校指哥伦比亚大学教育学院——作者注），回去做小学教员，顶多做个中学校长，已经稀有了；我们却请他做些大学教授，大学校长，或者教育部长。'"[89] 从这篇文章的时间节点分析，文中所指的哥伦比亚大学教育学院毕业生"或者做了教育部长"，当指正在任上的蒋梦麟。[90] 有趣的是的，被批评之蒋梦麟，既做过南京国民政府的第一任教育部长，也做过北大校长，他与傅斯年、胡适都是北大同事，学术与价值观取向大致相同，且私下亦为朋友。然这等关系，尚能如此公开批评，足见当时开明的文化风气。故曰中国现代大学制度之顺利起步，并能在较短时间内形成良好发展态势，显然也得益于对这种良性批评风气的包容。

三为不盲目自我感觉良好之鲜明反省意识。1936 年 9 月，胡适作为北大、南开、中央研究院的代表，前往美国参加哈佛大学 300 周年校庆。当时世界各国共有 500 多所高等教育机构派代表出席了这一盛典。校庆活动项目之一是所有这些代表嘉宾按其所代表机构的年龄为序排队游行，结果在这个 500 人左右的队伍里，胡适所代表的北大排在第 419 位（南开排在 454 位，中央研究院则在 499 位、倒数第 7 位）。[91] 这对胡适是一个不小的刺激，令他感到很"惭愧我们中国已具五千多年历史文化最早的古国，反屈居于最末的次序"。他的问题接着也就冒出来了：欧美大学为什么能够长久延续，最高龄的已有 900 多岁，连建国才一个半世纪的美国居然也有了 300 岁的哈佛，而有着五千年历史的中国为什么"竟没有成立 50 周年的大学"。这种反省意识，切合了在中国办教育，"不肯自省自疚，没有彻底的觉悟，自然也没彻底的悛改。这是极危险的现象。讳疾忌医，病就会无从挽救。我们需要一番严厉的自我检讨，然后才能有一番勇猛的振作。"[92]

三、私立大学的公平地位。民国大学的成就，与当时民国政府对私立大学"视如子侄"，不另眼相看，进而提携出一批如南开、复旦、厦大、光华、金陵、燕京、东吴、辅仁等与公立名校相比毫不逊色的私立大学不无关系。这种公立、私立、教会大学三足鼎立的大学格局。早在北洋国民政府时期，随着西学东渐的浪潮，"变通从前官治教育，注重自治教育"的教育思想开始被政府吸纳。1912 年颁发的《大学令》中，第 21 条明确"私人或私法人亦得设立大学"；之后发布的《公私立学校规程》，第 16 条又明确"公立、私立专门学校均一体对待"[93]，于法律上保障了私立大学的公平地位。同时，北洋政府及地方当局对私立大学的建校用地以及办学经费方面也均给予较大力度的支持，这些举措推动了私立大学的迅速发展，至 1925 年，经教育部批准立案的私立大学就已达 13 所。如创办之初的南开大学（1919 年），就得到徐世昌、李纯、阎锡山、黎元洪等民国军政大员计 66919 元的捐款，之后还得到民国财政部拨付 90 万元债券利息，每月 4500 元的补贴；厦门大学则得到福建省政府拨给的原旧古演武场，号称"背山面海、风景绝佳"的宝地作校址。[94] 陈嘉庚企业破产后，福建省政府一次拨出 6 万元资助厦大，之后按月支给。南京国民政府时期，尽管加大了对私立大学办学资质、教学质量的监管，如要求私立大学必须在教育部注册立案，明文规定其的董事会和财务制度，但在关于私立大学的法律地位，尤其是在经费支持方面，南京国民政府较之前者，培育并扶植私立大学的态度更加开明。1931 年颁布的《中华民国训政时期约法》，以及之后于 1936、1947 年分别颁布的《中华民国宪法草案》，都含有"国内私人经营之教育事业成绩优良者"，政府将"予以奖励与补助"之类条款。[95] 在具体的经费支持方面，1934 年，南京国民政府教育部推出《私立专科以上学校补助费分配办法大纲》及《支给细则》两项法律规章，并于当年拨出专款 76 万元，由随机动态资助改为专款固定资助，除个别财力较为充足的私立大学外，所有在政府注册的私立高校（含教会大学）均获得来自政府的补助。对此，胡适先生曾大加表扬："最近教育部有一个补助私立大学的计划，每年准备提出 70 万元……这是最值得赞颂的一件事，我们切盼它的早日实现"。[96] 得益于政府对私立大学稳定且持续的积极扶持态度，即使在 1937—1945 年的抗战非常时期，私立高校数量不仅没有减少反而增加，无论是在战争初期多数私立大学由政府统一安排迁往西南内地，还是战后迁回原址重建，政府均在"国库奇窘"的极端困境下，多次拨发专项经费帮助私立大学渡过难关，并在一些常规经费拨付及荣誉奖励方面，像贷学金制度、公费生制度、教师与校长的相关荣誉授予、公共福利等，私立大学师生与公立大学大体享受了平等待遇。如 1945 年，教育部为全国专科以上的学校教师发放福利金，其中就没有公私立大学的差别。[97]

　　四、实施近似苛刻的考试淘汰制度，严控毕业出口关。民国大学之所以成就卓然，与当时严格的过程管理而形成的良好教风、学风是分不开的。这当中，国立名校自不待言，如清华规定学生成绩于所修学分有 1/2 不及格者，即令退学；有 1/3 不及格者，留校察看，次年成绩仍有 1/3 不及格，则令退学。[98] 以该校理、工学院为例，在 1933 至 1937 年的五年中，这两个学院因考试被淘汰而未能毕业的学生比例年均值均超过 50%；当中理学院最高的淘汰率高达 69.8%（1934年），工学院为 67.5%（1933 年）；北大的毕业率虽稍高于清华，但同样也有较高的淘汰率，1926 年这个学校共有毕业生 298 人，其中未能毕业者也达 61 人（理科 3 人，文科 58 人）。[99] 国立大学如此，私立大学同样为保障教育品质，也实施严格的考试淘汰制度，因而容忍了非常低的毕业率。1937 年"七七事变"后，燕大沦为孤岛，部分学生不愿继续留在北平，司徒雷登立即与刚组建不久的国立西南联大梅贻琦联系，"结果是所有燕京同学一律凭转学证明和成绩单转入联大"。私立大学 [100] 学生可转入最高水准的国立大学，足以说明私立大学的办学水平。另如教会背景的金陵大学，在大陆办学的 64 年中，招生总计 11196 人，毕业生仅 4475 人，不足四成；辅仁大学在大陆的 27 年办学历史中，共招收学生 12355 人，但正常毕业的本科生仅有 4812 人（含研究生 76 人）；[101] 据沪江大学 1925 年的一项统计，该校仅有 41% 的学生能读到 4 年级。[102] 如此低的毕业率，依当时国情，虽有因战争致中途辍学等因素，但严格的考试淘汰制度无疑是学生无法毕业的主要原因。仅 1937 年，燕京大学就有 43 人因考试不合格而退学。[103] 梅贻琦校长就当时大学普遍存在严格的考试淘汰制度，曾对学生的境况表达过担忧："本年度考生至少需要经过三次考试（1934 年），中学毕业考试、毕业会考、大学入学考试。十载寒窗苦，实为莘莘学子抱无限同情。但除考试之外，尚未有其他更妥当之法，教育界同人应负改良之责也。"[104]

参考文献

[1][18][74][75][76]〔美〕费正清编.剑桥中华民国史 1912—1949(下卷).中国社会科学出版社，刘敬坤，等，译.1994：367，405，406，407，411。

[2][3]〔加拿大〕许美德.中国大学：1895—1995 一个文化冲突的世纪.许洁英，译.教育科学出版社，2000：66，86。

[4]张奚若.北京国立八校合并问题.自由评论，1925 第 1 卷 22 期：5。

[5]傅斯年.改革高等教育中的几个问题.独立评论，1932（14 号）：3。

[6][11][16][64]高平叔编.蔡元培教育论著选.人民教育出版社，2011：657，512，176，282。

[7]蔡元培.复吴稚晖函.蔡元培全集（第十卷）.中国蔡元培研究会，编.浙江教育出版社，1997：285。

[8]胡适.回顾与反省.北京大学日刊，1922：12.17。

[9]1925 年前后，南方各省开始自办大学，北大遂大施援手。1924 年，"广东大学此次成立，北大当局，颇多扶助之责，最近复商定彼此交换教授，以相联络，下学期起，北大已决定派周鲠生、王雪艇、皮宗石、石瑛诸教授，往广大任教。"后在中山大学的陈公博、顾孟馀、傅斯年、鲁迅、顾颉刚、朱家骅、许崇清等，都是北大人。北大人物云集广东，为革命政府及其北伐提供了宝贵

资源，这对中国军政格局产生了深刻影响，也使北大派日后在南京政府中始终拥有特殊地位。1928 年，当局创建武汉大学，蔡元培调集大批北大人前往。他们日后大都成为该校校长或院长，如王世杰、王星拱、石瑛、周鲠生、李四光等。此外，他校骨干如浙江大学蒋梦麟、安徽大学刘文典、杨亮功，山东大学杨振声、赵太侔等，也都是原北大人。北平其他公立院校的骨干人物，也多是原北大教授，如李石曾、李书华、徐诵明、沈尹默、徐炳昶等。故北大对全国各校，发挥了重要的支援功能，也形成了特殊地位。甚至历任教育部长也多为北大人，如蔡元培、蒋梦麟、朱家骅、李书华、翁文灏、王世杰等。这就形成了知识界著名的"北大集团"。参见刘超：老北大在困厄中崛起 . 中国教育报 .2009 年 8 月 23 日第 4 版。另：因"北大集团"在学术或行政方面具有相当的排他色彩，其"唯我独尊、党同划异"的作风，也常引起民国时期高等教育界非北大背景人士的批评："在中国的高等教育界，北大集团的统治地位是出了名的。大多数国立大学都在他们的控制之下，如国立中央大学、国立中山大学、国立浙江大学、国立山东大学等；除去陈立夫担任教育部长那一段时期外，国民党政权在南京的整个时期，教育部是由北大集团的人控制的。中央研究院也在北大集团的控制之下……北大在中国高等教育发展中起过积极的作用……但有些北大人对那些坚持'自主'，拒绝北大恩赐的北大以外的人们，则似乎并不是平等对待。"参见《何廉回忆录》。

[10]1920 年，北大将文、理、法三科改为五部。第一部：数学系、物理系、天文系；第二部：化学系、地质系、生物系；第三部：心理系、哲学系、教育系；第四部：中国语言文学系、英国语言文学系、法国语言文学系、德国语言文学系；第五部：经济系、政治系、法律系、史地系。参见蔡元培：中国现代大学观念及教育趋势 . 高平叔编 . 蔡元培教育论著选 . 人民教育出版社，2011:512-518；本书第七章第一节，亦也对蔡元培主持的部系改革和"选科制"有专门分析。

[12]博楠 .1930s 物理系黄金十年 . 看历史，2011（4）：41。

[13]李剑萍 . 中国现代教育问题史论 . 人民教育出版社，2005：159。

[14]张研、孙燕京主编 . 第二次中国教育年鉴 . 大象出版社 :489。

[15]王瑞琦.百年来中国现代高等教育——国家.学术.市场之三角演变.台北：政治大学中国大陆研究中心，2007:101。

[17][73][79][80][81]任鸿隽.科学救国之梦.任鸿隽文存.樊洪业等主编.上海科学技术出版社，2002：683，589，487，565，587。

[19][20][22]王国平编著.东吴大学.河北教育出版社，2003:53，54，106

[21]盛振为.东吴大学法学院概况及大事记，东吴年刊（1930）。

[23]参见：万静波 等.被遗忘30年的法律精英.南方周末，2003-01-09。

[24][28]何廉.何廉回忆录.朱佑慈等译.中国文史出版社，1988:51，47。

[25]南开大学社会经济研究委员会成立于1927年。"时国内经济研究工作，肇兴伊始"。天津为国内第二大工商口岸，其经济地位之重要性，位于华北之首。南开大学经济系同人"鉴于际兹时会，居此地利，应谋取有以促进学术，裨益建设，乃于讲课之余，组织南开大学社会经济研究委员会"（后改称经济研究所）和满蒙研究会（后改称东北研究会）。社会经济研究委员会成立伊始，其定位为："不属于任何学科，主要的研究任务是探讨和评价中国的社会、经济和工业存在的实际问题"（参见《何廉回忆录》）。通过这个专门研究机构的设立，南开经济研究所由此形成了以何廉为核心的"学者群"，开拓了南开对华北工业的系统研究。由于经济研究所趋重实地调查和以物价指数为主的经济统计工作，其出版的《经济周刊》《南开指数年刊》等为国内外学术界所借重。参见田正平等编.中国高等教育百年史论——制度变迁、财政运作与教师流动.人民教育出版社，2006：465。

[26]1930初，张伯苓希望何廉在负责南开经济委员会的同时，再主持商学院和文学院经济系的工作，何廉接受了聘请，并就此提出三项建议："（1）把商学院文学院经济系和大学的社会经济委员会合并，采用南开大学经济学院这个新名称，承担起教学与研究的双重任务；（2）根据每门课程教学的需要，按照精简课程，突出重点的要求重新改编大学的经济学与商学方面的教材；（3）为经济学院组建一个独立的董事会负责政治指导与寻求新的支持赞助。"对此，张伯苓校长均给予完全接受。参见《何廉回忆录》。

[27]1928 年，罗加伦出任国立清华大学首任校长。因治校有方，清华开始快速发展。这时除政府固定拨款外，还有庚子赔款等项资金来源，为此清华制订了众多为教授加薪减少课业负担的安排，其中最吸引人才的是规定教授每隔 7 年，可出国休假 1 年的制度。1929 年夏季，南开有许多教授，如萧遽、肖公权、蒋廷黼、李继侗等相继离开南开去了清华。据何廉回忆：张伯苓校长时常被清华这种"不择手段"的做法所激怒，认为国立私立大学应当停止这种竞争。作为一项因应之策，张伯苓也借此开始考虑做强商科，以及建立工学院的事项；这应为后来经济学院成立的伏笔。参见《何廉回忆录》，45–47。

[29] 南开大学校史编写组编.南开大学校史.1919—1949：199。

[30] 燕京大学（Yenching Institute），1918 年初由北方教会四大学（美以美教会在北京设立的汇文大学，圣公会在北京创办的协和大学与协和神学院，公理会与长老会合办的通州协和大学；1920 年，华北协和女子大学加入燕京大学）合并组建的一所教会大学，司徒雷登任校长。关于燕京大学校名的最终确定，还颇有一番争论。因汇文大学早先曾在该校所在地北京盔甲厂挂出过"Peking University"（北京大学）的招牌，故其代表主张合并之新校仍沿用"汇文大学"，然协和代表则强烈反对；不过，双方对英文校名保持 Peking University 似无争议。不过，其时由蔡元培主持，国立北京大学的中英文都用同一名称，且这所大学开始在社会上享有较大知名度，也对这所学校的英文校名提出疑问。1919 年，司徒雷登接受中华基督教协进会会长士诚敬一博士的建议：若用地名，何不采用北京古名燕京？"先生欣然于上海将此校名电告北京委员会，得复电赞成此名，校名问题因而解决。燕京大学的校训为：因自由得真理而服务。该校一度是近代中国规模最大、质量最好、环境最优美的大学之一，"凡来访者无不称赞燕京是世界上最美丽的校园。"（参见：在华五十年——司徒雷登回忆录，司徒雷登著，程宗家译，北京出版社：52）与美国哈佛大学合作成立的哈佛燕京学社（Harvard Yenching Institute），在国内外享有盛誉。在中国高等学校 1952 年院系调整中，燕京大学被撤销，其资产由中央人民政府接管后被整并；学科方面，文科、理科多并入北京大学，工科并入清华大学，法学院、社会学系并

入北京政法学院（今中国政法大学）。闻名于世的燕京大学校址燕园，则由北京大学接收。

[31]汤德臣．燕大新闻系．燕大文史资料（第7辑）.北京大学出版社，1996:107。

[32]John Leighton Stuar.Fifity Year In China.Random House.New Youk，1980:70。

[33]张伟瑛等．燕京大学史稿，人民出版社，1999:143。

[34]罗义贤．司徒雷登与燕京大学，贵州人民出版社，2005:106，107。

[35]佚名．燕大新闻系学生来年夏即将停办学生出路无办法，益世报（天津）.1933-12-26（6）。

[36]1934年，因美国经济危机等诸多因素所致，燕大的年度预算从通常的100万元左右，锐减到75.5万元，难以为继。为渡过难关，在紧缩开支的同时，司徒雷登发起"百万基金运动"。对内，要求学校教职员工认捐10%，从薪俸中按月摊付；对外，则通过赴美筹款，向校友募捐，向党政名人或社会贤达寻求赞助等措施。

[37]王聪颖等.试论梁士纯与燕京大学新闻学科的中兴.现代大学教育，2016（6）:77。

[38]佚名．燕大新闻系师生茶临湖轩.平西报，1934-03-01（1）。

[39]佚名．燕京新闻.1937-11-08（1）。

[40]"密苏里新闻教育模式"（Missouri University journalism education model），由密苏里大学新闻学院首任院长沃尔特·威廉（Walter Williams）创立。它的核心是：强调理论与实践并重、做中学的新闻教育理念。其内涵如威廉诠释："当新闻业只涉及买卖新闻时，它只是生意。当它超越这一切，评析、阐释为什么新闻能够被买卖时，它就成为一门专业。""密苏里新闻教育模式"作为代表的美国新闻教育体系的符号，包含强调通专平衡的教育理念、国际合作、教师配备及涵盖新闻历史和基本原理、新闻伦理、报业管理、新闻采访、报道、编辑与写作、通讯、报纸法理、诽谤法、解说艺术、比较新闻学，以及报纸制

作等的课程体系等内容。这一课程设置体系后来被许多学校采纳，形成20世纪初较为典型的新闻教育课程模式。参见林牧茵."密苏里模式"与中国报业近代化.复旦学报（社会科学版），2013（5）:143。

[41]卢祺新等.燕京新闻系，第31页。

[42]林牧茵."密苏里模式"与中国报业近代化.复旦学报（社会科学版），2013（5）:147。

[43]新闻事业与国难（第五届新闻学讨论会）[M].北京：燕京大学新闻学系刊印，1936:4.

[44]高向杲.从新闻系毕业生出路说道燕大新闻学系现行制度.燕京新闻，1934-11-10（2）。

[45]私立燕京大学文学院课程一览.北平：燕京大学印，1929。

[46]燕京大学.北平私立燕京大学文学院新闻系课程一览（1934—1935）.燕京大学印，1934:1。

[47]燕京大学.北平私立燕京大学文学院新闻系课程一览.燕京大学印，1936:2。

[48]金陵大学（University of Nanking），简称金大，1910年由三所地处南京的教会学校合并而成。三所学校分别是：汇文书院（1888年，由美国基督教会美以美会创办），基督书院（1891年，由美国基督教会创办），益智书院（1894年，由基督教长老会创办），其中基督书院与益智书院于1907年合并为宏育书院。1910年，汇文书院和宏育书院合并，定名金陵大学。在中国的13所美国新教大学中，金陵大学与燕京大学办学成绩最为卓著，享有"北有燕京、南有金陵"之美誉。在美国加利福尼亚大学对外国人在华所办大学编类中，金陵大学是中国教会大学中唯一的A类，持有金大学位的毕业生有资格直接进入美国大学的研究生院。金大设有文、理、农三学院，不仅农林学科堪称中国之先驱，享誉海内外，其他学科方面亦有相当发展，如开创中国电化教育、首开中国医科七年制教育和博士教育。1951年金陵大学与金陵女子文理学院合并，改建为公立金陵大学。1952年院系调整，金陵大学被撤销建制，其文学院全部及理学

院主体并入南京大学，南京大学将校址从四牌楼旧址迁至金陵大学鼓楼校址。其余院系则参与组建中国其他高校：农学院主体并入南京农学院（今南京农业大学）；教育系并入南京师范学院（今南京师范大学）；农学院之林学系并入南京林学院（今南京林业大学）；理学院之电机系并入南京工学院（今东南大学）；理学院之化工系先并入南京工学院化工系，后参与组建南京化工学院（今南京工业大学）；理学院电影与广播专修科并入北京电影学院；金大附属鼓楼医院改制更名为南京市人民鼓楼医院，后又为南京市鼓楼医院（1987年成为南京大学医学院附属医院）。

[49] 裴义理（Joseph Bailie，1860—1935年），加拿大籍美国人，英国贝尔法斯特大学文学士学位。1890年受美北长老会派遣来到中国，在苏州传教，1899年曾任京师大学堂教习，1910年应聘金大，为一名抱有"救世拯民"宏愿的传教士。1911年，裴义理"深感农业改进之重要"，找到刚刚就任南京临时政府实业总长的民族实业家张謇，讲述自己"招选贫民，开垦荒地，酌给费用，以工代赈，并教以改良农事与园艺之方"的设想。得到张謇认可并与之共同发起成立中国义农会。此举得到孙中山、黄兴、宋教仁、蔡元培、伍廷芳、唐绍仪、熊希龄、黎元洪、袁世凯等民国30要人的"竭力襄助"，由华洋董事组成董事会，故中国义农会又称"华洋义赈会"。政府还专门拨紫金山、青龙山官荒土地4000亩，作为开垦造林之用。因以工代赈事业扩大，深感中国专门人才缺乏，裴义理乃向金大托事部建议创办农科，以造就农事指导人才。此申请很快得到了批准，金大开始仿美国农业大学模式设置农科，学制四年，并聘请裴义理担任首任科长。1915年春添设林科，裴义理为农林科科长。1935年11月裴义理因病痛所苦而自杀。逝世后，金陵大学农学院楼被命名为裴义理楼。参见南京农业大学档案馆：http://dangan.njau.edu.cn/html/nnrw/xxlrzyld/2015/12/01/d28cfa22-78b4-4f44-9672-d378c926d16e.html。

[50] 陈裕光（1893—1989）号景唐，中国化学家、教育家，毕生致力于教育事业。1893年3月7日出生于浙江宁波市。1905年考入汇文书院附中读书（金陵大学前身），1911年入金陵大学化学系，1915年毕业后又专攻国学文

史等课程一年并获文学学士学位。1916年因成绩优异，由金陵大学选送到美国哥伦比亚大学深造，攻读有机化学，1922年获化学科哲学博士学位。回国后，1923—1925年任北京师范大学教授、理化系主任、教务长、评议会主席，期间两度由教育部任命为代理校长。1925年秋，陈裕光回母校金陵大学任化学系有机化学教授，同年兼任东南大学科学教育教授。1927年4月，被金陵大学理事会推举为校长，为金陵大学第一位华人校长。1945年获美国加州大学名誉教育学博士称号。陈裕光任金大校长一直到1950年，是教会大学中华人校长任期最长的校长之一。

[51] 陈裕光.回忆金陵大学.见谢泳等编.逝去的大学.同心出版社，2005:160。

[52] 南京大学高教研究所校史编写组编.胡适谈金大农学院的贡献.金陵大学史料集，1989:204。

[53] "中国农村复兴联合委员会"（简称"农复会"），1948年由美援资助创建于南京的一个临时机构。1948年4月1日美国国会公布第472法案，规定中美两国共同设立一联合委员，以实行中国农村建设计划，其经费由每年援华总额3.38亿美金拨付不超过10%的金额。同年10月1日，"农复会"正式成立，其委员会核心成员共5人：美国总统委派美国公民2人，中国总统委派中国公民3人，并选举中国委员1人为主席（蒋梦麟为首任主席——作者注）。其目标在于以中国农村复兴工作重建中国社会，内容涵盖农业生产与技术推广、销售、信用、灌溉、家庭与乡村工业、营养、卫生、教育之方案，以及与中国政府诒商，逐步实施土地改革措施之途径及方法等。"农复会"之改革建设目标制订之初针对整个中国，1949年后，"农复会"亦随国民党政权迁移台湾，其工作转为协助台湾进行土地改革、农会改组、生产技术的创新与推广等。

[54] 《莫里尔法案》（Morrill Act），法案全称为："对开办学院以促进农业和机械工艺的各州和准州授予公有土地的法案"，于1862年在美国参、众两院通过，为美国第一个高等教育法。该法案大致内容是：联邦政府根据在1860年选出的每州议员或州代表人数，按每名国会议员或州代表3万英亩土地

的标准，向各州赠予相应面积的土地（最多不超过100万英亩）。各州出售土地所获收入永远捐助"至少一所主要学科与农业和机械专业有关的学院，但也不排斥支持其他科学和经典课目"。该法案的最大成效是直接催生出具浓郁美国特色的赠地学院，并使之成为美国高等教育发展的奠基石。美国当下许多著名的学府，如康奈尔大学、加利福尼亚州立大学，伊利诺斯州立大学、明尼苏达等州立大学以及号称"世界理工大学之最"的麻省理工学院（又译：马萨诸塞理工大学）等，都是根据莫里尔法由赠地学院演变发展而来。美国著名高等教育学家，斯坦福大学教授考利（W. H. Cowley）认为：赠地学院导致了美国高等院校中最有影响的学校—综合性大学的产生。莫里尔法颁布以后曾几经修正，现在仍然有效。

[55] 贺国庆等.外国高等教育史.人民教育出版社，2003：8。

[56] 王德兹编.南京大学百年史.南京大学出版社，2002：582。

[57] 沈宗瀚（1895—1980），字海槎，浙江省余姚沈湾（今属肖东乡）人。农学家、作物遗传育种学家，美国康奈尔大学博士。1927年回国后曾任教金陵大学农学院。1948年，中美合作之农村复兴委员会成立，沈为中方三委员之一。1949年随"农复会"去台湾；1964年，任台湾"农复会"主任委员。沈宗瀚著述颇多，著有《中国农业资源》《中国各省小麦之适应区域》《克难苦学记》等。

[58] 王绶（1897—1972），1924年毕业于金陵大学农学院，1933年在康奈尔大学作物育种系获得农学硕士学位，回国后先后任金陵大学农学院教授、农艺系主任、农艺研究部主任等，长期从事大豆、大麦研究，育成了"金大332"大豆、"王氏大麦"（美国定名）等优良品种在生产上应用，对作物田间试验技术也做过系统研究，是我国作物育种学和生物统计学的奠基人之一。新中国成立后，曾任农业部粮食生产司司长、山西农学院院长等职。

[59][61] 金陵大学编.金陵大学要览.1947:70，71。

[60] 章开沅.传播与植根——基督教与中西文化交流论集.广东人民出版社，2005:142。

[62] 南京大学高教研究所编.金陵大学史料集.南京大学出版社，1989:

66。

[63]1916 年 2 月，民国政府农商部设立直属的地质调查局，以绘制全国地图并调查国家的自然资源，章鸿钊、翁文灏分任局下地质股和矿产股的股长。同年 10 月，地质调查局改为地质调查所（又称中央地质研究所），由丁文江任所长。该所具研究与人才培养的双重职能，被蔡元培先生赞誉为"中国第一个名副其实的科研机构"，中国第一批自主培养的 18 名地质专门人才就出自这个所。

[65]凌鸿勋（1894—1981），字竹铭，中国土木工程专家、教育家。1915 年毕业于上海工业专门学校（交通大学前身），同年赴美，在美国桥梁公司实习并在哥伦比亚大学进修；1918 年归国后，历任代交通大学教授、教授、代理校长、校长等职；20 年代末至 40 年代，先后主持修造了陇海、粤汉、湘桂、宝天、天成、津浦、广九铁路等重要干线；1945 年起担任过交通部常务次长、政务次长，1948 年 3 月当选为中央研究院院士。50 年代初去台湾，促成交通大学在台"复校"。

[66]史贵全. 抗日战争前的交通大学研究所. 自然辩证法通讯，2002（5）:59

[67]中华教育文化基金董事会（China Foundation for the Promotion of Education and Culture，简称中基会），成立于 1924 年 9 月 18 日，是利用美国政府庚子赔款，旨在促进中华教育与文化事业为目标的民间财团法人。中基会第一任干事长为范源濂（1876—1927，曾任国民政府教育总长）。1924 年 5 月，美国总统柯立芝批准悉数退还中国第二笔庚子赔款余额计 1200 万美元议案（1908 年，第一笔庚子赔款主要用于创建培训留学预备生的"清华学堂"——作者注），由美国国务卿休斯照会中国驻华盛顿公使施肇基，并说明这笔庚子赔款为发展中国教育文化事业的专项基金。为防止此款可能用作内战军费，基金会的运作不通过当局而由独立董事会完成。董事会由 5 名美国董事与 10 名中国董事组成，美方董事主要负责监督从美国政府定期得到的基金是否用于可靠的投资。从 1924 年至 1949 年间，中基会共计补助了中国大专院校 233 次、研究机构 139 次、教育文化事业团体 147 次，其中包括帮助国立北京大学解决财

务问题、建立国立北平图书馆等。1950年中基会迁往台湾。

[68]中央研究院（Academia Sinica，简称中研院），为中华民国时期中国最高学术研究机关。1927年5月，国民党中央政治会议第九十次会议议决，拟设立中研院筹备处，并推定蔡元培、李煜瀛、张人杰、褚民谊、许崇清、金湘帆为筹备委员；同年11月，《中央研究院组织法》公布，明定"中央研究院直隶于中华民国国民政府，为中华民国最高学术研究机关"，设立：物理、化学、工程、地质、天文、气象、历史语言、国文学、考古学、心理学、教育、社会科学、动物、植物等十四个研究所。1928年4月20日，国民政府委员会第五十六次会议任命蔡元培为首任中研究院院长。1928年6月9日，中央研究院第一次院务会议在上海东亚酒楼召开，蔡元培主持宣告该机构正式成立。1948年3月26日，中央研究院选出81位院士，并于当年9月23日举行第一次院士会议，自此，中研院之体制始告完成。1949年，中研院仅历史语言研究所的全部以及数学研究所的部分图书、仪器、设备运往台湾，其余研究所均皆留置于大陆，成为同年11月正式成立的中国科学院之主体（中国科学院为偏自然科学研究的学术机构，这一点，与"中研院"的定位和学科设置不同——作者注）。台湾方面，由于多数院士及第一次院士会议所选出的第三届评议员32人亦都留在大陆或留置国外，"中研院"实际陷入半停顿状态。至1954年，经朱家骅多方奔走，选中台北市南港区兴建"中研院"院区，同年植物研究所在台"复所"。"中研院"现直接隶属于台湾当局，为台湾地区的最高学术研究机构。

[69]佚名.教育部颁布大学研究院暂行组织规程（附大学研究院统计表）.中国第二历史档案馆编.中华民国史档案资料汇编：第5辑.第1编教育（一）.南京：古籍出版社，1994:385-1386。

[70]胡适.胡适留学日记（第3卷）.三联书店，2014:583。

[71]台湾政治大学校史编辑委员会."国立"政治大学校史稿，天文印刷有限公司，1989：45。

[72]任鸿隽（字叔永，1886—1961），祖籍浙江湖州，中国近代科学的奠基人之一。1909—1911年，东京高等工业学校应用化学科学习。辛亥革命前

夕回国。1912 年任孙中山临时总统府秘书。1913—1916 年在美国康奈尔大学文理学院主修化学和物理学专业，获学士学位；1916—1918 年在美国哥伦比亚大学学习，获化学硕士学位。回国后，任北京国民政府教育部教育司司长、北京大学教授、上海商务印书馆编辑、国立东南大学（现南京大学前身）副校长；1935 年担任四川大学校长。1938 年任中央研究院秘书长、总干事兼化学所所长。抗战胜利后，任中国科学社社长。在近代中国，任鸿隽是最早系统提出"发展科学为吾国之生命线"、主张以科学立国的中国人之一；并将其富远见的思想付诸实践，如发起成立中国科学社，创办《科学》月刊等。

[77] 杨舰等编.清华大学与中国近现代科技.清华大学出版社，2006:38。

[78] 段治文.中国现代科学文化的兴起（1919—1936）.上海人民出版社，2001:43-145。

[79] 北大 25 周年校庆时，胡适在北大纪念专刊以"回顾与反省"为题发表文章，批评北大"开风气则有余，创造学术则不足"；谓北大尚未脱离"裨贩学术"的阶段，"这不是我们的大耻辱吗？"参见：胡适全集（20 卷）.合肥教育出版社，2003：104。

[82] 刘超.中国大学的去向——基于民国大学史的观察.高等教育（中国人民大学复印报刊资料），2009（4）:71-72。

[83] 抗战前我国各大学与日本东京大学（1877 年创办）均有明显差距。但抗战多年下来，该校因受战争限制而明显衰弱，而战时中国的中央大学、西南联大等则基本维持战前水准，某些方面还有所提升。到抗战结束时，学界有观点认为，西南联大、甚至中央大学的办学水准已和东京大学相去不远甚至超越。

[84] 胡适.中国的私立大学.东海大学校刊，1958（13）。

[85] 梅贻琦.大学一解.清华学报第 13 卷第 1 期，1941.4。

[86] 任鸿隽.评国联教育考察报告.任鸿隽.任鸿隽文存.上海：上海科技教育出版社，2002:459。

[87] 蒋梦麟.北大之精神.引自杨东平编.大学精神.辽海出版社，2000:23。

[88]唐文治.上海交通大学第三十届毕业典礼训辞.唐文治教育文选.西安交通大学出版社,1995:69。

[89]傅斯年.教育崩溃之原因.独立评论.第1卷第9号,1932.7.17:2-6。

[90]蒋梦麟(1886—1964年),原名梦熊,字兆贤,号孟邻,浙江余姚人,中国近现代著名的教育家。1912年于加州大学伯克利分校教育学本科毕业,随后赴纽约哥伦比亚大学研究院,师从杜威,获得哲学及教育学博士学位。1928年,接替蔡元培出任国民政府大学院院长,大学院改为教育部后,为南京国民政府首任教育部长,任内制定并颁布《大学组织法》,取消单科大学的设置,整顿无良的私立大学,遏制住滥设大学及以教育谋取不义之财的现象。1930年12月,蒋梦麟出任北京大学校长,为北大历史上任职时间最长的校长。1949年去台湾。

[91]胡适.胡适全集(22卷).合肥教育出版社,2003:515。

[92]朱光潜.处群的训练.朱光潜.谈修养.华东师范大学出版社,2014:126。

[93]多贺秋五郎.近代中国教育历史资料民国编(上册).台北文海出版社,1976:473。

[94]宋秋蓉.近代中国私立大学研究.天津人民出版社,2003:133-136。

[95]宋恩荣等.中华民国教育法规选编.江苏教育出版社,1990:65-67。

[96]胡适.从私立学校到燕京大学.胡适.胡适精品集(12集).光明日报出版社,2001:51。

[97]台湾"教育部".中华民国教育年鉴.第五编(高等教育).台北宗青出版社,1999:35。

[98]黄延复等.一个时代的斯文——清华校长梅贻琦.九州出版社,2011:127-128。

[99]房列曙.民国时期高校考试制度的历史考察.安徽师范大学大学学报(人文社科版),2004(3):368。

[100]罗义贤.司徒雷登与燕京大学.贵州人民出版社,2005:179。

[101]高伟强等.民国著名大学校长1912—1949.湖北人民出版社,

2007:318。

[102]金保华.教会大学的自主调适——"巴敦调查团"来华考察的建议及其影响.华中师范大学硕士论文,2002:37。

[103]燕京新闻.1939.12.26。

[104]梅贻琦.巡视考场时对记者的谈话.清华暑期周刊,1934(6)。

第二章　民国大学之自治与社会干预

　　大学自治是一个来自欧洲中世纪大学[1]的古老概念，延伸到现在，核心内容就是学术自由和教授治校。1155年，罗马帝国皇帝巴巴罗萨特腓特烈一世，基于传播与学习科学知识具有无上的价值，颁布了专门针对师生学习权益保障的《安全居住法》。[2]该法确认：任何人都应保障民法学教授和学生们自由迁徙和其居住地的安全（中世纪欧洲大学兴起初期，动因主要是源于教师的学识魅力，无固定教学场所——作者注）。故欧洲中世纪大学多为自治团体，在具体运作中，它既不隶属于教会，又不受制于地方，保持了相对的独立性。当然，大学自治也有边界，随着国家权力的介入，教会角色对大学的控制日趋弱化，1770年，普鲁士进行高等教育国家化改革，1794年颁布《普通法》（the Prussian General Code），明确：大学经费由国家供应，整体运作也由国家掌控，只有在学术事务上能够自主。[3]诚如布鲁贝克所言：高等教育越卷入社会的事务中就越有必要用政治的观点来看待它。就像战争的意义太重大，不能完全交由将军们决定一样，高等教育也不能完全留给教授们决定……传统高等教育自治现在不是，也许从来都不是绝对的。[4]所以说，近现代大学制度的发展及职能的膨胀，国家或社会对大学的关注及与大学自身惰性之间的矛盾也在增长，这是一种自然现象。而平衡这种矛盾就要求大学要在秉承理性精神和独立品格的前提下，同时注重自身改革以适应社会的合理关注。值得注意的是，欧美近现代大学在平衡大学自治与外部社会干预之间的关系时，双方就形成了一种让步与妥协的默契。这种让步与妥协，其意义是当国家（政府）或社会的要求与大学的传统精神气质发生冲突时，多数情况下，都能在维持大学独立的情况下，与外部社会干预达至脆弱却非常有价值的平衡。问题是，既如欧美的大学在自治与社会干预间都只能维持一个脆弱的平衡，将其模式移到根本没有"大学自治"传统的中国后，会产生怎样的变异呢？本章拟着重围绕民初之大学基本制度设计（立法），以及教育部和大学关系（以下简称：部校关系）这两个角度展开讨论。

第一节　体现教育优先原则的大学制度设计

鲁迅先生有言：中国是一个"大染缸"，再好的东西到中国也会变质。显然，把这个观点套至中国现代大学的早期阶段观察，似并不完全合用。相反，民国初期的 1912—1927 年之间，却是欧美教育独立思想在中国发展最昌盛的时期，如陈平原言：民国时期西化最彻底，最成功的当推大学教育。为什么会这样一反常态，尤其是在那个高等教育资源非常匮乏，内忧外患且国家实际仍处分裂的动荡年代。这里恐怕有两个主要原因，一为民初政府权力软弱，加之南北对峙，地方自治呼声高涨等，反给民初办大学者提供了较多的自主空间；二为中国现代大学早期办教育者，在最初睁眼看世界大学教育的时候，一开始就在理性文化反省和文化宽容的基础上，准确地把握住了大学精神的主旨，认同并实践了如教育独立、学术自由、教授治学、通才教育等国际主流大学通用的现代大学制度和教育理念，并据此设计了中国早期现代大学的基本制度。1912 年 10 月，教育部颁布由蔡元培起草的《大学令》，该法第 1 条即明确"大学以教授高深学术，养成硕学闳材，应国家需要为宗旨"，以此作为中国大学教育的目标，这与清末京师大学堂奉行的以"忠孝为本，中国经史之学为基"的人才培养和教育目标完全不同。大学分类及学科体系设置方面：《大学令》规定不再以经学为核心，取消经学科，改《奏定大学堂章程》之经学、政法、文学、医、格致、农、工、商八学科，为文、理、法、商、医、农、工七科。于表面上分析，将经学

科并入文科，是因为《易》《论语》《孟子》《诗》《尔雅》《尚书》《春秋》
等的教学分别归入到文科或哲学或史科，这些科目已无单独存在的必要。但从
深层次观察，将经学科从独立领先位置取消，同样作为对晚清京师大学堂之"中
学为主，西学为辅；中学为体，西学为用；中学有未备者，以西学补之，中学
有失传者，以西学还之。以中学包罗西学，不能以西学凌驾中学"[5]的颠覆性
改革，意味着中国大学教育开始从制度层面摆脱根深蒂固的传统影响，"奠定
了近代学科体系和知识系统的基本框架，开始由向现代方向迈进"。[6]大学管
理体制方面，《大学令》模仿德国教授治校的模式，规定：大学设评议会，以
各科学长及各科教授互选若干人为会员，大学校长可随时齐集评议会，自为议长。
评议会的权力包括：各学科的设置及废止；讲座种类；大学内部规则；学生成
绩及学位审核。若对上级有关高等教育事项有建议，评议会还可直接咨询教育
总长或校长。此外，《大学令》还明确：大学各科各设教授会，以教授为会员，
学长可随时召集教授自为议长：审查各学科课程；学生试验事项；审查成绩及
学位论文合格与否；同校级评议会一样，各科教授会亦可直接向教育总长或校
长咨询教育事项。此外，《大学令》还就"私人或私法人亦得设立大学"，学
生入学和修业年限、大学教师设置等作了明确规定。

比《大学令》颁布早两天，教育部还制订了《专门学校令》，作为"学术
分离"的政策导向，明确专门学校的办学宗旨是"教授高深学术，养成专门人
才"，以此区分大学"养成硕学闳材"的目标。就大学言，自《大学令》后，
教育部又先后出台：《大学规程》《私立大学规程》《修正大学令》《国立大
学职员任用及薪俸规程》等法规。以教育部1917年9月颁发的《修正大学令》
为例，基本沿袭了《大学令》中确定的：保障学术自由和教授治校的法律地位。
只是显然与理顺校系（科）关系，协调行政职能，当然也有适度压缩系（科）
行政与学术权力等方面的考量有关，新规确定：废止各科教授会，仅保留评议会；
"仅涉一科或数科者，得由各科评议员自行议决"。[7]

需要说明一点，限于民初政局的不稳，尤其是"二次革命"失败后，教育
界以尊孔读经为特征的复古思潮曾一度泛起，1915年，北洋国民政府以《大

总统申令》形式颁定：爱国、尚武、崇实、法孔孟、重自治、戒贪争、戒躁进
之七条"教育要旨"，其表述内容，价值观取向和形式，不仅基本回到清政府
1906 所颁布的教育宗旨水平，且宗旨诸内容还对民初拟定的教育宗旨进行了否
定。如"戒躁进"指："我国自共和改建以还，人心之趋向，事业之缔造，非
失于幻想，即涉诸躁进……于是社会陵夷，倾覆迭遭，究源竟委，谁司其咎！"[8]
庆幸中国当时已经出现了一批中西学俱佳，国际视野开阔的办教育者，加之北
京国民政府时期，普遍存在军人干政，民初教育部总长除蔡元培、范源濂等少
数几位既有教育理念、又具社会影响的人执掌外，其他人"如过江之鲫，任期
过短，权力小，而又多无专长，甚少发挥教育行政的统御作用"（见下表）。
如 1913 年，教育总长甚至由海军总长兼任。政府权力的软弱固然妨碍了大学教
育政策的持续和稳定性，但这也的确给有教育理念的教育家自主办学，提供了
足够的施展空间。虽说《大学令》直到蔡元培 1917 年就任北京大学校长后，其
有关教育独立、学术自由、教授治校的规定才真正付诸实施，期间还历经短暂
的教育复古思潮，但这些均未形成气候，并于袁世凯下台后不久即宣告终结，
没有从根本上影响民初中国高等教育现代化的进程。故曰民国元年就能制订《大
学令》，这样一个旨在在保障大学自治和学术自由的法律文本，并以国家意志
的形式体现出来，说明民国初期大学制度设计的起点很高，这是一个了不起的
进步。这个进步也为中国今后大学秉承教育优先、教育独立的原则良性发展，
奠定了扎实的价值观基础。在此意义上，谓中国早期大学制度的现代化设计，
在北京国民政府时期取得了诸多开创性成果，并不为过。

教育总长姓名及任职时间（1912—1922）[9]

职务	姓名	籍贯	任职年月（日）	备注
教育部总长	蔡元培（孑民）	浙江绍兴	1912.3	时国都南京，组织临时政府。三月，政府迁北京，另组政府，仍由蔡任总长。
总长	范源濂（静生）	湖南湘阴	1912.7.26	继蔡任

职务	姓名	籍贯	任职年月（日）	备注
兼署总长	刘冠雄	福建福州	1913.1.28	范辞职，刘以海军总长兼教育总长。
	陈振先	广东新会	1913.3.19	刘辞兼职，陈以农林总长兼署教育总长。
代理部务	董鸿祎（恂士）	浙江杭县	1913.4.30	陈辞兼职，董以处长代理。
总长	汪大燮（伯唐）	浙江杭县	1913.9.11	
总长	严修（范荪）	直隶天津	1914.2.20	未到任
署总长	蔡儒楷	江西南昌	1914.2.20	严未到任前，由蔡暂署。
总长	汤化龙（济武）	湖北	1914.5.1	
兼代总长	章宗祥	浙江吴兴	1915.9.10	汤请假
总长	张一麐	江苏吴县	1915.10.6	汤辞职
总长	张国淦（乾若）	湖北蒲圻	1916.4.23	继张任
代理部务	吴闿生	安徽桐城	1916.6	吴以次长代部
总长	范源濂（静生）	湖南湘阴	1916.7.12	
代理部务	袁希涛（观澜）	江苏宝山	1917.6.2	范呈请辞职，派次长袁代理。
总长	傅增湘（沅叔）	四川江安	1917.12.4	继范任
代理部务	袁希涛（观澜）	江苏宝山	1919.5.15	时傅辞职，派次长袁代理部务。
	傅岳棻（治芗）	湖北武昌	1919.6.5	时袁代部辞职，任傅为次长并代理部务。
总长	范源濂（静生）	湖南湘阴	1921.8.11	
代理部务	马邻翼（振五）	湖南	1921.5.29	时范辞职，任马为次长并代理部务。
总长	黄炎培（任之）	江苏川沙	1921.12.25	未就职

续表

职务	姓名	籍贯	任职年月（日）	备注
兼署部长	齐耀珊	山东昌邑	1921.12.25	在黄未到任前，派内务总长齐兼署。
	周自齐（子虞）	山东单县	1922.4.8	时齐辞职
总长	黄炎培	江苏川沙	1922.6.12	时周辞职，黄仍未就职。
兼代总长	高恩洪	山东蓬莱	1922.6.12	黄未到任以前，由交通部长高兼代。
代理部务	汤尔和（尔和）	浙江杭县	1922.7.25	时高辞兼代职，任汤为次长代理部务。
署总长	王宠惠	广东东莞	1922.8.25	
署总长	汤尔和（尔和）	浙江杭州	1922.9.19	继王任
	彭允彝（静仁）	湖南长沙	1922.11.29	继汤任，1923 年改实任。

1927 年 4 月，南京国民政府成立。鉴于北洋时期高等教育因政治动荡，经费严重不足，致教授索薪、学生罢课等现象迭起；大学发展一定程度存在失序、混乱等问题，当然也有限制大学权力的考虑，开始在规范的基础上，加大了对大学的监管与约束，社会干预尤其是政治干预力度由此加强。需要强调一点，北洋时期高等教育发展存在一定程度的混乱，也为南京政府教育部的这种整顿提供了若干合理成分。不过，1927—1949 仅 22 年，若减去其中 8 年抗战和之后的 4 年内战，中国高等教育制度建设和学科发展，实际只有 1927—1937 年这战前 10 年的短暂和平时间。从 1937 年"七七事变"至 1949 年 10 月新中国成立，战争期间的中国高等教育，除少数国立大学，如国立西南联大、国立中央大学、国立浙江大学等外，大都处于维持基本运行的艰困阶段；而国家层面的高等教育制度之基本框架，较之战前，也没有出现较大的变化。即使出台了若干政策导向，如 1938 年教育部推出的《文理法三学院共同科目表》，各科之学分占比等具体执行要则，至 1948 年底才正式发布。其时各校尚未落实，国民党政权已经终结。所以，这里主要以战前 10 年，高等教育政策的变化及部校关系的大致

情况为讨论分析视角。此外，民初拟定的大学基本精神和原则，仍为南京国民政府执掌时期，制订大学目标宗旨的主要核心依据。

关于南京国民政府的在大学教育方面的改革举措，一般多从集权专制的角度，认为南京政府基于政治考量，开始加强对大学的政治渗透，其突出表现是拟以"党化教育"为目标的政治教育进入校园。关于"党化教育"，其实早在1924年3月，值中国国民党第一次代表大会在广州召开，当时党内就有人在教育领域提出了"党化教育"的概念。不过，早期这个概念并没有把教育宗旨直接归结为某个特殊政党的工具，虽以"党化教育"为名，内容却是根据国民党的执政理念，来对普通教育发展作方针或目标的定位。1927年6月，国民政府教育行政委员会委员韦悫起草《国民政府教育方针草案》，[10] 该草案计提出了关于实施"党化教育"的12项内容，其中第7条明确"学生运动应统一在党的领导之下"，教育政治化的色彩已趋明显。同年7月，浙江省教育厅通过《浙江省实施党化教育大纲》，更是提出：以国民党训练党员之方法训练学生，以国民党的纪律作为各级学校的规约……以三民主义的中心思想确定学生的人生观等5条大纲。[11] 至此，党化教育"以党治教"的本质已经非常清楚。而这种狭隘的教育观，自然严重冲击了高等教育界早在民初就已形成的"教育独立""思想自由、兼容并包"之类的共识性理念，故受到当时各界甚至国民党内部高层也有不少人的强烈反弹。1928年，大学院召开的全国第一次教育会议，正式通过《废止党化教育名称代以三民主义教育案》，[12] 党化教育一词遂不再使用。此后，"三民主义"作为南京国民政府时期的部定大学共同必修课目，沿用到1949年。而台湾诸高校，三民主义课程则一直作为"部定"共同必修课程，开设到1995年才退出（1964年，台湾教育当局改"三民主义"为"国父思想"——作者注）。原因是，当年台湾"大法官"裁定"大学共同必修科目逾越母法且与宪法之教育宗旨不符"。

至于南京国民政府于战前，基于规范和根据国家需要对高等教育所做的改革或整顿及由此取得的成绩，至今仍缺乏多元的评价。从针对民初大学管理运行存在失序、失衡和混乱的角度，南京国民政府或教育部陆续推出了大量旨在完善、充实、规范高等教育制度和发展的大量法令和规程。这些主要的法令和规程是：《大学教员资格条例》（1927年6月）、《大学规程》（1927年6月）、《修正大学教员资格条例》（1927年9月）、《私立大学及专门学校立案条例》（1927年12月）、《私立学校条例》（1928年2月）、《私立学校校董会条例》（1928年2月）、《大学组织法》（1929年7月）、《大学规程》（1929年8月）、《私立学校规程》（1929年8月）、《专科学校组织法》（1929年7月）、《专科学校规程》（1929年8月）、《修正专科学校规程》（1931年3月）、《大学组织法》（1934年4月，国民政府修正公布）、《私立专科以上学校补助费分配办法大纲》（1934年5月）、《大学研究院暂行组织规程》（1934年5月）、《学位授予法》（1935年4月）、《学位分级细则》（1935年5月）、《硕士学位考试细则》（1935年6月）等。应当说，这些法令和规程，完善、丰富了民初制订的《大学令》《专门学校令》《私立大学规程》等法令和规程，且在大学精神、宗旨和制度设计方面，除改大学人才培养由"通才"转到"专门人才"，废止董事会制等外，其基本模式和价值取向，如上所述，仍大致沿袭了民初大学制度设计所秉承的基本原则。当然，与民初政府教育法令法规执行不力的情形相比，南京政府制订的教育法令，在战前均得到较为有效的严格执行。由于民初很多大学早已获得相当大的自主权利，为维护教育独立之理想，往往不大情愿完全按照中央政府的要求运作。这也是导致大学与当局控制与反控制加剧的一个原因。

不过，依当时的国情，南京国民政府主导下的若干高等教育改革之大方向，还是得到了主流社会的认可。不少学者认为，战前10年中国高等教育之发展，由于国家获得了一个相对和平的间歇期，当然也与高等教育界与政府间存在某种基于包容和妥协意旨的良性互动机制，大学教育无论质量和数量都是一个以提升为主的重要阶段，故有"黄金十年"之称。如基于民族主义情绪高涨的诉求，开展恢复教育主权的运动。1927年12月，国民政府颁布《私立大学及专门学校立案条例》《私立学校条例》（1928年2月），这两份法令文件要求：所有教会学校必须向中国政府注册、校长应为中国人、校董会中国董事不少于半数、不得强行设置宗教课程等。至 1933 年，几乎所有主要教会大学和学院都先后按要求完成了向国民政府的重新注册工作，由此奠定了教会大学向中国化转型的基础，也由此正式纳入中国高等教育的体系之中；其中如金陵、辅仁、东吴、燕京等校，其教育品质均为可与国立高校比肩的优质大学。而在注重实用学科发展，教学规范化、课程标准及质量控制等方面，南京国民政府在战前 10 年，同样也取得了一定的真实成绩。1928 年清华被指定为 4 年制、由教育部单独管理的国立大学后，一个新的旨在做大做强国立大学的扩张计划由此开始。作为这个时期国家高等教育复兴的一个侧面反映，如国立中央大学、国立武汉大学、国立浙江大学、国立四川大学等，其办学品质、学术水准和社会影响力均在迅速上升。另外，针对"二三十年来，学校课程偏重文法，忽视农、工、商，形成畸形发展"[13] 的学科比例失衡现象，如 1930 年，全国文、法、商、教育学等文科类学生达 17000 多人，而理、工、农、医等实科类学生仅 7000 人，后者占比不到 30%。为扭转此情形，国民政府开始采取限制文科招生，鼓励学生报考自然科学和工程类学科等手段，虽说这些调整学科比例的计划因抗战全面爆发而没有完全达至目标，"但到 1937 年，文科学生数为 15227 人，而理工科则为 1.52 万人"。[14] 两者比例已基本平衡。

第二节　大学与教育主管部门关系之观察

对大学自治而形成的社会干预，源头无疑主要来自政府。所以，从民国时期教育部与大学关系的方向入角，借此观察分析这个阶段中国大学是如何平衡或处理与教育部控制或管理的角色冲突，是个颇具中国特色的选题。如严复所言："夫自由一言，真中国历代圣贤所深畏，而从未尝立以为教者也。"[15] 不过，民国时期的"部校关系"，显然同那个时代国家与大学存在一种基于相互需要而形成的政治文化生态有关，双方似在尊重、包容、妥协等特质上，构建了一种以合作为主的"动态共生"之关系模式。这种模式即政府和大学在处理或协调双方关系时，双方总能在特定层次恪守各自的权力职责和核心价值之边界。换言之，谓大学独立和教授治校并不是说大学运作可以完全不依行政，政府对大学具有管理的职能，但政府不能因具有管理的权力而任意干涉大学的行政和学术研究，大学也不能为迎合政府的态度而对之百依百顺。其实，大学与政府的这种关系，早已是现代大学教育的常识，这是人类文明的共同成果，东西方大学概莫能外。"大学为最高学术机关，应有校自治学术自由的精神。政府对于大学的管辖，应有其限度，教授治校为近代大学行政的普遍现象。即使集权的法国，近年也取消了高等视察员，大学有相当自由，大学应有完整的教授制，健全的评议机关，俾渐能趋于自治一途。大学以学术为中心，不同的学说在大学可以并存。大学以研究为中心，应充分予以自由研究的可能。"[16]1946 年 1 月，周鲠生[17]给胡适的信中曾忆及蔡元培执掌北大时的校内情形："我们在北大时，尽管在军阀政府之肘腋下，可学校内部行政及教育工作是完全独立的，自由的；大学有学府的尊严，学术不可以物质标准计度之价值，教授先生们在社会有不可侵犯之无形的权威，更有自尊心。"[18]

从行政管理的角度，部校关系的其实是一种强弱关系。前者为国家教育公权力的代表，掌握依国家意志对各类教育机构进行价值控制和资源控制的权力，自然为强势的一方。而这种强弱双方能在相处时保持大致的平衡，当然首先需要强的一方要对教育有相当之诚意，不能动辄以行政手段强制服从。这一点，观察民国时期教育部对大学，尤其是对国立大学某种程度的"任性"表现，在许多情形下并没有以简单之下级服从上级的行政方式勒令从同，表现出一定的包容性，则能看出政府对大学运行、大学本质属性所持有的基本之尊重态度，这也是民国时期部校关系的主流特征。试举两例：

1931 年 3 月，国民政府任命吴南轩为清华校长，此举受到清华学生的强烈反对。吴氏被任命的第二天，时兼任教育部长的蒋中正，亲自接见来南京请愿的三位学生代表时谓：新校长学识极优，学生以后不可干预校政。学生代表不为所动，此事也得到了清华教授们的支持。1931 年 6 月，吴正之、冯友兰、张奚若三人，作为清华教授会代表继续南下请愿，会同清华同学生会联名电请教育部"撤换吴南轩，任命周贻春"。教育部见此也开始思用和平方式解决，希望以吴氏先回校再宣布辞职的方式寻找维护其权威的方式下台阶。但学生仍不退让，拟组织有 550 团员参与的"武力护卫团"抗拒吴南轩回校。吴氏被迫于 6 月 25 日离开北平。[19]1940 年 6 月 10 日，西南联大教务会议对教育部统一课程教材和统一学生考核办法等"红头文件"据理抗驳，要求教育主管当局给予学校更多的教学自由，不必"刻板文章，勒令从同，明确表示'本校承北大、清华、南开三校之旧，一切设施均有成熟，行之多年，纵不敢谓极有成绩，亦可谓当无流弊，似不必轻易更张'"。[20] 于是以联大教务会议通过公函，明确反对教育部统一大学教学的规定。教育部遂不得不默许该校对上述教育部之训令可"变通执行"。

上述两例从部校冲突的角度言，不可谓不强烈。但那时教育部管事的也懂得是先有大学教师才有大学这个道理，故并不一味强求"保持一致"，所以没有轻易动用行政手段来维护权威。这就是学术独立和教授治校所体现出的现代大学精神。究其原因，这与民初自由知识分子与政府曾有过一段相处的"蜜月"期有关。[21] 这种"蜜月"关系之生成基础，主要得益于民初的社会文化，即自由知识分子作为社会道德和精神文化的象征，政府官员对其人格和价值观取向存有相当的敬意和认同，不会轻易为难他们。南京国民政府时期，虽国家主义、权威主义等盛行，对大学的控制也由此加强，但自由知识分子与政府官员仍大致沿袭并保持了这样一种平衡关系。另外，民国时期执掌教育部并起过重要作用的总长或部长们，从蔡元培、范源濂、傅增湘，到蒋梦麟、李书华、朱家骅、王世杰等，这些人要么为前朝进士，要么有海外留学背景，且大多担任过大学校长的职务。作为学贯中西的硕学鸿儒，他们深知大学的本质特性。而当这些真正具学者本色的人为官时，倘若遇到部校矛盾，其共识性的理念亦会自然转为包容的力量。这也是自由主义教育理念，在中国大学内部能以体制化的形式不断固化，主导中国现代大学教育制度设计及运作，形成风气并持续 30 多年的主要原因。换言之，民国时期中国大学的文化命脉，基本掌握在自由知识分子的手上。

当然，南京国民政府时期，部校关系并不都是干预和反干预，各大学"不违部章"所表现出的尊重与合作态度，其实是双方相处的主要倾向。1931年10月，教育部任命梅贻琦为国立清华大学校长。上任伊始，为配合国家发展理工科的政策，梅向评议会提议设立工学院，经教育部同意后，即着手兴建各类工程馆，延揽工科教授，使清华短期内迅速成为国内最先进的工科教育与研究单位。苏云峰认为，清华短期内即取得成功的因素与"梅贻琦左右兼顾，一方面尊重教授治校的精神，获得教授的支持；另一方面又能取得中央的谅解与支持，故能在安定中发展"。[22]1935年，教育部派员赴山东、河北、北平、天津、山西等省市，就"高等教育改革之实际情况"，先后检查了专科以上学校97所，据事后调查报告称：各校对于部令均有相当之改进。[23]如同年5月，国立中央大学致教育部呈：

"案奉钧部二十四年第五九九七号训令，示知视察报告要点，饬即切实改进具报等因。奉此。当即遵照指示各点，力谋划改进，理合将办理情形，按条呈报如左：一、人员之裁减；二、统筹购置与统一会计；三、整理课程；四、清查缺课，严格考试；五、添置设备；六、农场集中与裁并；七、整理学生宿舍；八、实验学校报告；九、添设医学院。以上各项，均系遵令切实办理实情，理合备文呈请鉴核。至于本校组织，刻正考察实际情形，遵照修正大学组织法暨大学规程，拟具恢复正常组织之具体意见，容俟另文呈报。合并陈明，并祈鉴察，实为公便。"[24]

由此可见，"不违部章"并主动配合教育部的指导与监督，亦为当时大学行事的主旨，公私立大学概莫能外。所谓"不违部章"办教育，从另一个角度分析，也折射出国家权威对大学教育的影响，这当然与中国"政教合一"的传统文化之惯性因素有关。1924年，舒新城应聘成都高师，这个学校虽地处西南，信息也不灵通，但刻板比照部章行事的风格给他留下了深刻的印象：

"学校所占的地面不过数十亩，房屋虽系平房……亦不甚多，但校舍以外大半为菜园，校舍附近有煤山及小建筑物，均可为学生游散之地。不过该校当时仍遵教部高师规程，校务分教务、斋务、庶务等处，各设一长主持之；对学生行动仍采管理制，非请假许可不能外出，故在平时学生颇少外出……我以学校既遵部章办理，则课程亦当照部章……及询傅校长，则部章所有之科目均有人担任。"[25]舒氏的这段文字，说明"不违部章"并不局限于南京国民政府时期，即使在北京国民政府阶段，通常认为上级教部管理松懈，但遵部章办学，同样为各校、至少是公立高校的主要选择。

第三节　本章余论

以择优从善的开放心态，依教育优先、教育独立之原则制定大学基本制度。从民初颁布的有关大学教育之法律法规分析，能发现这些文本的理念，即使现在来看，亦不落后。如中国首个大学法《大学令》，第一条即明确："大学以教授高深学术，养成硕学闳材，应国家需要为宗旨"，以此作为中国大学教育人才培养的目标，这与清末京师大学堂奉行的以"谨遵谕旨，忠孝为本，中国经史之学为基"的人才培养目标完全不同；其他如"大学评议会""教授会"等保障教育独立、教授治校的制度设置，均以法律条文的形式固定下来，体现了民初办大学与管大学者的开明心怀。1914年，教育部公布《整理教育方案草案》，再次明确民国教育的三项方针：第一，变通从前官治的教育，注重自治的教育；第二，力避从前形式的教育，注重精神的教育；第三，摈弃从前支节的教育，企图全部的教育。[26]这些方针所指向的是"养成国民健全之人格"。需要说明的是，民初中国现代大学制度之草创，并不是盲目照抄国外范本，体现了相当程度的征诸各国之先例，考诸吾国之现情的持续改革精神。1924年，北京国民政府公布《国立大学条例》，[27]重申了《大学令》和《修正大学令》（1917年发布）有关教育宗旨和其他相关制度，对国立大学内部制度作了"得设董事会"的规定。这是中国现代大学制度从民初模仿日本、德国，到模仿美国的转变。尽管从仿照日欧到学美，限于国情，尤其是政局不稳等因素，一定程度上存在"食洋不化"的问题。但从融通中西的自我反省意识方面观察，民初中国大学制度的基本定位，至少在理念方面，与国际主流观念之发展态势是一致的。南京国民政府时期，控制虽加强，但民初拟订的大学办学宗旨，除由"通才"改为"专才"外，并没有大的变动。除了在进一步规范严格大学的课程标准、质量监控、学分制、主辅修制等外，如 1933 年开始，南京国民政府就陆续发布了促使大学教学计划标准化，对各类必修课、选修课、共同必修课及大学入学考试程序等事宜进行管理的政策性指导文件。但其对大学存在之核心价值的判断，仍大致沿袭了北京国民政府时期制订的法律法规，显示高等教育政策具有相对稳定性的特点。

政府对国立大学管理的相对宽容及对大学属性、大学校长、大学教授人格的基本尊重，没有把大学简单视为政府的下属机构，政府与大学的相对平衡关系，保障了大学能基本按照大学要素的题中之意独立自主的发展。关于这一点，国外学者如孙任以都（美国）、许美德（加拿大）则认为这与当时中央政府的相对软弱，以及西方多元文化的影响渗透等因素有关。不过，就特定年代言，当时中国确已出现了一批受过近现代西方高等教育，具职业化、专业化特征，学贯中西，有高度文化反省精神、秉承自由主义理念的大学校长和大学教授群体。作为民国初期中国向近现代化转型的一种标志，这个群体与国家、社会的关系，较之中国传统意义上的"文人精英"模式，他们除继承了中国社会思想与道德的领袖之类意识外，还因他们是依靠专业知识服务社会而谋生的专业人员，这种职业化、专业化的属性，使其"职业维权"的自我意识较之传统文人更加强烈。为保障自己的职业诉求，当然也基于国家发展进步的需要，他们与政府建立了某种程度由彼此认同、尊重意蕴上而达至的"诤友"关系。与此同时，作为这种诤友关系的另一半，民国时期的政治与知识生态界，活动着一批横跨政学两界，具国际视野、专业精神、反省意识、人格魅力的"两栖人"（清华学者刘超语），如蔡元培、罗家伦、梅贻琦、胡适、王世杰、朱家骅、傅斯年、任鸿隽等。这些人本身亦为自由知识分子的代表人物。在大学供职时，作为校长或知名教授，他们不仅是维护"大学独立，教授治校"等方面的制度设计者，也是不遗余力的践行者；涉足政界，这些人的"潜意识"仍时显出其自由知识分子"兼容并包"之气度与情怀，这是民国大学虽经常因主张与政府相悖招致当局不满，但仍然能够在意识形态力量的强力渗透下生存、发展并屡有建树，显然与这些两栖人的保护是分不开的。换言之，民国时期的政治文化特征，是自由知识分子和国家形成了相互妥协、相互宽容、相互影响、相互合作之"动态共生关系"。[28] 这种关系内涵即指政府和自由知识分子都在努力寻找并界定各自合作共生、良性互动的边界。把这个"边界"向大学延伸，就是维护大学自治、学术自由、教授治校的大学精神。因此，对民国大学取得成功的理解，应当尤其注重对这一具中国特色之"部校社会关系"的分析。

参考文献

[1] 欧洲中世纪大学，指 11～17 世纪欧洲各国兴起的高等学府，为近代高等教育之源头。大学（University）一词源于拉丁文 Uni-versitas，意为"总和""联合"，即学生组织之间或学生组织与教师组织之间的联合团体。最早的大学产生于意大利。具有代表性且影响较大的是医科为主的萨莱诺大学和法科为主的博洛尼亚大学；之后如法国巴黎大学（1261 年）、英国牛津大学（1168）和剑桥大学（1209 年）等均为中世纪欧洲的著名大学。至 1600 年，全欧大学已发展到 108 所。

[2] 瓦尔特 . 吕埃格总主编 张斌贤等译 . 欧洲大学史（第一卷），河北大学出版社，2008：86-87。

[3] 王瑞琦 . 百年来中国现代高等教育——国家 . 学术 . 市场之三角演变 . 台北：台湾政治大学中国大陆研究中心，2007:35。

[4] 约翰 .S. 布鲁贝克 . 高等教育哲学 . 浙江教育出版社，2002:32-33; 另外，关于"传统高等教育自治现在不是，也许从来都不是绝对的"，如本节起首所提的《安全居住法》，当遇到学校与政治目标相冲突时，萨特腓特烈一世就会将该法束之高阁。参见欧洲大学史（第一卷）。

[5] 陈学恂（分卷主编）. 中国教育史研究（近代分卷）. 华东师范大学大学出版社，2001:125。

[6] 周谷平等 . 中国近代大学的转型——从《大学堂章程》到《大学令》. 高

等教育研究，2007（10）:101。

[7] 中国第二档案馆编.中华民国史档案资料汇编（第三辑）.江苏古籍出版社，1991:169。

[8] 宋恩荣等编：中华民国教育法规选编.江苏教育出版社，2005:22。

[9] 朱有瓛等编.中国近代教育史资料汇编：教育行政机构及教育团体.上海教育出版社，1993:116—118；参见：崔恒秀.民国教育部与高校关系之研究.海峡出版发行集团.福建教育出版社，2011:24—26；另外，关注此表，还应了解北京国民政府时期，尽管如总统、内阁总理和各部部长间变换频繁，但副部长以下的行政官员或职员却较少变动。故虽政争不断，但政府各部门的行政工作仍在大致能正常运行。

[10][11] 舒新城编.近代中国教育史料.中国人民大学出版社，2012:12—16，23—27。

[12] 田正平等编.中国高等教育百年史论.制度变迁、财政运作与教师流动.人民教育出版社，2006:144。

[13] 李剑萍.中国现代教育问题史论.人民出版社，2005:161。

[14] 费正清等编（美）.剑桥中华民国史 1912—1949 下卷.中国社会科学出版社，2007:387。

[15] 刘军宁等编.自由与社群.三联书店，1998:1。

[16] 夏承枫.现代教育行政.中华书局，1932:386。

[17] 周鲠生（1889—1971），又名周览，湖南长沙人。中华民国及中华人民共和国的国际法学家、外交史家、教育家，中央研究院院士，中国第一部宪法起草的四位顾问之一。早年留学日本，加入同盟会。后留学英法，获爱丁堡大学博士学位及巴黎大学国际法学博士学位。历任国立北京大学、国立东南大学、国立武汉大学教授及校务长。1939 年赴美国讲学。回国后任国立武汉大学校长，兼任中央研究院院士。中华人民共和国成立后，任中南军政委员会委员兼文教委员会副主任、外交部顾问、外交学会副会长等职。1956 年加入中国共产党。主要著作有《国际法大纲》《近代欧洲政治史》《不平等条约十讲》等。

[18] 中国社会科学院近代史研究所中华民国史组编 . 胡适往来书信选（下册）. 中华书局，1980:88。

[19][20] 苏云峰 . 从清华学堂到清华大学 :1928—1937: 近代中国高等教育研究 . 三联书店，2001:36-40。

[21] 南开大学校史编写组 . 南开大学校史 . 南开大学出版社，1989:260。

[22] 谢泳等 . 逝去的大学 . 同力出版社，2005: 243。

[23] 黄季陆编 . 抗战前教育与学术"革命文献"（第 53 辑）. 台北"中央"文物供应处，1971:228。

[24] 崔恒秀 . 民国教育部与高校关系之研究 . 海峡出版发行集团 . 福建教育出版社，2011:111。

[25] 舒新城 . 我和教育 . 三十五年教育生活史（1893—1928）. 广东人民出版社，2016:197。

[26] 宋恩荣等 . 中华民国教育法规选编 . 江苏教育出版社，2005:4。

[27] 中国第二历史档案馆编 . 中华民国档案史资料汇编 . 第 3 辑教育 . 凤凰出版社（原江苏古籍出版社），1991:173-175。

[28] 徐小群 . 民国时期的国家与社会——自由职业团体在上海的兴起 1912—1937. 新星出版社，2007:18。

第三章　民国大学校长、教授及师生关系

第一节　大学校长

　　研究民国大学史的不少学者都认为，作为舶来品的中国现代大学制度能很快摒弃"中体西用"的思维，引进之初便与大学自治、学术自由、教授治学的现代大学制度接轨，得益于当时有一批能睁眼看世界的大学校长群体。实际上，看民国的大学，大致如看一个人，每人都有自己的个性。而个性的形成，依赖于校长的风格。校长譬如大学的一面旗子，旗子立起来了，大学才有所指望，大学个性才有所依附。

　　观察民国时期主流大学校长的谱系，无论公私立性质，亦能发现既遵循高等教育发展规律的共性，又持有个性特色教育理念的校长决不仅只有北大、清华之蔡元培、梅贻琦这一二人，而是有一个较大规模的显著人群。如张伯苓与南开大学，郭秉文与东南大学，唐文治与交通大学，王世杰与武汉大学，竺可桢与浙江大学，李登辉与复旦大学，萨本栋与厦门大学，熊庆来与云南大学，罗家伦与中央大学，陈裕光与金陵大学，陈垣与辅仁大学，马君武与广西大学，钟荣光与岭南大学，韦卓民与华中大学，吴贻芳与金陵女子大学，司徒雷登与燕京大学等等。可以说，每一所学校的成长和特色之形成，都体现了其校长的教育家品质。

上述这些校长有不同的文化和教育背景,执掌的大学类型也存在国立、省立、私立和教会之别,但这并不影响他们从理性反省的角度,探索如何让近代大学这个舶来之物在中国生根,进而在中国办符合大学题中之意的好大学,以实现教育救国的理想。所谓理性反省,其实就是教育理念的一种表现。正是这种多元、多样化的实践,成为民国时期大学文化的重要特征。1932年出任浙江大学校长的竺可桢,将"求是"作为浙大的校训并视为办学的核心价值观。他在一篇题为《求是精神与牺牲精神》的讲演中,指出:"所谓求是,不仅限于埋头读书或实验室做实验。求是的路径,《中庸》说得最好,就是'博学之,审问之,慎思之,明辨之,笃行之'。单是博学、审问还不够,必须审思熟虑,自出心裁,独具只眼,来研辨是非得失。既能把是非得失了然于心,然后尽吾力以行之。"[1]东南大学(中央大学前身——作者注)校长郭秉文提出的:训育、智育、体育的"三育并举",及办学要做到"四平衡":通才与专才的平衡,人文与科学的平衡,师资与设备的平衡,国内与国际的平衡。执掌中央大学十年之久的罗家伦校长,在其就职演说《中央大学的使命》中将"诚朴雄伟"作为中央大学的校训和学风。据罗家伦先生解释:"诚"乃诚实真挚,即对学问要有诚意,待人要以诚相见,求学需戒虚浮焦躁,不以它为升官发财的途径,不以它为取得文凭资格的工具。"朴"指学习需"崇实而用笨功,方能立朴厚之学术气象"。"雄"乃进取争胜,积健方能为雄。"伟"则寓伟大崇高的意思,要避免流于小巧,行事需立意高远,育人者开拓维新,受教者博采众长。[2]南开大学创始人张伯苓校长认为国人存在"贫、弱、愚、私、散"五种毛病,因此,办南开只有两个目的:"其消极目的,在矫正上述民族五病;其积极目的,为培养救国建国人才,以雪国耻,以图自强。"[3]为实现这一目标,他确定了南开办学的五项原则。即重视体育、提倡科学、倡导团体组织、注重道德训练、培养救国力量;并将这五项原则归纳为南开校训"公能"。唐文治任交大校长期间,着力推行其"崇德、尚实、重文、健身"的办学主张,制定了"勤、俭、敬、信"四字为交大校训,强调尚实的中心就是"求实学、务实业",以造就"学成致用,振兴中国实业"的人才。1929年出任武汉大学校长的王世杰,基于要使武大实现其"能履行新的使命，传播高深的知识、提高深邃的学术、担起中华文化中枢的责任"的办学理想。[4] 在学校欢迎他的会上说：办好武汉大学，他将努力创造五个条件，即巨大的校舍、良好的设备、独立的经费、一流的教授、严整的纪律。复旦大学校长李登辉确定"牺牲、服务、团结"为复旦精神，要求学生务必养成"至诚、纯洁、无私、博爱"的品德；他在《我们所需要的教育》一文中，提出"教育的最高目的，是要把个人潜伏的心能，尽量引导使之发展，以替社会谋福利。社会的进步和个人的发展，是一而二，二而一的。个人中最有价值而应启发的心能，亦就是社会上最高贵的德行。"[5] 任云南大学校长 12 年之久的熊庆来先生，亲自制订了"诚、正、敏、毅"的校训，鼓励师生"努力求新、努力求真"，在他的教育理念指导下，云南大学由成立之初仅有两个学院（文法、理工）、教师 49 人，而发展成 5 个学院（文法、理工、工学、农学、医学），下设 18 个系，3 个专修科，教师达 239 人的国内知名综合性大学。四川大学校长的任鸿隽先生，上任伊始便明确提出川大要尽快实现"国立化、现代化"的任务，完成三个使命：第一，要输入世界的智识；第二，要建设西南的文化中心；第三，要担负民族复兴的责任。

治校理念。需要说明的是，大学校长的教育理念不完全等于治校理念。治校理念作为校长主观领域的一种治校思维模式，它的功能是"召唤师生脱离满足平淡现实的一种观念"，[6] 并促使大学主体对发展大学及以大学的力量来造福社会乃至人类的一种追求和抱负。从这个角度分析，大学校长治校理念实际也是其职业行为的主要标志；而其职业行为与敬业程度的观察视角主要应体现：他是否已经成为大学和它的知识、教学质量、真理、自由、学术和公共利益的捍卫人，他是否具备随时与象牙塔外的黑暗势力作抗争的勇气。看过去大学校长治校理想的践行，能清晰领悟到他们为捍卫大学理想所体现出来的教育家人格。

抗战期间，北大、清华、南开三所大学迁至昆明，成立西南联大，当时的云南省长龙云曾给予联大很大的支持。一日，龙云来校拜见梅贻琦校长，说他儿子未考取联大附中，请求破例收录，梅校长称不能破例，建议明年再考，他可以请老师为之晚上补习，但要收"家教费"；[7] 维护大学理想尊严的风骨，由此可见一斑。蔡元培先生曾为申张大学的理想，任北大校长期间，先后二次在诸报端公开发表自己的辞职启示。一次是因抗议北洋政府干涉、镇压学生表达爱国感情的五四运动，蔡元培首先拒绝了当时的教育总长要其协助政府约束学生的请求，表示"学生爱国运动，我不忍制止"后，于 1919 年 5 月 9 日，以"吾倦矣……我欲小休矣……"发表轰动全国的辞职启示，[8] 之后不久（同年 6 月），蔡元培先生在《不肯再任北大校长的宣言》中，陈述了三点理由："（一）我绝不能再做那政府任命的校长：为了北京大学校长是简任职，是半官僚的关系……那里用呈，那里用咨，天天有一大堆无聊的照例公牍，要是稍破点例，就是要呈教育部，候他批准……我是个痛恨官僚的人，能甘心仰这些官僚的鼻息吗？（二）我绝对不能再做不自由的大学校长……想稍稍开点风气，请几个比较有点新思想的人，提倡点新的学理，发布点新的印刷品……旧的方面看了这点半新的，就算'洪水猛兽'一样了，又不能用正当的辩证法来辩论，鬼鬼祟祟想借强权来干涉了，世界有这种不自由的大学吗？（三）我绝对不能再到北京的学校任校长：北京是个臭虫巢，无论何等高尚的人物，无论何等高尚的事业，一到北京，便都染了点臭虫的气味……难道还要我再去作逐臭之夫，再去尝尝这气味么？"[9] 另一次是 1923 年 1 月 19 日，因目睹官僚政府的种种腐败，蔡元培先生再次在各报端公开发表："我自任了半官式的国立大学校长以后，不知一天要见多少不愿见的人，说多少不愿说的话，看多少不愿看的信……实苦痛之极……不要人格，只要权力，这种恶劣的空气一天天厚起来，我实在不能再受了……"[10]

尊重并保护教授和学生表达自己的独立观点，也是观察过去大学校长治校理念的一个视角。罗尔钢教授对担任过中国公学[11] 和北大校长的胡适之开明治校模式倍加怀念，他说："进学校后，首先使我感到痛快的，是学校不挂国民党旗，星期一上午不上国民党纪念周。学校办公室前，树有许多木牌，给学生贴壁报用。那些壁报，有左派办的，有国民党员办的，有国家主义派的，有无党无派办的。胡适一视同仁，准许学生各抒所见。"[12] 针对国民党专制，1930 年，光华大学政治系教授罗隆基在《新月》杂志上发表文章，主张维护人权。当时教育部饬令光华大学把罗隆基撤职。为此，张寿镛校长于1931年1月19日呈文国民政府，文中说："今旬奉部电遵照公布后，教员群起恐慌，以为学术自由从此打破，议论稍有不合，必将陷此覆辙，人人自危！"他还借蒋介石当时提出所谓"赦免政治犯"的言论，就题强调："夫因政治而著于行为者尚且可以赦免；今罗隆基仅以文字发表意见……略迹原心，意在匡救阙失。言者无罪，闻者足戒……拟请免予撤职处分，以示包容。"[13] 民国时期，因受当时特定的国情背景之影响，学潮迭起，尽管不少校长并不主张学生过多参与学运而耽搁学业，但在学生与政府发生冲突时，他们表现出的不惜冒犯当局也要保护学生的人文情怀，同样令人赞叹。1947年，浙江大学学生举行"反内战、反饥饿"的大罢课，为防事态发展失去控制，当时的浙江省长沈鸿烈约见浙大校长竺可桢。沈称他对浙大"印象极坏""校中无纪纲达于极点"，还威胁说"浙大是共产党大本营"，批评竺"失之过宽"。竺校长则以："学校处置学潮不能用武；大部学生系优良子弟，学校系以德服人"来明确回应。[14]

民国时期大学校长的为"官"之道，同样为一个值得关注的话题。据1929年7月制定的《大学组织法》之相关条目："大学设校长一人，综理校务。国立、省立、市立大学校长简任，除担任本校教课外，不得兼任他职。国立者由教育部聘任之，省立、市立者由省市政府请教育部聘任之，不得兼职。"[15] 于法律制度的角度看，大校校长无疑均为"政府官员"。但从其实际运作中分析，又能明显感到，不少人出任校长主要是基于教育理念和治校理想，不是为官而官，当下热门的跑官要官之类，估计可能更加少见。这一点，可从一些人向政府当局提出的若干"任职前提条件"中找到佐证。1937年，云南省主席龙云聘熊庆来任云大校长，熊向龙提出的任职前提是：校务行政省政府不要加以干涉，校长有权招聘或改聘教职员，学生入学须经考试录取而不凭条子介绍，得到龙的同意。1936年，蒋介石亲自召见竺可桢，请他出任浙大校长。竺当时没有表态同意，说要与时任中央研究院院长的蔡元培先生商量后再考虑。在征求蔡先生意见后，竺认为，若再不为浙大着想，而抱"明哲保身主义，则浙大必陷于党部之手"。于是向当局提了三个条件:财政须源源接济;用人校长有全权,不受党政干涉;时间以半年为限。[16] 除第三条外,都得到官方允准,竺可桢才肯出任校长。从另外一个角度看,主动限制自己既得的法定权力资源,不用政府机关行政命令的手段管理学校,不以"长官、老板"之类自居,最大限度地尊重学术自由、教授治学的大学核心价值观,也是过去一些大学校长赢得师生尊重的主要原因。1934 年,南京政府下令取消当时一些大学设立的大学评议会、教授会、校务会等与《大学组织法》相抵触的"土制度",然北大、清华等大学却仍旧坚持实行这一"民主治校制度"。朱自清先生有一段文字,颇能反映当时的教授对校长的情感:"清华的民主制度,可以说诞生于十八年……但是这个制度究竟还是很脆弱的,若是没有一位同情的校长的话。梅月涵先生是难得的这样一位好校长……他使清华在这七八年里发展成一个比较健全的民主组织。同仁都能安心工作,他使同仁觉着学校是我们大家的,谁都有一份儿。"[17]

与师生的情感沟通。大学校长的一个重要素质是其是否具备人格亲和力,并甘当学校"牧羊人"的角色。[18] 因为,校长不仅是治校、治学的领导之源、活力之源,同时还是学校师生的情感支持之源。1949 年 2 月,竺可桢 60 大寿,学生自治会拟建"可桢图书馆"以祝贺,竺以"人尚健在,何必馆为"坚辞,然学生仍献给竺校长一面锦旗,上书"浙大保姆"四字,足见他在学生中的人格魅力。[19] 燕京大学校长司徒雷登也是一位牧羊人式的校长:"每年新生入学,他必在未名湖畔的临湖轩举行茶会或设宴招待;在校园遇到学生,总要亲切交谈;如有需要他帮助解决的问题,他会尽力帮助解决……燕大上上下下前前后后,总有上千上万的人,这上千上万的人的生、婚、病、死四件大事里,都短不了他。为男婴施洗的是他,证婚的是他,丧礼主仪的是他……"[20]

第二节　大学教授

　　探讨教授的精神气质和学术水准的内涵，不需要用很多学理语言进行归纳描述。概而言之，一句话即可：专业能力与公共能力兼容并包，是教授身份同行认可和社会认可的坐标。因为，教授的精神气质和学术水准具有相互关联的两极张力，前者指教授作为知识分子社会良知的代表人物，所应该具备的社会责任意识；后者指教授的专业能力。马克思·韦伯指出，一个学者要想赢得社会的认同感，"无论就其表面和本质而言，个人只有通过最彻底的专业化，才有可能具备信心在知识领域取得一些完美的成就"。就此延伸解读，教授的精神气质也可理解为是其形成自己专业能力所必须具备的"人格品质"。当这种人格品质面向公共社会领域时，能够展示其揭示、分析公共问题所蕴含的专业内涵，同时以大众知悉的表述方式介入公共话语。一定意义上讲，教授社会权威地位的支撑点，不仅要看他们是否是专业规范的立法者，还要看他们能否跨越其专业领域，并在专业与公共之间寻找一个自然融合的关联点，直接或间接地成为公共规范的立法者、护法者，从而解释生活、申诉正义、张扬民主，履行教授的社会责任。1922 年 5 月 14 日，由胡适执笔，蔡元培、李大钊、朱经农、丁文江、王宠惠、陶孟和等联署，在《努力周报》发表题为《我们的政治主张》一文，[23] 呼吁通过真实具体的改革以建立"好人政府"。同年 12 月，金岳霖就此发表《优秀分子与今日的社会》的感言，强调中国唯有依靠学者，并用："这种人去监督政治，才有大力量，才有大进步，他们自身本来不是政客，所以不至于被政府利用。有这样一种优秀分子，或一个团体，费几十年的工夫，监督政府，改造社会，中国的事，或者不至于无望。" [24] 为实现这个目标，他提了几点希望：希望知识分子首先能成为"独立进款"的人，也就是靠自己的学问吃饭，不依附于任何权贵势力，而实现自己的独立人格。他说："我开剃头店的进款比交通部秘书的进款独立多了，所以与其做官，不如开剃头店，与其在部里拍马，不如在水果摊子上唱歌。"希望知识分子不要做官，也就是"不做政客，不把官当成职业的意思"。希望知识分子"不发财。如果把发财当作目的，自己变做一个折扣的机器，同时对于没有意味的人，要极力敷衍"，希望知识分子能有一个"独立的环境"，要和一群志同道合的人在一起。

金岳霖对知识分子之独立人格的定位，在民国"手工生产"教授的年代里，持这类观点的人似不在少数，并沟成了民国教授的群像。这一点，倘若阅读些民国时期出版的综合性政论期刊（报），如《现代评论》《独立评论》《观察》《努力周报》等，当中每期均能看到大学教授或独立或联名，以理性和负责任的学者良知，介入社会公共话题的文章，从中能清晰地领悟到他们为维护社会公平公正而表现出的强烈社会道德感，这也是民国教授享有很高社会地位的主要原因。如胡适言："民国初元的新气象岂不是因为国中优秀分子加入政治运动的效果吗？"根据精神气质的价值取向，归纳民国时期教授的行为特征，大致可以从这样几个层面观察：

一是首先视学问为自己安身立命的唯一支撑。大学教授受尊重的理由，其实只有一个，那就是教授具有超过常人的专业知识。教授存在的最基本前提和条件，是首先要在科学上做出贡献。这是教授称呼的题中之意，也是教授合法存在的灵魂、本质。另一方面讲，教授是依靠学问谋生、因学问而存在的人，对学问的态度与工作质量如何，亦是检验教授资质是否合格的唯一标准。1940年，中央研究院拟设立一个民族研究所，欲请有"非汉语语言学之父"美誉的李方桂先生执掌。而李方桂先生向来不屑于语言学之外的东西，"一不拜官，二不见记者"是出了名的，更别说请他当官做领导了。时任中央研究院总干事的傅斯年多次登门力劝，然李方桂坚辞不就，实在不耐烦了，就对傅斯年说："我认为，研究人员是一等人才，教学人员是二等人才，当所长做官的是三等人才。"这位本身亦为大学者的傅斯年听后不但不恼怒，反而立即躬身作了一个长揖，边退边说："谢谢先生，我是三等人才。"1942年秋，蒋介石约见钱穆，钱以路途太远借故推脱；[25]1943年，蒋再度约见钱穆，双方聊得兴起时，蒋突然问钱穆："你为什么不从政？"钱答曰"读书人不一定都要从政"；蒋又问："关心政治否？"钱说："读书人一定得关心政治，但我不愿从政，各司其职就好。"蒋听后不再多言。这两个例子所述只是特定个案，不好以此作为判定那个年代中官员和教授所处状态的唯一参照。但至少可以说，那时尚有相当数量的教授鄙薄做官发财且对自身的价值有充分自信。

二是教授的自由思想与独立人格。自由思想是教授以"学术为业"的基本价值取向，独立人格则是其在治学过程中勤于思考，崇学进而形成真学问的自然产物。可以这样说，自由思想是治学的灵魂，没有自由思想的治学理念，不可能有真学问，而没有同行认可的学术水平，独立人格也无从谈起。前者致力于探索学术研究的专深程度，后者则体现公共知识分子所秉行的社会批判精神。1953 年，郭沫若先生拟请陈寅恪先生出任中国科学院历史二所所长时，他口述了一封题为"对科学院的答复"（信由当时劝其北上的北京大学历史系教授汪钱记录）的信，他说："士之读书治学，盖将以脱心志于俗谛之桎梏，没有自由思想，没有独立精神，即不能发扬真理，即不能研究学术"（俗谛，当时即指三民主义）。[26] 并提出任所长当不能先预存、宗奉马列主义的见解，再研究学术。鉴于当时的情况，陈的要求自然无法满足，他也没有担任第二所的所长。故此，分析中外近现代思想文化及科学研究发展的一般历史，能发现，没有功利色彩、专门而精深的学术研究，若视为一个整体，只能是遵循学术规律或民主社会的产物。抗日战争时成立的西南联大，尽管条件异常艰苦，但由于政教相对分离的办学模式，保证了教育独立、学术独立、学术本位的文化生存空间，使这所"战时高校"涌现出杨振宁、李政道、苏步青、华罗庚、李四光、吴大猷、朱自清、闻一多、马寅初、徐悲鸿等一大批科学文化大师，并成为当时公认的世界一流大学。

三是教授身上极强的人文精神。所谓人文精神，即指在尊重人、以人为本的前提下，所体现出来的一种求真务实的科学理性精神。教授的这种精神，用在学术研究方面，是严格遵循知识的建构原则，将自己的价值首先定位于专业规范的界限之内；于公共方面，过去的教授作为一种独立的社会力量，是主持社会公平公正的代表；他们能就社会问题所蕴藏的专业内涵进行准确的理性判断，同时以"专业良知"的通观能力、思辨能力来影响公众甚至政府的价值行为取向，凸显教授的"士气"。1923年2月，黎元洪、冯国璋两家子弟以每年出资1054元的高额学费为条件，请求免试入读清华。然在教授评议会讨论此事时，却受到极力反对，他们直言："此例一开，我怕清华园一片净土，到处都是少爷公子们，那时清华真可成为贵族学校了。"[27] 教授们不与官僚势力苟且的勇气，使清华最终也没给这两位前"民国总统"一点面子。1942年5月17日，来自西南联大的沈启元、李树青、费孝通等八位教授，针对因物价剧烈变动，导致"后方社会经济都作畸形发展"的情况，联名在《大公报》发表《我们对当前物价的意见》一文，认为政府"若不彻底解决，待其影响已成……亦将失之过晚，追悔无及"。1946年9月创刊的《观察》杂志，发行期间也能经常看到教授对当时国民党政府处理社会政治文化、经济等问题不满的公开"联合声明"。1947年2月，朱自清、向达等13位教授联名以"保障人权"为题发表宣言，抗议国民党政府"肆行搜捕"，并要求"将无辜被捕之人民从速释放。至其确有犯罪嫌疑者，亦应从速移送法院，保证不再有此侵犯人权之举"；[28] 1947年10月，国民政府宣布中国民主同盟为"非法团体"，明令对该盟及其成员的一切活动"严加取缔"。对此，周炳琳、李广田、俞平伯等48位教授公开发表《我们对于政府压迫民盟的看法》[29]，从法律的角度批评政府宣布民盟为非法团体的不合法性，指出"盖容忍反对的意见，尊重异己的政党，实为民主政党的基本要素"。针对当时公教人员待遇每况愈下的情况，王道明、王铁崖、孟昭英等10位教授联名发表《我们对于改善公教人员待遇的意见》，[30] 坦诚自己的合理意见，以此要求政府改变错误的做法。值得注意的是，民国大学教授的这些集体抗争，并不是简单的情绪化宣泄，建言立论均以法理精神为前提，折射出他们建立在深厚专业能力上的对社会弊端的诊断能力与主持公平、公正的理性批判能力，这是教授自信的基础；其次，这些批评立论体现了教授忧国忧民的人格品质，映衬出他们不愧是公共知识分子社会良知的带头人。

钱锺书说："大抵学问是荒江野老屋中二三素心人商量培养之事，朝市之显必成俗学。"从这方面看民国教授人文精神的范式意义，对学生人格影响的深度同样值得"怀念"。梅贻琦先生说："吾认为教授责任不尽在指导学生如何读书，如何研究学问。凡能领学生做学问的，他们做人亦必不取巧，不偷懒，不做伪，故其学问事业终有成就。"[31]换言之，教授从事的"高深学问"能为同行、学生和社会认可并受到尊重，本身就是教授"不取巧，不偷懒，不做伪"的自然结果；而教授借助于其的"高深学问"向学生"传业、授道、解惑"的过程，语言学家姜亮夫先生在一篇回忆清华国学研究院的文章中说："在清华这个环境当中，你要讲不正当的话，找一个人讲肮脏的话是不可能的。先生同先生，学生同先生，学生同学生，碰见了都是讲，某个杂志上有某篇文章，看过了没有？如都看过两人就讨论起来，如一方没有看过，看过的就说这篇文章有什么好处，建议对方去看。"[32]学者殷海光先生认为对他人格的影响除五四运动外，就是当时西南联大的金岳霖教授了。他说："碰见金岳霖先生，真像浓雾里看见太阳！这对我一辈子在思想上的影响太具决定作用了。他不仅是一位教逻辑和英国经验论的教授而已，并且是一位道德感极强烈的知识分子。昆明七年的教诲，严峻的论断，以及道德意识的呼吸，现在回想起来实在铸造了我的性格和思想生命。"[33]可惜，这样的雅景、雅情，眼下的校园恐怕不太常见了。

第三节　大学师生关系

大学师生关系为何物，如梅贻琦所言："从师受业，谓之从游。"[34]民国时期的中国大学的师生关系究竟是什么样子的呢？这里试选择若干过去大学师生交往的一些小片段，从中可以感受到民国大学师生关系的一些特质。

营造温馨之校园，校长甘当师生情感的支持之源。所谓营造民主温馨之校园，就是把学校视为一个大家庭来加以维系和建设。大学校长中既是卓越的管理者、治校者，又是优秀的教育家。但展示其治校风格，言行举止不一定都是刻板或威严。实际上，大学理念、大学精神、大学文化这些抽象名词。反映到具体学校身上，其实就是看这所学校是否具有民主办学、爱护师生之类的小特征；而大学特色、个性则隐匿在这些细节中，并由此引领其生成优秀的校园文化。燕京大学规定"任何人都可以走进校长办公室，反映自己认为是必须找司徒雷登反映的问题；司徒本人更是经常在自己住所举行各种师生亲善联谊活动。"[35]1927年，司徒雷登在《燕大月刊》发表一篇文章，抒发了他对师生的情感：燕大目前的情形，是十分乐观的；在学生人数和质的方面，可以乐观；在一种无上的友爱和忠诚的精神，充满着燕大教职员与学生之间，这方面看更可以乐观。[36]

金陵大学则把学校灵魂即精神的铸就放在首位，其校长陈裕光认为"盖现今之大学教育为一躯壳，而精神则为其灵魂"。他为金大描述的精神气质是诚、真、勤、仁，在此精神的感召下，金大校风纯朴，"诚心向学"的人最受尊敬，不无学术的人则很难有立足之地。学习、生活在金大的校园中，学生与学生之间，学生与老师之间，学生与校长之间，人际关系都很融洽，"师生老幼，休戚相关，苦乐与共"，教师是"经师"，也是"人师"，为人师表，上行下效，仁民爱物，蔚然成风。[37]作为金大公认之充满仁爱精神的校长，陈裕光待生如子，即使与他政治立场对立的学生，他也尽力保护。1947年"五二〇"学运后，当局拟定名单准备进行大拘捕，陈裕光闻讯后，迅速采取措施，将问题学生保护起来，结果是这些学生不仅没有被捕，也没有被开除。优良的校风与校园文化是一种无形的力量，它总会潜移默化并实实在在地作用于每一个教师与学生，并在他们身上打上烙印。私立南开大学校长张伯苓认为："教育氛围绝不限于书本教育和知识教育，而应注重人格教育和道德教育。"为此，他注重通过校园文化与各种校园活动来教育学生，培养学生热爱集体、热爱公共事业、一心为公的思想。这种潜移默化的教育，使南开学校的风气非常优良，学生的精神面貌为之一新，南开的学生特色也由此呈现出来。[38]近代哲人布勃（Martin Buber）说："真正配称为教育的，主要是品性的教育。"而如何协助年轻人形成良好品性则是教育者最大之任务。[39]品性之培养，与校长的率先垂范是密不可分的。上述这几个只言片语之小片段，说明校长的民主作风，不仅可以让师生一体，共同践行其教育理念；同时，校长本身若借助其"身份"对学生施放被爱的感染力，同样亦能达至影响学生品性甚至价值观形成的目标。中国著名教育家赵紫宸，1904 年入东吴大学预备科，当时最困扰他的是"怕入了邪教"。东吴学习初期，赵相信"中国自有文明，西洋宗教，既为迷信，更非所需，岂容染我中华净土。"[40] 故对于班中热心传教之同学，赵更当面直斥，被同学冠以"急先锋"之名，遂为非宗教运动的小健儿。他形容这是爱国心与排教心浑杂的经验。而促成赵彻底改变其信仰的则是一次师生聚会，赵向东吴大学首任校长孙乐文（D. L. Anderson）请益，孙特吩赵曰："紫宸，我看你乃一深思的青年，你当自思。"赵晚上回到卧室后，想及"我是一个深思的青年，孙先生知我也，士为知者死可矣。"校长的知遇之厚，加上东吴老师对学生的宽容与友善态度，他便领洗成为基督徒。[41] 这个案例也从侧面说明，校长扮演师生情感之源的角色，其实就是在示范演绎其的教育理念与个人操守。

教师热爱学生，学生亲其师、信其道。明代教育家王守仁曾指出师生关系应该和谐自如，要充满师爱，学生只有亲其师才能信其道，因此教师应带头"责善"。梅贻琦校长对学生充满热爱，他说："教育的出发点是爱。我的学生就是我的子弟，我的子弟也是我的学生。"著名数学家杨武之先生看上去严厉近乎古板，但绝不是不近人情的人，他一生对他所教过的学生，倾注了全部的爱心。他的许多学生，后来的成就也许比他更大，可杨先生一丝不苟的为人，给他们一生的影响却无法估量。[42] 在西南联大，金岳霖先生上课时，常戴一顶呢帽。每至学年伊始，给新生上课，他的第一句话总是："我的眼睛有毛病，不能摘帽子，并不是对你们不尊重，请原谅。"老师对学生的尊重，细致于此。在一个如此充满师爱与被尊重的和谐氛围中，学生自然会亲其师而信其道。

另外，民国时期学潮迭起，故分析大学教授对学潮的态度，是一件值得深思的话题。尽管他们当中的政治主张并不一致，有所谓左右派，或偏左偏右之分，不少人也并不赞成学生过多参与学运而耽搁学业。"我对于学生运动，素有一种成见，以为学生在学校里面，应以求学为最大目的，不应有何等的政治组织。"（蔡元培文：我在北京大学的经历）傅斯年也曾说："我们最大的毛病，是：学生一入学，便走大街（即热衷政治活动，尤其是上街游行），英语永远学不好。"[43]

不仅是教授，即使于部分学生中，对同学过多参与学潮也同样持否定态度："一位叫黄迪的学生，他用两年的时间专研中国的学潮。据他的统计，每次风潮发生时间，百分之九十多是在学期考试前两三个星期以内；每次学潮，意识的和非意识的，都含有避免学期考试的心理作用在内。"[44]

但在对学生因参与学潮而可能受到当局的伤害时，教授们往往会挺身而出，站在学生一边，充当学生的坚定保护者，从而显示出浓浓的疼生之情。1947年5月20日，王铁崖、向达、沈从文、周作仁、俞平伯等31位北大教授，联名在《观察》发表北京大学教授宣言，向政府表达他们对学潮的态度：

"青年学生的心灵原是非常纯洁，其对国家的前途亦最为关切。以往如辛亥革命，如国民革命军北划，如八年抗战，无一次不有青年学生参加，也无一次青年学生不尽他们最大的责任。目前各地青年学生之反内战，反饥饿，以及要求教育改革的运动，纯如胡适校长沉痛的表示，纯是由于不满政治现状……今日内战愈演愈烈，青年学生所呐喊的反内战反饥饿，正是代表了全国人民一致的呼声。我们应当同情……希望政府对于青年学生的运动予了解和同情。青年学生运动的起因是不满现状，唯有改变现实，才能平息他们的不满。推诿与压制，则结果适得其反。殷鉴不远，不敢不告。"[45]

1948年5月，针对当时国民党北平主委吴铸人在举办总理纪念周大会上，发言称学潮多为"暗受奸匪利用"之类，引起北大、清华、师院、燕京四大学90位教授的不满，联名公开发声表达对当局的抗议。他们说：

"学潮发生固属不幸，但接连地伤害学生，包围学校捣毁校舍等暴行，当局实不能辞刺激学生之责。手无寸铁的善良纯洁青年对于这样假藉暴行来挑衅的手段，表示愤慨与抗议，我们只有衷心同情。为了维护学府尊严与争取安全保障，我们也会忍痛罢教，唤起全国人士的注意，借以制止层出不穷的迫害与惨案，挽回迭受摧残的教育生机。目下学潮正在渐起平息中，而党部主持人竟又加以刺激，极尽挑拨、诬蔑、威胁之能事，用心何在，令人诧异。"[46]

中国史学会原会长戴逸回忆自己在北大学习阶段，曾因参加共产党领导的学生运动被捕，是当时的北大校长胡适将他"保"出来的。因为学习成绩优秀，他颇得胡适赏识，但胡适坚决反对他参加学生运动，劝他要好好学习，不要参加这些学生运动。他回忆说："我跟他顶起来，他很不高兴。"由于积极参加共产党领导的学生运动，且当选为北京大学学生自治会理事，戴逸因此被列入国民党黑名单，全国通缉。当他被捕后，胡适并未因他不听自己话、甚至顶撞自己惹自己不高兴而不管不问，更没有落井下石，反而为救他出狱，"帮了很大的忙"，"当时我已经被带到特种刑事法庭。胡适忙写了一封信，跟他们厅长说，这是个好学生、优秀学生，跟共产党没有关系，我可以保证，我保释他。由于胡适当时在国民党里的声望，所以我在被审了两个多钟头后就被保释出来了。"[47] 对这种师生之情，无须多言了。

营造自由的学术氛围，师生关系民主和谐。蔡元培执掌北大时，相当重视学生的自治。为了养成学生自律的习惯，蔡先生一反以往的做法，不再公布学生的学习成绩，以消除学生的功利思想，使他们自觉为学问而学问，而不是为成绩而求学。[48] 西南联大高高举起"通才教育"的旗帜。对学生实行学分制，规定每个学生修满 132 个学分，即可毕业。同时还实行了选课制，学生有选择课程和老师的自由。在这种制度的约束下，教师将会竭尽全力上好自己的每一次课。不仅学生有学习的自由，老师讲课也是绝对自由，讲什么，怎么讲全由教师自己掌握。"老师各讲各的见解，对于学生来讲，至少比死盯着一个角度要好得多。学生思路开阔了，逐渐形成自己的判断，不一定非要同意老师的观点，这是很自然的事情，而且可以公开反对。"[49] 学术自由、通才教育的大学理念在一定程度上确保了大学师生潜心向学的精神以及自由民主的学术氛围，大学师生关系民主和谐。联大毕业生，已故数学家，美国哈佛大学教授王浩曾回忆说："当时，昆明的物质生活异常清苦，但师生们精神生活却很丰富。教授们为热心学习的学生提供了许多自由选择的好机会；同学们相处融洽无间，牵挂很少却精神旺盛。当时的联大有'民主堡垒'之称。身临其境的人感到最亲切的就是'堡垒'之内的民主作风。教师之间，学生之间，师生之间，不论资历与地位，可以说谁也不怕谁。"[50]

教师言传身教、以身作则，师生互尊互敬。徐特立曾说，教师具有经师与人师两种人格。听过钱钟书先生讲课的许国璋评价说："一次讲课，即是一篇好文章，一次美的感受。"又说："钱师，中国之大儒，今世之通人也。"[51]可见教师如果学术造诣深厚，学生对其崇拜景仰之情就会自然而生。以西南联大为例，当时许多教授，如周培源、吴大猷等，为了躲避空袭迁到郊区居住，远离学校数十里。为了讲课时能取得良好的学习效果，他们从不采取连续数小时集中讲授方式，一门三学分课程必按每周三次来校授课，不辞辛劳往返数小时，从不迟到一分钟，并视为当然。这种认真负责的敬业精神，深受同学的敬重。[52]可见，老师是学生行为的表率，其深厚的专业基础，强烈的责任感以及高尚的道德品质等对学生起着春风化雨的作用。只要教师对学生付出热忱、负责与关怀，学生就会报之以尊重、认真与感谢。

营造良好的沟通氛围，师生关系亲密无间。良好的沟通氛围，有利于师生之间的密切交往，促进师生之间心与心的交流。教会大学强调以基督化的精神促进师生密切交往，形成师生之间亲密无间的和谐关系。司徒雷登领导下的燕京大学的师生关系最大的特征是"师生一家"。按照司徒雷登的要求，燕京大学形成了一个传统，除了迎新活动，在学校每逢年节、甚至周末，教师还会邀请学生到他们的家庭中做客，或组织同学去远足。燕京大学这种师生同乐、别具一格的活动让师生难忘。曾在燕京大学学习，后又在燕京任教长达10年的著名作家谢冰心对燕京大学的师生关系十分赞赏，"回忆那几年的教学生涯，最使我眷念的是：学生们和我成为知心朋友。那时教师和男女学生都住在校内，课外的接触十分频繁。"[53]国立大学也很重视师生的密切交往，如浙江大学校长竺可桢在中国高校第一次实行了本科生导师制，要求导师不仅要担任专业授课，还要负责指导学生的思想品格。导师和学生不仅是劝业授课，还要经常接触，让学生有更多的机会从近处体验导师为人做学问的态度与方法。[54]大学采取多种方式让师生频繁接触，有利于许多心灵的不时相遇和对话，在这种毫无拘束的场合中，学生们不仅学会了思想的艺术，其品行也将在不知不觉间发展出来，教师们更因此而赢得学生对他们的信任和敬爱，师生关系更加亲密。

第四节　本章余论

　　大学校长带头放弃既得行政权力资源，只做纯校长一件事体现的教育家本质。观察民国大学之成长，有一个值得注意的现象，无论学校的类型是国立、省立、私立或教会，每一所学校的发展和个性品质均与一位特定的校长相关联，如本章起首所述：蔡元培之于北京大学、梅贻琦之于清华大学、郭秉文之于东南大学、唐文治之于交通大学、竺可桢之于浙江大学、张伯苓之于南开大学、罗家伦之于中央大学、熊庆来之于云南大学、马君武之于广西大学、陈裕光之于金陵大学、李登辉之于复旦大学等等。这个校长群体尽管在教育与文化背景方面存在些微的差异，但办大学的主体价值观念取向，都体现了"兼容并包"的情怀与气度。这种情怀与气度，就是主动放弃即得行政权力资源，以大学理想、责任意识和民主自律精神为主旨，期间专心一事，绝不左顾右盼多方兼职，只做一个纯校长所体现的教育家特质。竺可桢任浙大校长前，已是当时有名的气象专家，而在任浙大 13 年校长期间，没有为自己专业捞一点好处；主持南开校政 44 年张伯苓，尽管拿着当时大学校长中最低的薪金，大洋 40 元，却谢绝了出任教育总长、天津市长等职位，硬是一手把南开从第 1 期（1904—1948 年）的 70 余名学生发展到 3000 多人的全国著名学府。他曾回忆说："四十多年来，我好像一块石头，在崎岖不平的路上向前滚，不敢做片刻停留。南开在最困难的时候……我也还咬紧牙关未停一步。"[55] 如清华史学者傅任敢先生认为梅贻琦先生治校的突出品格，是"终生一职"，一生只做一件事（校长），决不"今天干教育，明天弄政治；干着校长，想着部长"。

　　尊重独立的教育价值观。大学教育应有自身的价值标准，其价值确立的核心是大学教育和研究本身。这种价值是独立的知识价值、科学（学术）价值、教育价值、人才价值、社会价值的整合。回观民国大学教授群像，其普遍存在之自由思想与独立人格，之所以成为一种历史文化符号，当然首先得益于那个年代特有的政治文化生态，以及各大学基于学理同情心、独立的教育价值观而设立的校内民主制度。如蔡元培执掌下的北大主要因袭了德国大学之民主管理的模式，梅贻琦、罗家伦主导下的清华校务会议、教授会、评议会之"三会制度"；郭秉文先生治理下的东南大学则主要参照美国大学模式，侧重依董事会的治校功能等。各校制度设计虽有差异，但坚持教授治校、学术独立的原则，已成为民国诸大学行政组织文化的一种基本特征，以此保障学校始终把教育和研究置于主导地位。

此外，于民国时期教师聘任、薪金、晋升等制度运用所体现的人本精神角度观察，亦能发现，好的大学制度于教师个体而言，其意义不在于高调超然的大学理想，而在于现实的具体资源分配。某种程度上讲，由薪金制度、聘任制度与职称晋升制度等具体行政管理组成的技术操作，所体现的大学内部组织文化取向，实际是支撑学术自由、学术公平、学术活力乃至大学自治的核心要素，教授的自由思想与独立人格也由此衍生而成。如薪金制度，1926年，广州军政府明文规定，一级教授月薪500元、二级教授月薪450元。[56]而当时北京平民五口之家月均用度14元2角5分，人力车夫养家月费11元6角2分，教授收入之高可以想见。另据1940年教育部发布的《大学及独立学院教员聘任待遇暂行规程》，该规程在过去基础上进一步拉开了不同级别与职称之间的差距，如把教授分为9级：一级月薪600元、二级月薪560元、三级月薪520元、四级480元、五级月薪440元、六级月薪400元、七级月薪370元、八级月薪340元、九级月薪320元。又如教师职称晋升，1927年，国民政府教育行政委员会发布《大学教员条例》，[57]对教师资格和晋升的硬性要求呈收紧之势。如条例规定：副教授顺须在"外国大学研究院研究若干年，得有博士学位，而有相当成绩者"；或"讲师满一年以上之教务，而有特别成绩者"；教授为"副教授完满两年以上教务，而有特别成绩者"；所幸，这些政策规定均未把职称晋升与学衔直接对应，且对任职年限的要求也不严苛，这反为各校拟订自己破格取才、特事特办的人才激励机制预留了足够的自主空间。正常情况下，教师均能在任教职10年内即可晋升教授；而对于拔尖的年轻学者言，民国大学则显示出足够的灵活性，20余岁的教授大有其人，这使得民国大学的教授主体均为 30 左右的年轻人。这里需要强调一点，以不拘一格的学术包容心营造适宜年轻学者脱颖而出的制度环境，使他们的学术黄金期大部分都可在教授平台中度过，以免除论资排辈煎熬岁月等职称带来的无谓消耗，对于保持学术活力是非常有意义的。这也是当时大学教授极具社会能量，民国大学办学品质优良的主要原因。在破格取才方面，虽说民国大学也存在一些诸如是否留过洋，国内大学有南方北方、国立私立之类门户壁垒，但同样不乏在破除门户成见方面所体现出的包容性学术胸襟之案例，尤其令人敬佩。如胡适延聘未在任何学校毕业，且讷于言的"乡下人"沈从文为中国公学教授，熊庆来聘请没有留过洋，年仅 29 岁的吴晗为教授；竺可桢打破"教会学校与国立大学之'鸿沟'"，先后延聘出身于沪江、燕京、东吴等教会学校的涂长望、谭其骧、谈家桢为浙大教授，甚至还聘请一位叫方毫的牧师来浙大教中西交通史。[58]

重塑现代大学之和谐师生关系，关键在于构建现代大学制度。究竟什么样的师生关系才是和谐的师生关系，怎样才能构建和谐的师生关系？我们可以从过去大学中汲取营养和得到启迪。中国早期一批大学虽然办学条件艰苦，但由于办学理念起点高，遵循了政教分离、学术自由等大学办学精神，得益于营造了民主和谐的学术氛围，大学师生们精神饱满，在他们的生活、学习场景中演绎了一幕幕和谐动人的师生画面，真让人感慨不已。

大学融洽和谐的师生关系，从大学方面来说，关键是要操守大学精神，营造学术本位和学术自由理念的大学制度，确保大学在面临诸如"市场化""技术化""工具化""功利化"等的冲击与挑战时，能保持其特立独行，卓然不群的精神风貌；确保大学教师的教学自由与学生的学习自由，使他们获得充分的尊重与能力的释放。其次要营造良好的校园文化与环境，确保教师与学生实现心与心的交流，加强有效沟通，塑造学生"完全之人格"。从教师方面来说，大学教师不仅要拥有丰富的知识结构和精深的学术，还要知道怎样向学生传授知识，怎样将教书与育人结合起来，更要懂得通过自身的影响力去塑造学生，做到"经师"与"人师"的结合，使学生"信其道，亲其师"。从学生来说，不能过于追求主观愿望，要学会遵守规则，承担义务，尊重知识，尊重教师，把社会学生的角色扮演到位。

参考文献

[1][2] 中国现代教育家传编委会.《中国现代教育家传》（2卷）长沙，湖南教育出版社.1987：13，22。

[3] 熊明安.中国高等教育史.重庆出版社，1983：421。

[4] 武汉大学旅台校友会编.王世杰先生论著选集.裕台公司中华印刷厂，1981：69。

[5] 李登辉.我们所最需要的教育.复旦周刊，1929（24期）。

[6] 眭依凡.大学校长的教育理念与治校.人民教育出版社，2001：356。

[7] 霍月伟.大学校长的尊严.香港大公报：2005.2.3。

[8][9][10] 蔡元培研究会编.论蔡元培.旅游教育出版社，1989：273，274，275。

[11] 1905年11月，日本文部省颁布《取缔清国留日学生规则》，此规一经发布即引起中国留日学生的不满，愤而离开日本回国自办大学。1906年2月，经留日学生姚洪业、孙镜清等各方奔走，募集经费，在上海北四川路横浜桥租民房为校舍，筹办中国公学。两江总督端方每月拨银1000两，派四品京堂郑孝胥为监督。校务实际由王抟沙主持。于右任、马君武、陈伯平、李登辉（早期复旦大学校长，非台湾地区前领导人）等任教员。1906年4月10日，中国公学在上海正式创办。民国成立后，该校因得到孙中山、黄兴的扶持，一度发展迅速，成为包括文、法、商、理四院17系的综合型大学，并增设了中学部。1915年，梁启超任董事长。1921年张东荪任教务长。1922年升为大学。1936年，由国民政府教育部勒令停办。1949年2月，熊克武、但懋辛等在重庆组建中国公学；1951年，中国公学与正阳法商学院等合并为重庆财经学院，次年并

入西南人民革命大学。

[12]章玉政.光荣与梦想.中国公学往事.浙江人民出版社，2014：78。

[13]中国社会科学研究院近代史研究所.胡适来往书信选（下册）.中华书局香港分局，1983：593-594。

[14][16][17][19]中国现代教育家传编委会.中国现代教育家传（2卷）.湖南教育出版社，1987：22，6，108，23。

[15]宋恩荣等编.中华民国教育法规选编.江苏教育出版社，2005：395。

[18][美]詹姆斯.杜德斯达.21世纪大学（刘彤译）.北京大学出版社，2005：213。

[20][35][53]罗义贤.司徒雷登与燕京大学.贵州人民出版社，2005：149，143，162。

[21]苗体君.教授贬值为哪般.瞭望.2001：（21）46。

[22][24][33]谢泳.逝去的年代.中国自由知识分子的命运.文化艺术出版社，1999：35，50，38。

[23]胡适等.我们的政治主张.努力周报.第2期，1922.5.14。

[25]汪修荣.民国教授往事.河南文艺出版社，2008：99。

[26]高墨.清华思想讲座.安徽教育出版社，2001：171。

[27]胡银根.论大学教授的特征.现代大学教育，2003（1）：17。

[28]朱自清等.保障人权（原载上海文汇报：1937.2.27）.观察.第2卷（2期转载）：21。

[29]周炳琳等.我们对于政府压迫民盟的看法.观察.第3卷（11期），1947.11：3。

[30]王道明等.我们对于改善公教人员待遇的意见.观察.第3卷（8期），1946.9：3。

[31]杨东平编.大学之道.文汇出版社，2003：173。

[32]姜亮夫.忆清华国学研究院.学术集林.1994（第1卷）：232。

[34]黄延复.水木清华：二三十年代清华校园文化.广西师范大学出版社，

2001：67。

[36] 燕大月刊 .1927：第 1 卷第 1 期。

[37][38][48][54] 高伟强等编著 .民国著名大学校长 .湖北人民出版社，2007：353，257，22，111。

[39] 金耀基 .大学之理念 .生活·读书·新知三联书店，2001：20。

[40] 赵紫宸 .我的宗教经验 .赵紫宸文集（第 3 卷）.商务印书馆，2006：461。

[41] 吴梓明 .基督宗教与中国的大学教育 .中国社会科学出版社，2003：182。

[42] 李洪涛 .精神的雕像——西南联大纪实 .云南人民出版社，2001：168。

[43] 引自《胡适来往书信》下：51

[44] 引自吴世昌文 .改革高等教育的讨论 .《独立评论》第 1 卷第 70 号，1932.9.11：14

[45] 王铁崖等 .北京大学教授宣言 .观察 .第二卷（14 期），1947.5.31：21。

[46] 北大、清华、师院、燕京四大学教授 90 人来函 .观察 .第 4 卷（10 期），1948.5.1：2。

[47] 清史人生：访国家清史编纂委员会主任戴逸 .百年潮，2008.1：9。

[49] 何兆武口述 .文靖撰写 .上学记 .生活·读书·新知三联书店，2006：111。

[50] 赵瑞蕻 .离乱弦歌忆旧游——从西南联大到金色的晚秋 .文汇出版社，2000：20-21。

[51] 许渊冲 .追忆逝水年华，从西南联大到巴黎大学 .生活·读书·新知三联书店，1996：53。

[52] 苏智良等 .西南联大学生在逆境中艰苦求学 .新民晚报，2005-7-5。

[55] 陈景磐主编 .中国近现代教育家传 .北京师范大学出版社，1987：

223。

[56]国民政府对于大学资格条例之规定.教育杂志18卷第9号.1926年,教育界消息：8-9。

[57]中国第二历史档案馆编.中华民国档案史资料汇编（第5辑）.第一编.教育（一）.江苏古籍出版社，2010：166-167。

[58]张彬.倡言求是，培育英才——浙江大学校长竺可桢.山东教育出版社，2004：55。

第四章　光复初期台湾高等教育之转型
（1945—1947）

　　1945年10月25日，国民政府在台北中山堂举行"台湾对日本的受降典礼"，标志着被日本殖民统治五十年的台湾及附属岛屿，以及澎湖列岛正式重回祖国版图。光复初期的台湾高等教育，因时间节点处于日本的殖民地教育复归为祖国国民教育的历史转折时期，故具丰富的历史文化内涵。从高等教育史的角度言，它历经国民政府对日据时期台湾高等教育机构的接管与重新筹划；从政治或国家意识层面，这种接管与重新布局，则包含了针对当时台湾之实情，如何去殖民化或谓去日本化，以达至中国化的考量。依台湾学者归类，光复初期的台湾高等教育转型发展，大致分为两个时期[1]：台湾行政长官公署教育处时期（1945年8月1日—1947年5月16日）和台湾省政府教育厅时期（1947年5月16日—1949年12月）。本章拟着重讨论日据时期台湾高等教育基本情况、特征及光复初行政长官公署阶段，其对台湾高等教育之接管的理念与方针，如民族精神培养、学制改革、课程调整、师资补充、扩大台籍新生录取等方面的情况，结合史料作背景分析。

第一节　日据时期的台湾高等教育及国民政府接收之筹划

一、日据时期台湾高等教育基本情况

日据时期的高等学校数目为 6 所，分别是综合性大学 1 所：台北帝国大学（创立于民国 17 年，公元 1928 年）；专门学校 5 所：台北高等学校、台北经济专门学校、台中农林专门学校、台南工业专门学校及私立女子专门学校。[2]1945 年 11 月 15 日，国民政府完成接收台北帝国大学，更名改制为国立台湾大学，由教育部特派员、植物生理学家罗宗洛博士任首任校长。台北帝大时期最初设置文政、理农两学部，仅 59 位学生。1936 年增设医学部，1943 年增设工学部，同年理农学部分为理、农两学部。至 1945 年二次大战结束前，台北帝大共设文政、理、农、医、工等五个学部以及预科（1941 年设立），学生约 1600 名。台北帝大另有附属农林专门部（1928 年设置，于 1943 年独立为台中高等农林学校）、附属医学专门部（1936 年设立）、热带医学研究所（1939 年）、南方人文研究所（1943 年）、南方资源科学研究所（1943 年）。台北帝大采用讲座制度，每一讲座由一位教授主持，其下有副教授、助手、讲师和雇员等，系经费预算独立、多数设有图书室之研究单位。1945 年台湾光复后，依照民国《大学组织法》，将日制学部改称学院，并将文政学部划分为文学院及法学院，再加上理、医、工、农共为 6 个学院，22 门学系；原台北帝大附属医学专门部改为省立台湾医学专科学校，原有预科改为先修班。

其他学校方面：台北经济专门学校改为台湾省立台北商业专科学校，1946 年 9 月又改为台湾省立法商学院，1947 年 1 月并入台湾大学法学院。台中农林专门学校改为台湾省立台中农业专科学校，1946 年 10 月又改为台湾省立农学院。

台南工业专门学校改为台湾省立台南工业专科学校，1946年10月又改为台湾省立工学院。这三所学校根据光复后台湾社会各方面事业发展的需要，在保留原有学科的基础上又增设了一些相关学科。此外，原日据时期设立的私立台北女子专门学在台湾光复后被解散。

日据同化时期（1915—1937年），虽声称"内地延长主义"，鼓励日台共学，以促进同化、减少台日差别等；至皇民化时期（1937—1945年），日本进一步实施所谓台湾居民与内地（日本）居民的"无差别待遇"，但均为口惠而实不至。以光复之初的台湾高等教育日台籍学生比例为例，包括台北帝国大学、大学预科、专门学校在内的台湾高等教育机构，80%是日籍生，而台籍生只占20%（669人～2761人），[3]如当时台湾的最高学府台北帝国大学，日籍生有268人，台籍生只有85人，其中80人集中在医科。若就此细分台籍生之构成，亦能发现，台籍生多集中在医科，其他如文理法商科学生甚少。"自民国十七年（1928年）至三十三年台北帝大的毕业生中，台湾同胞仅有219人，有131人是学医的，其他各科加在一起仅88人。"[4]于当时台湾高等学校教师之构成看，日本人同样占有绝对多数。据一项"昭和十九年"（1943年）的统计数字，日据台湾专门学校以上的教育机构中（含帝大医专、专科学校），五校共有教员154人，职员541人，合计日本人占72.64%，台籍仅占27.35%。[5]又据台湾省行政长官公署教育处统计"昭和二十年"（1944年）的高校师资数字：专门学校5所，教职员数322人，日籍236人，台籍83人；台北帝大教职员692人，日籍550人，台籍142人。[6]需要说明一点，在如此有限的台籍人员中，主要也是担任职员或助教，如光复初的台北帝国大学，当时这个学校计有教师173位，台籍教师仅1人。台日间生师比如此悬殊，说明日据时期的高等教育，其显著特征是限制台湾青年学子接受大学教育，更限制台湾青年就读文法商科等人文或社会科学专业，以控制台湾青年关注社会与独立人格之成长，足见台湾高等教育的殖民地性格。对于这种极度的不平等，有人撰文写道：

"但我们可以由此就说日本政府怎样热心的为台湾振兴学术、培养人才吗？不是，并不是，绝不是。台北大学学生共353人，台湾学生只有85人，内中医学部占 80 人，工学部 2 人，理学部 1 人，文政学部 2 人，农学部竟无 1 人。而日本学生多至 264 人。1942 年统计日本人占全台人口的 6%，台湾人占 93%，可是大学学生，台湾人只占十分之二余，日本人只占十分之八。日本人约每 1600 余人有一大学生，而台湾人则须 72000 余人才有一大学生，相差竟至 40 倍之多，这样的不公平，真可谓不平等之至了……"[7]

二、台湾光复前期国民政府教育接收之筹划

早在 1940 年，国民参政会在其第一届五次会议上，就通过了由国共两党和其他党派参政员董必武、张澜、许德珩、罗隆基等 27 人联署的"宋渊源提案"。该提案要求政府："应即宣布马关条约无效，认定台湾亦在应收复之失地范围。"[8] 1943 年 11 月 27 日，"开罗宣言"明确宣告："三国之宗旨……在使日本所窃取于中国之领土，例如满洲、台湾、澎湖群岛等归还中华民国。"为此，国民政府于 1944 年 4 月 17 日（正值马关条约签订 49 周年），在重庆国防委员会中央设计局内成立了"台湾调查委员会"，[9] 作为收复台湾之筹备机构，并任命陈仪为主任委员，聘任台籍人士，如时任中山大学教授的丘念台（丘念台：1894—1967 年，系丘逢甲第三子——作者注）、军委会国际问题研究所主任的李万居（李万居，1901—1966 年，台湾云林县人——作者注）等为委员。该会的主要工作包括：拟定"台湾接管计划纲要"，着手搜集台湾资料，分类编辑台湾概况（含教育、财政等 19 种），分类选译台湾法规，并开办"台湾行政干部训练班""台湾干部讲习班"，为收复台湾着手储备并培养人才。1944 年 8 月，该委员会编成《日本统治下的台湾教育》。1945 年 10 月，台湾调查委员会宣告解散，尚未完成之调研任务由台湾省行政长官公署继续完成。

1945 年 3 月 14 日，台湾调查委员会正式公布"台湾接管计划纲要"，其中涉及台湾教育文化接管内容的计有 13 条。其原则是：要采因地制宜、循序渐进之方式，以祖国国民教育体制取代日本殖民教育体制；其中特别强调"应增强民族意识，廓清奴化思想"。1945 年 8 月 15 日，该委员会正式通过了《台湾教育接管计划草案》。该方案内容具体，其要点是：1. 教育行政方面，原有总

督府文教局改为省政府教育厅。各县县政府设教育科，台北市设教育局，台南、高雄二市设教育科，各乡镇公所设文化股。2.原有小学一律改为六年制国民学校。原有日语讲习所改为国民学校成人部或民众学校，以教授国语国文为主旨。3.原有寻常中学、高等女校改为县或市立初级中学、女子初中。每县市以设立初级中学一所为原则，但该县市原无中学者暂缓设置。帝大预科及高等学校改为高级中学或完全中学两所，高中及职业学校由省主办，单独设置之职业、补习学校由县办理。原有之职业学校视其设备及学生程度，分别改为高级或初级职校。师范学校有所六所，改为省立，暂不增设。4.原有帝国大学改为国立台湾大学，其医学专门部省立台湾医学专科学校，农林专科部改为省立台北农林专科学校。原有台南高等工业学校、高等商业学校改为省立工商业专科学校；台中高等农林专科学校改为省立台中农林专科学校。5.原有热带病研究所、天然瓦斯研究所、工业研究所，均由中央接办。农牧业、林业、糖业、水产、卫生各试验所，由省府接办。6.原有总督府图书馆改为省立图书室，其余州立、市立及街立之图书馆一律改为县立或市立。直属总督府之商品陈列馆，改为省立，其他馆改县立或市立。青年团、少年团及青年训练所一律裁撤。[10]

三、日据时期台湾高等教育之特征归纳与分析

在本章第二节讨论国民政府对台湾高等教育接管之理念前，有必要简略归纳一下日据时期，有关台湾殖民教育的一些基本特征。显然，日据时期的台湾教育制度，本质上是依日本殖民统治的需要，为扩其殖民地利益而设立的。它与培养现代国民，基于发展人的能力之主权国家的国民教育性质是完全不同的。故此，1946年，台湾《人民导报》发表社论，就曾指出台湾殖民教育的本质：

"日本五十年的台湾统治，它在教育上有两点在矛盾的路线上进行，其一，它要利用台湾的劳动力，便利它的榨取，所以在基本教育上给台湾人一个普遍的机会，儿童入学率达70%，其二，它生怕台湾人知识觉醒，阻碍它的统治，所以在中学以上的机会，采差别教育，使台湾同胞无法向上，特别是文法科给台湾同胞以阻难。"[11]归纳日据时期台湾高等教育的核心特征，大致有这么两点：

一是高等教育定位始终明确要为日本的帝国战略服务，具有强烈的殖民地教育性格特征。譬如日本创办台北帝国大学的动机，就主要基于三个因素的考量：（1）拓展在台日本移民接受高等教育的空间，防止大量回流。1926年前后，在台日本移民人口已超过20万。虽然台湾总督府想方设法保证日人子弟在岛内接受高等教育之机会，较之台湾人有绝对的优势。但终因台湾的高等教育机构数量有限，水平也不如日本本土，因而回流日本求学且毕业后不再返回台湾的不在少数，这当然有违日本当局大量移民台湾之初衷。（2）防止台湾青年大批赴日、赴大陆或赴欧美留学而受反日、"赤化"的影响。由于日本对台湾青年接受高等教育实施歧视性的政策，加之诸多的专业限制，使台湾青年求学和专业选择之门非常狭窄，他们只好漂洋过海或留学日本或回中国大陆深造，也有的负笈欧美。据台湾总督府各年度学事年报统计，1916年在日高校留学的台湾人只有5人，至1923年即增加到165人，到1928年更急剧增加到417人，这个数字等于1928年在岛内读大学的台湾子弟人数的1.7倍。[12]对于大量台湾青年离岛外出求学，日本在台殖民当局自然非常忧虑。在台总督府送请枢密院审议批准台北帝大设立案的文件中表露无遗：

"近时台湾在往者，不问内地人、本岛人，一般均向学心大增，欲其子弟接受大学教育者，有增加之倾向……内地人子弟本来即负有在台湾活动之使命，今既去内地，动辄失在台湾永住之念，又不能得适切于境遇之知能，于台湾将来之发展，影响不小。至于本岛人之子弟，则更不堪寒心者……此等学生或仅见内地之黑暗面，或为不良思想所恶化，而多有生对统治困扰之忧。若夫赴大陆入其大学者，更须考虑其受近年排日及赤化恶风之感染，固不待论矣！"为了解除这些忧虑，以固其殖民统治，总督府力主在台设一大学，理由是："今虽难以俄然灭绝此流弊，然台湾开设大学，传授健全思想、正当知识，开此等学生在台湾勉学之途，应有预防其弊害之效果。"[13]加强对华南和南洋的研究，为实施"南进"战略预作准备。台北帝国大学的建立，与日本军国主义向南扩张侵略的意图有相当密切的关系。1926年，文学博士弊原坦被任命为大学设立委员，具体负责筹备台北帝大。同年12月，他在《台湾时报》发表了题为"台湾的学术价值"的文章,力主加强对南洋文明的研究。文章指出:"南洋实应为吾人所非常感兴趣者……南洋研究于将来决定国民之发展方向时,也将提供重要之参考。其实,对南方文明之研究,可谓时代之要求,而最方便之所,厥为台湾矣!台湾为日本领土,当中踏出一步即为南洋的唯一据点。因此在人文科学上,或在自然科学上,均有莫大价值。"弊原坦还进一步论证了台湾的植物学、动物学、医学、气象学、民族民俗学、语言学等多领域的学术研究价值,特别强调"日本国民立于可以开发此地之地位进行学术的考究"。[14]1928年台北帝国大学成立,弊原坦即出任首任总长(即校长)。由此可见,他在《台湾时报》发表的那篇文章,其观点并非一般的学术讨论。他其实道出了台湾总督府乃至日本政府赋予台北帝大的"时代重任"。即"着重研究包括华南和东南亚在内的南方文明",为日本帝国的"南进"和"开发"提供重要之参考。事实上也是如此。台北帝大成立以后,就一直偏重于对华南和东南亚气候、疾病、资源、经济及人文等方面的研究,其先后设置的热带医学研究所、南方人文研究所、南方资源科学研究所等,曾取得一批较高水平的研究成果。如热带医学研究所,下设热带病学、热带卫生学、细菌免疫学、化学、营养学及汉药学等六个科,并在士林、台中、和台南设有三个支所。除了在热带医药及卫生领域进行研究、调查、试验、分析和鉴定外,还从事细菌学、免疫学制品的试验和配制。其士林支所平时每月能生产各种血清菌苗、疫苗等生物学制品 30 万人份,必要时可增至 200 万人份。[15] 显然,台北帝大着实"扮演了协力日本帝国南进政策之国策大学的角色"。不仅是台北帝大,日据时期台湾其他专门高校之设置与课程安排,同样具有明显为帝国南进战略服务的色彩。又如台北经济专门学校,[16]就设有汉语、荷兰语、马来语、殖民地法制、台湾事情、华南及南洋经济事情、民族学、热带卫生学等课程;并设有华南经济及南洋经济事情调查课和研究会。1941 年,该校增设东亚经济专修科,1943 年将原先设置的贸易专修科改为南方经济专修科,这种改变凸显其配合南进的意味愈加浓厚。至 1944 年底,台北经济专门学校毕业生"凡 2138 人,除在本省服务外,均派往朝鲜、中国各通商口岸及南洋方面从事商业之活动","该校实为日本侵华及南进干部培养机关之一也"。[17]另外如

1943年创办的私立女子专门学校，日人的动机则更是毫无掩饰："战时男子出征，必须有人来替代男子的职务"，并补充"战时中学师资的不足"。[18]

二是高等教育取向采愚民政策，并刻意制造日台差别。早在1898年6月，日本第四任台湾总督儿玉源太郎在向地方长官说明其施政方针时，就有这样的训示："教育虽不可一日或废，但如漫然注入文明潮流，养成权利义务学说盛行之风气，则将有陷新附居民于不可控御之弊害，故教育方针之制定必须十分讲究……与其徒然追求积极方针误于时潮，不如确实采取渐进方针方为卓识。"[19]1903年，时任台湾民政长官的后藤新平在一次台湾学事咨询会上更是直言不讳地说：[20]"通过台湾教育始终一贯之目的是国语普及……英国初无深思远虑，[21]但以教育为善事，而为印度广设学校，此为殖民政策之错误，他日且致以其人之刃反伤其人之累。"因此，日本总督府在台湾办教育的主要目的不是发展和完善个人；实际上，它是以刻意制造民族不平等为特征，透过设置的教育制度之安排，来扩大其在殖民地的政治与经济利益并借此凸显其种族的优越性。日本人认为，台湾人在脑力、性格、风俗习惯上与日本人显著不同，故采取与日人之差别教育的制度安排最为恰当。[22]基于此，岛内曾设设日、汉、"番人"（台湾少数民族）的差别教育之三轨制，日人进"小学校"读书，汉人进"公学校"，而"番人"则进"山地教育所"。教育制度方面，岛内日人子弟实施六、四、三、三制，这一制度与日本国内实施的教育制度完全一致。即六年制初等普通教育，四年制高等普通教育，三年制大学预科教育，三年大学教育。而对于占人口绝大多数的台湾人言，则普遍实行为他们量身定制的六二制，即六年制普通教育，加上二年制国民学校的所谓"高等科"，台湾子弟的读书进阶，便告终止。相对而言，能在所谓"内台一如""内台共学"幌子下，挤入六、四、三、三制，并主修医、农科等应用类专业的台籍子弟数量极少。且这些人的家庭背景，多为"皇民化"程度较深，熟操日语且改为日本姓氏的台人，如挤入六、四、三、三制，日后成为"台独教父"的李登辉，就是在1941，正值日本殖民当局推行"皇民化运动"更名为"岩里政男"，摇身变为日本人的。他于1942年进入台北高等学校文科（即台湾师范大学前身），班上只有4位中国学生。次年，李登辉还未毕业，便到日本京都帝国大学求学。因日本不准殖民地的学生攻读法政科系，李登辉遂只得选择农业经济。

鉴于日本殖民者始终强调"过度教育的危险性"，故采取了多种手段限制台湾青年接受较高层教育的机会。如上所述，他们一些学者吸取西方列强，尤其是英国殖民地在印度实施不干涉教育的"教训"，认为"以初等教育为主且缓慢扩张的政策实为明智之举"。而高等教育之发展，特别是以社会为研究为对象的文法类学科，将会培养出一批具民族意识和反殖民主义的知识分子，会导致"无穷的反叛与麻烦"。[23] 这类学科因而被日本人认为最容易导致思想不稳的敏感领域而加以特别限制。故日本在台湾设置的几所高等学校，除台北帝大设有文政学部外，其他各校学科设置均为纯粹应用学科类专门学校，整个学科专业比例严重失衡。即使在台北帝大文政学部，相较日籍学生，台籍子弟也少得甚至可忽略不计（见表4-1）。依日本殖民者限制台籍子弟接受高等教育的逻辑，在非"文法"类学科，于岛内其他高等专门学校读书的台籍青年人数，与日人相比，同样少得可怜。1944年，尽管其时为"皇民化"后期，日本基于战争需要，台湾高等教育已呈扩张之势，而当年全台湾人口为6585841人，日籍为399455人，台湾人口数比日人多近17倍。但据这一年统计台湾5所专门学校台、日学生之比例，发现占台湾总人口区区之比的日人子弟却占尽优势，而台湾学生进入岛内高校求学的人数仍相当少（见表4-2）。

表4-1 台北帝大文政学部日、台籍学生人数对比表 [24]

年度 学籍类别	1940 年	1941 年	1942 年	1943 年	1944 年
台籍学生	5 人	3 人	3 人	3 人	3 人
日籍学生	81 人	68 人	166 人	173 人	32 人

表4-2　日据时期5所专门学校台、日学生数比例（1944年）[25]

学校名称	设置年代	学制（年）	学生数 （括号内为台籍）
台北医学专门学校	1919	4	380（122）
台中林业专门学校	1919	3	268（14）
台南商业专门学校	1919	3	437（123）
台南工业专门学校	1927	3	752（109）
台北女子专门学校	1943	3	80

　　虽从表中数据看，日本殖民者似不忌惮台湾人掌握某些初级入门文化程度，或作为社会基层劳动力的主要来源，讲授一点为谋生所必备的基本技能。如至1944年，台湾8～14学龄儿童入学率达到70%，这个入学率若与当时中国大陆诸省市相比，无疑是最高的。而在招收小学校毕业生的实业学校方面，除农林类台籍子弟略多于日人外，工、商类职业学校也为日籍者明显居多。只有一种设在公学校（即专供台籍学生就读的小学——作者注）内，专门向小学卒业不能继续升学者授以一定的谋生技能，但入读者不能升学，不能转入其他学校的"实业补习学校"，台湾子弟才占大多数。如1922年，岛内共有8所这类"实业补习学校"，共计413人，其中日籍者仅38人，台籍子弟则高达375人。[26]至于上述表4-1、表4-2所列日据时期台、日学生之比例，则足以证明日本殖民者处心积虑地限制台籍学子接受高等教育，其高等教育的殖民地性格特征及愚民政策取向，可谓暴露无遗。

第二节　国民政府接管台湾高等教育的理念方针与措施

一、国民政府接管台湾高等教育的理念与方针确定

1945 年 9 月，国民政府教育部在重庆召开"全国教育善后会议"，其中涉及"关于台湾地区教育之整理问题"，议决了"接管台湾地区应如何具体规划""光复之后台湾教育"等五个方案，并明确台湾光复后重建其教育体系的理念。该理念反映在《台湾接管计划纲要》中的第 1 项通则中的第 4 条：接管后之文化设施，应增强民族意识，廓清奴化思想，普及文化机会，提高文化水准。[27] 因《台湾接管计划纲要》是由台湾调查委员会拟定并依当时中国战后《复员计划纲要》修正后而定案的一份行政方案，它既有全中国战后复员计划的共性理念，也有针对台湾当时特殊实情，专门制订的"个性"条款。如前两句：增强民族意识，廓清奴化思想，"应是针对台湾（或东北）光复区的特殊现实的教育文化纲领；后两句之：普及教育机会，提高文化水准，其重点在使台湾的教育复归到全国性的教育宗旨来。"[28] 而根据 1929 年国民政府公布之《中华民国教育宗旨及其实施方针》所确定的国家教育宗旨："根据三民主义，以充实人民生活，扶植社会生存，发展国民生计，延续民族生命为目的。务期民族独立、民权普遍、民生发展，以促进世界大同。"于字意和内容上理解，国民政府拟定的教育宗旨所隐喻的理念精神，并不落后；相反，这个教育宗旨体现了相当程度的进步性与现代性。从这个角度延伸解读光复初期国民政府接管台湾教育的四大方针，它与国民政府的教育宗旨实际上为一密不可分的整体。这四大方针的要旨，是要使台湾的殖民地教育文化，通过消除日据时代"皇民化"教育之影响，促其向祖国化方向转变，最终在尽可能短的时间内，让台湾教育融入并成为独立自主的中国教育文化体系之一部分。这当中自然也包含了接管台湾高等教育的理

念与方针。

1944 年 5 月，任台湾调查委员会主任仅一个月的陈仪，[29] 在为台湾光复后的师资问题致函陈立夫时，即强调说明：台湾收复后，应该做的工作自然很多，但弟以为最重要的一种是师资的师资，即师范学院、师范学校的教员。[30]1945 年 9 月 26 日，陈仪在重庆的外国记者会上，首次就治台方针发表讲话，称："收复台湾后，首要考虑的是教育问题，恢复国语和历史教育，促进台湾人自由发展自己的能力。"[31] 正式上任台湾首任行政长官后，他在第一次扩大纪念周的讲话中，开篇即谈到要"增加台湾同胞受教育及服务的机会"，同时强调："日本统治用愚民政策，不许台胞受高等教育，不许台胞做高级公务员，现在则要实现教育机会平等、工作机会平等。"[32] 综观陈仪台湾光复前后的若干施政表述，在他着重的心理建设、政治建设、经济建设三大目标中，心理建设主要是指：通过着重国语和历史教育，以增强民族意识；通过大量培养师资、扩大教育、以普及教育，实现教育机会平等；充实专科以上学校及研究所、图书馆、编译馆，以提高文化水准。[33] 从心理建设所涵盖的具体内容看，当然就是指文化教育建设。而这项建设在陈仪的治台施政诸目标中，是置于首要位置的。

陈仪的教育理念与改革思想，无疑得到了较好的理解与执行。1945 年 11 月，台湾行政长官公署首任教育处长赵迺传在其广播稿《台湾教育设施的趋向》中，[34] 明确台湾光复后教育发展的六大方针：1. 阐扬三民主义；2. 培养民族文化；3. 适合国家的本省的需要；4. 奖励学术研究；5. 增加教育机会；6. 推行教育法令。1946 年 6 月，行政长官公署第二任教育处长范寿康，在全省教育行政会议上致辞时，则在前任基础上又将教育方针归纳为三大内容：[35] 1. 今后台湾本省的教育，是独立国家中华民国的教育，自然要一反过去日本在所实施的教育；因此，为推动中华民国的教育方针，应该普及国语、培养民族精神、发扬三民主义思想、扩大教育机会平等、培养台湾青年从事台湾教育工作。2. 要使台湾教育现代化，要加强科学和工业教育。3. 使教育跟经济建设与政治建设取得密切的配合，培植经济建设和政治建设人才。

台湾光复初期，陈仪及两任教育处长的相关教育理念与方针之表述，或在语句的排列组合方面略有差异，但在针对台湾当时的特殊省情，强调去殖民化、中国化与现代化的教育思想，代表了光复初期国民政府对台湾教育接管的核心理念：要将台湾过去的殖民地教育转向一个独立民族国家的正常教育。1947年3月，台湾省行政长官公署教育处在其《台湾省教育复员工作报告》中，对光复初期的教育方针，进一步作了完整的表述和说明："光复后台湾省方针，即经本处一矫过去日本人统治时代所施行之殖民地教育政策，实施中华民国的教育。"[36] 至于该报告所明确的教育方针之具体内容，则与上述赵迺传所谓及的"六大方针"基本相同。只是强调：台湾光复后之教育方针确立后，各项具体教育政策的制订和实施以其为指导，并受其约束，不得与其发生冲突。

二、国民政府接管台湾高等教育的具体措施

（一）高等教育之改制

日据时期，台湾的高等教育学制与大陆相比错综复杂，不同之处颇多（见表4–3）。台湾光复后，长官公署教育处依照《中华民国教育宗旨及其实施方针》（1929年，国民政府公布）、《大学规程》（1929年，教育部公布）、《专科学校规程》（1931年，教育部公布）、《大学组织法》（1934年国民政府修正公布）、《专科学校组织法》（1931年教育部公布）等民国高等教育之相关法律法规，同时参酌台湾实际情形，订立了台湾省高等教育暂行学制（见表4–4）。之所以制定这一暂行过度学制，主要是既要遵照《台湾接收计划纲要》之有关要用大陆高等教育相关法律法规对台湾旧制进行改造的原则，又要结合台湾特殊省情处理好新旧学制平稳转换的问题。同时，1945年11月15日，由国民政府教育部特派员罗宗洛为首的"台湾地区教育复员辅导委员会"，奉命向前台北帝国大学总长安藤一雄实施接收，即时起按中国大学体制，成立国立台湾大学，罗宗洛为光复后台湾大学首任校长。新组建的国立台湾大学，即刻主要在从三个方面进行改制：[37] 一是将日本帝国大学的"学部—讲座"体制改为中国国立大学的学院—学系体制；改制后的国立台湾大学拥有文、理、法、工、农、医6个学院，计21个系。二是结合台湾情况设二年制大学先修科，培养生源。

三是面向台湾省籍青年，于当年 12 月举行招生考试，第一批录取 264 名新生。翌年八九间又分别在台北、杭州面向本省与内地两次招考新生，落实国立大学的全国性生源。

另外，由赵迺传、范寿康先后任处长的台湾省行政长官公署教育处，则负责接收日本总督府直属之各专门学校。在"根据本国教育制度和法令，加以改进，在高等教育政策方面，一反过去日本人之措施，推行我中国民国之教育"[38] 的总前提下，依"本省甫经收复，各项人才的培养，尤须针对建设上的需要，国家与本省两方面的需要兼筹顾"的原则；同时针对当时台湾高等教育新旧转换的现实，保障台湾学生升学的权力，仍允许"惟原有旧制学生仍准予照旧制毕业"的情况下；[39] 行政长官公署教育处对日据时期各专门学校均按先更名转制为专科学校，再升格为独立学院的过程进行改制。如原台南工业专门学校先改制为专科学校后，复改制为台湾省立工学院；原台北经济专门学校亦经改制为专科学校后，再改制为台湾省立商学院；原台中农林专门学校同样经改制为专科学校后，再改制为省立台中农学院。另外，为了解决各学校师资之急需，于 1946 年 6 月创设新的台湾省立师范学院；为了培植本省中级工业人才，将原台北工业实业学校改制升格为台湾省立台北工业专科学校。至此，台湾行政长官公署教育处时期（1945 年 8 月 1 日—1947 年 5 月 16 日）的高等教育改制过程遂告基本完成。其结合台湾的实际，又切合大陆高等教育之相关法律法规所做的过渡性学制安排，于 1948 年结束。此后，台湾高等教育学制开始实行与大陆完全一样的学制。

表4-3　台湾光复前之大学学制（日本学制）[40]

学校种类	大学院	大学		大学预科	高等学校	专门学校	
		学部	医学部			本科	专修科
修业年限	二年	三年	四年	三年	三年	三年	一年
入学资格	大学学部毕业	1. 大学预科毕业 2. 高等学校毕业 3. 专门学校毕业		中学毕业	中学毕业	1. 中学毕业 2. 实业学校毕业	
备注				战时缩短为二年	战时缩短为二年		

表4-4　光复后大学之暂行学制（衔接新旧学制过渡期之学制）[41]

学校种类	大学			大学先进班	专科学校（或学院附设）			
	文法商理工农学院（独立学院）	师范学院	医学院		本科	四年制专科	三年制专科	一年制专修科
修业年限	四年	五年	五年	一年	三年	四年	三年	一年
入学资格	1. 高级中学毕业 2. 高级职业学校毕业 3. 旧制五年制中学或实业学校毕业后继续在较高级学校肄业满一年或补习一年者 4. 同等学力（修毕高二课程而失学一年以上者）			旧制五年制中学或实业学校毕业	1. 高级中学毕业 2. 高级职业学校毕业	1. 旧制五年制中学或实业学校毕业 2. 旧制四年制中学或实业学校毕业后继续在较高级学校肄业满一年或补习一年者		1. 旧制高等学校或专门学校毕业 2. 本国制大学肄业满二年者
备注		在校修习四年，实习一年						师范学院曾招生一班后停办

（二）实行教学语言祖国化及课程改革

宋斐如，为台湾光复初期行政长官公署教育处副处长，作为当时长官公署高层官员中的唯一台籍人士，他从大陆回到台湾参加接收工作后，发现台胞的语言问题比他在重庆时的想象要严重许多："当时我以为台湾一光复，台胞都有汉语根底，一下子就可以恢复我们的文字，殊不知经过最近十几年日本政府严禁汉文与奖励日语的结果，台胞大部分只知日语而不识汉文，甚至只知日语的意识，不知汉字的意思，有很多人看汉字不懂意思，听日语始能了解汉字的意思，如日本人一样。现在禁用日语（当然我是赞成的），许多台胞竟然变成了文盲。"[42]1947 年 4 月，应陈仪之邀来台负责主持国语推广的许寿裳，在给许广平的信中，也有类似的表述："此间办事困难，其最大障碍是在语文的隔阂，因台胞均说日语，看日文、国文程度太低。现虽关注于此，收效尚甚少也。"[43]由此可见，日据时期，尤其是 1937 年全面侵华战争并实行洗脑式的"皇民化"运动后，日本殖民者为动员台湾人为其侵略战争效命，开始有计划地消灭台胞的汉民族意识，其具体做法就是全然废除原先尚允许中等以上学校学生选修"汉文"课目，通过严密的学校教育和社会教育系统，进行禁用汉语、力推日语的强力渗透；另一方面，则以社会系统力促"国语（日语）普及运动"不断加码，重奖所谓"国语（日语）家庭""国语（日语）部落"，用诱导和强迫的双重手段促台胞改用日本姓氏。应当说，日本在台湾实施的"皇民化"教育，确使部分台胞不但在语言甚至在深层心理意识上，与祖国的一切产生深深的隔阂甚至偏见，这其实也是诱发"二二八事件"的原因之一。从这个角度言，不能不说日本在台湾实行的教育，至少达至了让少数"皇民化"程度较深的"台湾人成为日本人"的目标。

为此，台湾的光复当从语言的光复做起。诚如国民政府尚未正式来台接管之时，《台湾新报》以"教育与民族精神"为题发表的社论主张："此异族执教育之利害也，可不警哉，从此以去，果若注重省民之教育，唤醒民族精神，则现在教育界之日人日语，绝对不可再用，方可完成。"[44]故光复后，在台湾如何加强国家、民族观念，无疑是一个重大课题。于行政手段方面，1946 年 1

月 12 日，国民政府行政院首先颁令解释"台湾人"的含义："台湾人系指因台湾被迫割让于日本，而丧失原具有中国国籍之台湾人，及其在台湾割让后出生之后裔。光复后台湾省人民之籍属，国民政府明令规定自 1945 年 10 月 25 日起一律恢复中国国籍。"而另据台湾省行政长官公署对此解读制定的具体办法，则明确："凡台湾人民使用之姓名为日本式者，自 1945 年 12 月 12 起，统准予在三个月内向户籍所在地申请回复原有姓名。"至于教学语言祖国化，作为光复后台湾教育改革的最重要环节，行政长官公署教育处亦做了较为周密的统筹安排。课程改革方面，教育处通令各级学校废止原有日人之修身、国（日）语、史地、武道等皇民化课程，改授本国语文、史地、公民、并大幅增加教学时数，如国语文每周授课时数达 12 小时左右，当时台湾国小分每年的课时大约在 1040 ～ 1280 之间，其中国语课的课时就占到了 480 ～ 560 多个；并规定中等学校从三十四年度（1946 年 2 月）新招之学生，一律补习一学期语文及史地教学，至三十五年度第一学期始编入第一学期。[45]

至于高校课程改革，则要求各院系必须按照民国教育部订颁的课程分类和标准设立课程，修毕共同必修、专业必修等大学学分规定之全部必修科目和选修课目。如长官公署教育处分别颁发之《台湾省省立专科学校暂行课程标准》《时数分布表》，重点加强国语、本国历史、地理等方面的共同必修科目；并规定结业时应严格考试，不及格者，应重修至考试及格为止。这些要求不仅对接并体现了民国大学教育重通才的培养观，且因这些课程均为反映祖国文史地理及哲学方面的内容，这对让台湾学生在中西平衡基础上，增强国家、民族认同，理性的全面了解祖国文化是非常有益的；在大学专业基础课程的拟定方面，也做了较大的改变。以台湾大学为例，旧台北帝大在一、二年级不讲授微积分、普通物理学、普通化学、普通动植物学、普通地质学及分析化学、有机化学等，而这却是民国大学相应专业新生的必上基础课程。故台湾大学成立后，立即组织"大一课程委员会"，[46] 共同议定大一各项基础课程及研究教学方法，并请富有教学经验和学术贡献的国内教员担任此类专业通习课目之教学工作。为因应台湾学生的不同程度，新组建的台湾大学还尝试打破院系划分，采依学生基础强弱的方式予以分组教学。

作为推广国语教学的另一辅助措施，1946年4月2日，行政长官公署成立了行政上隶属教育处的"台湾省国语推行委员会"，其主要工作是：国语之训练传习，主要针对全省行政人员及学校教师进行国语之训练讲习；树立标准国语：包括语文教材之注音（注音符号之应用和推广）、国音示范广播、编印标准国音参考书、编印国台对照学习用书；理论和方法之研讨；关于宣传活动：负责教育广播节目、举办国语演讲竞赛、与省党部共同发起国语促进会等。关于光复初教育国语化及推行国语运动的成效，1946年9月4日，此时距台湾光复不足一年，然陈仪在一次外国记者招待会上就有如此表述："台湾人原操闽南语通晓国语，但近二三十年来，经日人强近日文日语，到台湾光复之日，台人习用日文日语，能读写国文、听讲国语者已寥寥无几。给予各级行政工作人员以不少意外之困难。然幸台人爱国心切，热烈学习国文国语，稍假时日，此一困难必能消除。现在的中学生，已能听讲十分之六的国语，本人相信明年此时，全省学生必都可以用国语教授听讲。"[47]陈仪所语言中，1948年1月，时任教育部部长的朱家骅在台湾第一届教育会议上说："台湾省为敌人宰制了五十一年之久，光复只有两年多的时间，可是从其他各省来台旅行或参观的人，就表面上看已经找不出再有什么和其他各省有所不同的地方。"[48]而另据同年上海赴台教育考察团的一份调查报告称："尽管高中学生只有半数会讲国语，但国民学校和初中学生对国语会听会讲也会写。学生国语进步的迅速，出人意料之外。"[49]台湾光复初期的国语推广之成效，由此可见一斑。

（三）迅速扩大台籍新生规模

光复之初，在台湾高校数量并未增加多少的情况下，作为去殖民化的最实际成果，就是入读专科以上各类学校的台湾子弟均呈倍数大幅扩展。1946年除夕，陈仪发表广播讲话，谈及扩大台籍学生入学机会时，曾有如下表述：

"在一周之末的今天，我们应该把今年的工作，算一次总账……在教育方面，中小分学普遍招生，增设一师范学院、一师范学校，添设许多专修科，选送进省外各大学学习，而国立台湾大学，两次招生，设先修班；因此本年七月间的学生数，如与民国三十三年日本占领时代相比较，中学生增加 15000 余人，专科以上学生增加 2500 余人，台胞受教育机会，现在大大增加了。"[50]

实际上，因陈仪上述讲话所报告的数字，引用数据系依 1945 学年度至 7 月为准，故台籍子弟入学机会成倍增加的情形，其实还远大于上述数字。台湾光复后，原先几乎均被日人占据的位置，因其被陆续遣返，这些腾出位额自然全部成为本省学生的机会。此外，国民政府积极扩增学校、班数，以扩大本省学生入学机会，也是原因之一。据《台湾省五十一年统计提要》一书所录之统计图表，[51] 分析其中 1944—1946 年，本省籍入中等职业学校以上者的人数，可清晰发现光复后的第一年，台籍子弟即现倍增的情形，这是一件值得高度肯定的善举。具体数据是：

本省籍职业学校学生数：9040∶23316，增加近 3 倍（学校数由于 27 所增加到 76 所）；

本省籍师范学校学生数：522∶2983，增加近 4 倍；

本省籍大专学生数：453∶2983，增加近 7 倍；

本省籍国立台湾大学学生数：85∶1296，增加几近 15 倍。

若就此分析台籍学生缘何在光复后如此短的时间内迅速增加，原因当然与台湾省行政长官公署及教育处卓有成效的积极工作有关。如结合台湾实情灵活运用招生办法，其举措是各校可直接面向本省青年中具有高中毕业程度或对应放宽之入学门槛，其中台湾大学甚至打破常规，分别在 1945 年 12 月，1946 年 8 月两次招生；陆续调回留日台籍学生返省就学也是扩大生源的举措之一。1946 年 2 月，长官公署教育处制定办法："凡本省留日学生，除专科以上学校理、工、农、医各科学生志愿继续留日肄业者外，其余均以全部返省为原则。"[52]1946 年 7 月，"经审查完竣之留日返省学生 429 名……分别分发各校继续肄业，并于省立法商学专设政治经济系特别容纳之。嗣后留日返省之学生继续登记者……均直接往各校接洽入学，由（教育）处电各级学校优予接收。"[53] 另外，鉴于"过去本省文化与内地文化隔阂达五十年，光复后自应设法沟通，"1946 年 7 月，"特举办升学内地专科以上学校公费生考试……录取 100 名。"[54] 同时，台湾大学也开始在内地招收少量新生。

台籍大学生数的大幅增加，其意义在于光复后，只用了很短的时间，台湾学生即作为中国大学生的一部分，成为台湾高等教育的主体。故对于当时台湾省行政长官公署取得的这一突出成就，给予客观好评，亦不为过。这也说明，台湾只有回归祖国、去殖民化，台湾人民才能享受到真实可靠的尊严。

（四）师资补充与培养

台湾光复初，其"最困难的问题是人员问题，因为台湾各机关高级人员几乎都由敌人担任，收复以后，立刻须由中国人接任，这一大批人员的补充真是问题。"（陈仪致陈立夫函——作者注）[55]据长官公署教育处1944年统计台湾各级学校师师资构成与光复后的员额缺口：全省国民学校教员原有15483人，其中台籍教员8322人，台湾光复日籍教员遣返后，至少尚须补充7000人以上台籍教员；中等学校方面，原有教员共计2033人，本省籍仅约百人，扣除日籍生遣返约可减少600至800人之教师需要，至少仍需补充1100至1300位中等学校教员。至于专科以上学校，原有教员计154人，台籍仅11人，今后专科以上学生当随中等教育本省学生之激增而激增，随之师资需要亦会倍增，除一部分专门学科暂征用日籍教师外，主要部分只有由省内外延揽补充。[56]

上述情况表面，光复初台湾各级学校师资缺口中，高校师资的缺额最为严重。这实际也是日本对台湾实行限制高等学校发展、限制台湾青年接受高等教育的后遗症。如何改变日籍教员实际垄断整个台湾高校讲坛的情况，作为台湾高等教育去殖民化、师资祖国化的一个重要步骤，无疑为一个亟待解决的现实难题。实际上，台湾大学在改制之前，就首先拟定了"裁遣日人，拔擢本省人士"，并赴大陆征聘延揽人才的若干办法；但本省籍数理工类专门师资虽经省内一再拔擢仍不敷所需；此外，台湾光复之初大陆各高校，同样面临战后全面复员重建致师资尤其紧缺的困扰，加之赴台交通不便等，虽长官公署教育处曾两度提高来台专科以上教员的待遇，然来台高校任教的大陆师资仍不多见；如台湾大学在1946年，引用本省籍人士为134人，而该校"留用技术上必须征用之日人为264人"[57]，后者比前者多近一倍。另据1946年《台湾省日侨管理委员会工作概况》提供的数据，光复时期台湾留用日籍技术人员共计 7139 人，其中学术研究人员 456 人。故对于高校师资补充之难题，使得长官公署教育处只得变通征聘办法，以解燃眉之急："国民学校、师范学校及中学之教员，应全由国人担任为原则，专科学校及职业学校之有关技术学科，尚可暂时征用日籍教员。"[58] 故台湾高校理工类专业师资由日籍主导的情况，在光复之初一定程度制约了台湾高等教育师资祖国化的进层。这种情况直到 1949 年，国民党政权败退台湾才有所改善。

第三节 本章余论

台湾省行政长官公署作为国民政府用来接收与管理重建台湾的临时"特别行政组织"，从 1945 年 9 月 1 日正式成立，至 1947 年 5 月即被撤销，存续仅有短短的一年零九个月，个中原因颇多也非常复杂。于客观的角度言，国民政府当时在台湾没有直接设省而先设行政长官公署制，是在充分考虑了台湾沦为日本殖民地的时间较久，为避行政体系转弯过急造成社会不适应或动乱，以集中权力确保接收工作平稳顺利而拟定的特别措施。[59] 但因光复后回归祖国的台湾，牵涉到的政治、经济、文化、社会等因素太过纷繁庞杂，且台湾行政长官公署之内部体制设置乃至称谓都大致沿袭了日据时期的总督制；而行政长官陈仪本人，其虽"在二二八事变前，他个人对待台湾人民是相当良善的。尤其是他个人不贪污、不舞弊，台湾人民都能深深了解"。[60] 但陈仪的军人背景，其"刚愎自用，自信心极强，声威极盛，事必躬亲，民主风度自然差一点"等行政缺陷，加之行政长官公署体制区别于内地其他各省实行的省政府制，无论从"名义上、体制上均予台湾同胞以不愉快之观感"，故部分台湾人甚至戏称长官公署类似为日据年代的总督府。除此之外，有一种观点认为，台湾省行政长官公署之所以被裁撤，是因为其施政成效乏善可陈，负面评价太多，如任用中高级公务员方面，本省人较外省人而言，没有受到公平对待甚至还有歧视现象较严重。据台湾省行政长官公署 1946 年底的统计，在全省中高级的公务人员中：简任官之 214 人中，外省人计 202 位（占 94.39%），本省人仅 12 位（5.11%）；简任待遇者 228 人，外省人 204 位（89.47%），本省人仅 24 位（10.53%）；荐任者 1704 位，外省人计 1385 位（81.28%），本省人 319（18.72%）；荐任待遇者 1438 位，外省人 951 位（66.13%），本省人 487 位（36.87%）。[61] 这种"在台湾各机关中，不独首长皆为国内同胞，且秘书、科长、股长一律皆为国内同胞。台湾人民自然不免有妒忌心理。"[62]1947 年 3 月 29 日，《观察》以本刊特约记者名义，发表题为"台湾事件的分析"的综述，就"二二八事件"之产生，于政治层面归纳出台湾行政长官公署管理存在的五个问题："一是中央政府予以长官公署的权限过于庞大，远超内地各省。其次是言论出版各方面毫无自由。北（新生）中（和平）南（中华）三大报纸为政军党包办；言论过激一点，都会受到控告。第三是台胞处处居于劣势地位。公共机关什么长、什么主任，经理均轮不到台胞身上。四是法令纷繁。日本统治台湾 50 多年，立法才 5000 余种，光复不到一年，就已远超过了此数。去年（1946 年）夏令时间的更改，三天就更改了三次命令，要人如何适从？第五是行政无能。这些表现之于贪污、贿赂、舞弊、营私、渎职、无耻等等，举不胜数的例子，天天在报纸上都可以看到。"[63]

　　上述种种，尤其是影响巨大的"二二八事件"后，台湾省行政长官公署、行政长官陈仪自然成为千夫所指的对象，被裁撤也属正常。不过，这个时期由行政长官公署主导的台湾高等教育转型发展，过程却是较为顺利且平稳，值得肯定的正面评价也远多于负面之处。总体分析，台湾光复之初，能在较短时间内初步实现高等教育祖国化的转型目标，是为中国现代高等教育史的一件大事。而对其转型理念、背景过程、成效评价，进行实事求是的理性研究，也是非常有意义的学术选题。这里大致归纳，认为行政长官公署时期，台湾高等教育祖国化的进程，至少于下列两方面收获具体，值得高度肯定：

　　接收之宗旨理念清晰明确。理念方面，明确台湾高等教育祖国化的目标，核心就是要肃清日本殖民者在台推行"皇民化"的影响，秉承"敌所欲者，我不为；敌所不欲者，我为之"的原则，在台湾这块中国的土地上，依中国的教育宗旨与方针,快速融入中国的高等教育体系,并成为中国高等教育的组成部分。具体方法之运用,最大可取之处是既遵循对接了中国高等教育体系的基本模式,又考虑了台湾实情因地制宜;如在让学校不停课的前提下,推出"光复初之暂行学制",制订高等学校过渡调整期的具体办法,以保障新旧学制平稳衔接。这种制度设计,无疑既保证了台湾学生继续读书或升学的权力,亦无损于台湾高校祖国化的转型进程。行政管理体制也制订了结合台湾实情的临时变通措施,如当时大陆地区国立大学均隶属教育部,而国立台湾大学人事归教育部,财政则由行政长官公署负责。

高等教育转型之成果收获丰硕。初步完成按中国高等教育模式,对台湾高校进行改制并适度增加高校数量;同时,在注重自然科学与社会科学协调发展情形下,矫正日据时期台湾高等教育学科设置单一的情况。大幅增加台湾学生接受大学教育的机会,使之成为中国大学生的一部分,并构成台湾高等教育的主体。其他诸如课程改革、教学语言祖国化、加强国语、中国史地的教育,并增加这类课程的课时,严格考试过程及相应学分管理,实施教育视导制等,都为台湾光复初期,高等教育去殖民化收获的具体成果。

参考文献

[1][9][28][47] 曾健民 . 光复初期台湾的教育 . 见黄俊杰编 . 光复初期的台湾:思想与文化的转型 . 台湾大学出版中心,2005:1(前言),8,10,24。

[2] 林玉体 . 台湾教育史 . 台北文景书局有限公司,2003:283-284。

[3][45] 台湾省行政长官公署教育处编 . 台湾省教育概况 .1946:32,93。

[4](台)钱思亮 . 台湾大学 ."中华民国"大学志 :128-136。

[5] 陈达夫 . 日人统治下之台湾教育 . 国民政府教育部档案[五(2)].引自陈鸣钟等编 . 台湾光复和光复后五年省情 . 南京出版社,1989版。

[6] 范寿康 . 战后两年来的台湾教育综述 . 中华教育界,1948(2期)。

[7] 一知 . 台湾的大学教育 . 台湾新生报,1945.11.18。

[8]（台）中国国民党中央委员会党史委员会编.光复台湾之筹划与受降接收.近代中国出版社，1990:2。

[10][50]陈鸣钟等编.台湾光复和光复后五年省情（上册）.南京出版社，1989:132-133，323。

[11]编辑部.从民主教育着眼——献给教育行政会议.（台）人民导报，1946.6.27。

[12]龚放.日据时期台湾教育政策的演变.台湾研究集刊.1996（3）:80。

[13]台北帝国大学官制制定文件请议说明书.引自吴密察.台湾近代史研究.（台）稻乡出版社，1990:167。

[14]吴密察.台湾近代史研究.（台）稻乡出版社，1990:168。

[15][17]台北省文献委员会编.台湾省通志（卷5）.（台）众文图书公司，1971:116，109-110。

[16]台北经济专门学校，1919年设置，初在台北、台南各建一所（在台北者称台北经济专门学校），分别招收台、日学生；1927年实行所谓日台共学，台南一校名改称台北者；1929年两校合并，1943年改称台北经济专门学校。参见汪知亭.台湾教育史料新编.（台）商务印书馆，1978:145-146。

[18]徐南号.台湾教育历史.（台）师大书苑有限公司，1993:166。

[19]吉野秀公.台湾教育史.（台）南天书局，1997:126。

[20]井出季和太.台湾治绩志:第331页，引自钟西安.日据时期台湾教育制度述评.近代史研究，1994（6）:65-66。

[21]印度沦为英国殖民地后，英国政府在教育上采"不干涉"的放任政策，结果让许多印度人获得了接受高等教育之机会。印度后来掀起民族独立的浪潮，其领导人几乎全系本地受过高等教育的人士。

[22]山崎繁树等.1600—1930台湾史.（台）武陵出版社，1995:285。

[23]吴文星.日据时期台湾社会领导阶层之研究.（台）正中书局，1992:308-309。

[24][26][51]台湾省行政长官公署统计室编.台湾省51年来统计提要.（台）

古亭书局出版，1946:1214-1215，1227，1209-1210。

[25] 汪知亭.台湾教育史料新编.（台）商务印书馆，1978:130-145。

[27][30][55] 秦孝仪等.台湾光复之筹划与受降接收.（台）近代中国出版社，1990:109，53，56。

[29] 陈仪，（1883年5月3日—1950年6月18日），字公洽，号退素。浙江绍兴人。日本陆军大学毕业，中华民国陆军二级上将。1944年4月，中华民国行政院设立"台湾调查委员会"，陈仪为主任委员。调查委员会对日据时期台湾的经济、政治、民生、军事等各方面做出颇为详细的调查，报告书长达四十余万字；之后提出的《台湾接管计划纲要》，亦获得接纳。台湾光复后，蒋介石委任陈仪为台湾行政长官，之后兼任警备总司令。因任内台湾发生历史悲剧二·二八事件，陈为事件中最受争议政治人物之一。1950年5月，蒋介石以"匪谍"案指示台湾军事法庭判处陈仪死刑；同年6月18日，陈仪于台北市马场町刑场被枪决。

[31] 台湾新生报.1945.9.29。

[32] 台湾新生报.1945.11.3。

[33][40][41] 何清钦.光复初期之台湾教育.（台）复文书局，1980:6，189，190.

[34] 台湾新生报.1945.11.9。

[35] 台湾新生报.1946.6.26。

[36][53][54] 台湾省行政长官公署教育处.台湾省教育复员工作报告.见陈鸣钟等编.台湾光复和光复后五年省情（上册）.南京出版社，1989:391-392，411，416。

[37][46] 李正心.论光复时期台湾高等教育祖国化.教育研究.1999（12期）:54，55。

[38] 台湾省行政长官公署教育处编.台湾省教育复员报告（1947.3），国民政府教育部档案[五（2）]，中国第二历史档案馆藏，转引自陈鸣钟等编.台湾光复和光复后五年省情（上册）.南京出版社，1989版。

[39][56] 行政长官公署教育处编.台湾一年来之教育.行政长官公署宣传委员会发行，1946:12，7-8。

[42] 深圳台盟主编.宋斐如文集（卷二）.（台）海峡学术出版社，2006:109。

[43] 倪墨炎等编.许寿裳文集（下卷）.百家出版社，2003:809。

[44] 台湾新报，1945.10.23。

[48] 台湾省教育厅编.台湾省第一届教育会议实录，1948:10。

[49] 上海市政府编.考察教育台行实录.1948:27，51。

[52][57][58] 台湾省行政长官公署教育处工作报告.1946.5.国民政府档案[一（2）1552].转引自陈鸣钟等编.台湾光复和光复后五年省情.南京出版社，1989:301，326，370-371。

[59] 据台湾调查委员会 1944 年 4 月—1945 年 4 月大事记，该委员会于这段时间内，曾先后召开过多次会议，讨论台湾光复后的体制问题。主要有三种意见，一是把台湾视为如蒙古、西藏、新疆等特殊地区；二是视同各省；三是折中，既不与蒙古等一样，也不与各省完全一样。总体上，主张台湾"初收复时，一切设施不能与各省一样，但希望与内地不同之时间，尽量缩短"的意见，在台湾调查委员会中占优势。同时，台湾调查委员下设的台湾行政区划研究会（内含多位在重庆的台籍学者）提出意见："台湾沦陷较久，其政治、经济、文化各方面受日本影响甚深，与中国内地各省存在着很大的差异，光复初期遽然设省，完全与中国内陆一体化，实施同一法令制度，事实上恐有窒碍难行之处。且台湾业经日本 50 年开发，经济发展远超内地任何一省，国民文化程度亦较高，若强行将治理内地的办法搬到台湾，也不利于台湾发展。因此，在台湾正式设立行省、成立省政府之前，应有一过渡期。在过渡期内，能设置一个临时机关综理政务。这个临时机关可脱胎于内地各省的省政府，但应拥有更多的自主权。"事实上，主张"将来台湾省的制度……不必与各省强同"，主要是台籍人士的建议，而这个建议最终得到了陈仪乃至蒋介石的理解与支持。1945 年 8 月 21 日，国民政府特任陈仪为台湾行政长官。同年 9 月 1 日，台湾省行政长官公署临时办

事处在重庆成立；9月4日，《台湾省行政长官公署组织大纲》颁行；9月20日，《台湾省行政长官公署组织条例》公布实施；10月25日，台湾省行政长官公署组织正式在台北设立。参见：1944年7月13日台湾调查委员会座谈会纪要.陈鸣钟等编.台湾光复和光复后五年省情（上）.南京出版社，1989:12-14。

[60][62]张琴.台湾真相.1947.3.25，转引自民国档案，1992.（1）:43，45。

[61]陈鸣钟等编.台湾光复和光复后五年省情（下）.南京出版社，1989:647。

[63]本刊特别记者.台湾事件的分析.观察.第2卷(5期).1947.3.29:16-17。

第五章　原民国大陆大学在台"复校"之背景

　　大陆学者对民国大学历史的追溯大都止于 1949 年。1952 年的院系调整，恐多与当时意识形态考量的惯性冲动等因素有关，我们对主要效仿欧美模式，推崇自由主义教育理念的民国大学模式，采取了彻底否定的态度，将其一律"关停并转"，其中私立、教会背景的大学完全取消，保留下来的一些综合性大学或名校，也多并转或肢解为单科学院。自此，民国大学模式及理念在中国大陆成为历史文化记忆。

　　当大陆通过院系调整全力切割与民国大学教育传统关联的时候，海峡对岸的台湾，却出现了一场延续大陆民国大学教育传统的"复校"运动，从 1954 年始，台湾政治大学[1]、台湾清华大学、台湾交通大学、台湾中央大学、私立东吴大学、辅仁大学和台湾中山大学等，陆续以原大陆校名在台湾"复校"。曾参与新竹清华建校时任该校总务长的朱树恭说"事实上除梅校长外，并无一物一制搬自北京清华，名为复校，实为新建"。[2]需要说明一点，本章探讨的目的不是于字面上厘清民国大陆大学在台湾复办究竟是"新建"还是"复校"，因为，于这两个词汇进行词意内涵的纠缠，依台湾当下教育学术界对此的争辩，谓"复校"名不符实，是新酒装旧瓶，其意主要出自当下台湾偏本土化的学者，存有"去中国化"的倾向。"中国大陆失势后，台湾的高等学府，除了逐渐扩充规模外，不少大陆的大学纷纷在台湾复校，教授也转来台湾任教。不出十几年，政治大学、东吴大学、清华大学、交通大学、中央大学、辅仁大学、中山大学，及 1987 年筹设的中正大学等在台湾南部、北部及中部设校,台湾的高等学府,俨然形同一个'小中国'。"[3]因此,分析国民党教育当局主导下的"复校"与"新建"之概念所指向,前者虽隐含了"偏安""正统",甚至"复国"的含义,但同时也清晰表明了尊重并传承大陆时期办学历史文化传统的一种态度,后者则因所谓"本土化"考量存在切割与大陆办学传统联系的思考。所以,本章拟通过分析原民国大陆大学在台湾"复校"的背景和类别,来感受或寻找原大陆民国大学遗风在台湾的传承印记;同时,在20世纪的前半世纪里,尽管中国现代大学教育刚刚起步,却因外患内耗从未停止过折腾,历经磨难,而观察台湾"复校"大学的背景,同样可以感受到中国高等教育所受的伤痛及这种伤痛背后的现实借鉴思考之价值。

第一节 "复校"大学回顾与类别

台湾的"复校"大学,指国民党当局在内战结束败退台湾后,随国民党当局从中国大陆迁徙来台的部分原民国大学或学院的教职员工、校友等,在台湾依照原本所属大学或学院,经台湾教育主管部门核准,以原大陆校名重新开办。故在台湾的高等教育史中,"复校"大学具有特殊的意义。所谓特殊意义,是因为在台湾的大学体系中,许多高校都为"复校"性质的大学。

一、"复校"成功的大学回顾

1949年国民党败退台湾初期,因岛内经济动荡,政情不稳,加之还想当然拟"反攻大陆",且认为丢失大陆与高校学潮等因素有关,曾明确除军事院校外,原则上规定原大陆各公立大学不得在台湾复校。而当时岛内仅1所大学,即台湾大学;3所学院,省立师范学院(1967年改为台湾师范大学)、省立工学院(1971年改为成功大学)、省立农学院(1971年改为中兴大学);6所专科学校:省立台北工业专科学校(台北科技大学)、省立行政专科学校(台北大学)、省立海事专科学校（台湾海洋大学）、台湾省立护理专科学校（台北护理健康大学）、省立农业专科学校（屏东科技大学）、淡江英语专科学校（淡江大学）。仅靠1所大学、3所学院及6所专科学校，负责台湾地区高等教育之推展及专业人才之培养，显然不能满足岛内人才需求。

1951年初，东吴大学旅台同学会（后改称东吴大学校友会）鉴于台湾的人口将近1000万，但有幸能接受高等教育者仅占极小的比例，加之当局只是限制原大陆公立大学在台复办，故此决定操作东吴大学在台"复校"事宜。同年8月，作为东吴"复校"的第一步，校董会正式成立。经同学会数次会商，为示延缓大陆办学之传统优势，决定先恢复法学院，并在报呈台湾教育主管部门核准以前先设补习学校，以此作为"复校"的基础。"蒙伍守恭校友协助，借得坐落台北市汉口街1段15号3层楼房为临时校舍，并请丘汉平先生出任校长。此一补习学校与其他以升学为目的补习班不同，名义上是补习学校，而实质上则按照大学制度开课。一切筹备就绪，东吴补习学校即于同年10月招生，11月正式上课，分法政、商业、会计、英文4科。另设比较法律1科，限大学肄业2年者报考。"[4]1952年9月，校董会改组，推选王宠惠为董事长。1954年7月29日，台教育主管部门以东吴补习学校办理颇著成绩，核准东吴大学"先行恢复法学院，准设法律、政治、经济、会计4系及附设外国语文学系共5系"。[5]同年8月校董会再次改组，定名为东吴大学董事会，选举董事15人，并推王宠惠继续担任董事长，聘陈霆锐为法学院院长。自此，东吴大学成为"复校"成功的第一所原民国大陆私立大学。

朝鲜战争结束后，国际形势发生变化，此时台湾土地改革获得成功，内部政治与经济形势趋于稳定，外部则因与美国鉴定所谓"中美共同防御条约"而得到安全保障，这时当局开始考虑适度扩充大学数量，遂修正先前反对大陆公立大学在台"复校"的政策。1954年6月，张其昀[6]执掌"教育部"，在教育方针上提出10项计划，其中第1项计划即主张原"国立政治大学"在台"复校"。他认为："黄埔军官学校与中央政治学校（政大前身）为中国文武二大革命学府……而目前大学师资缺乏，亟须建立研究所，授予硕士、博士，可自政大做起";又称:鉴于政治大学在大陆期间,少有学潮,且"在国家大乱中,每能表现出疾风知劲草之特有精神",故于同年 6 月 9 日,上任伊始的张其昀,便正式向台行政机构负责人陈诚提出"签呈"表示:"建设台湾,'光复'大陆,必须储备各项专才,而政治干部,尤为'复国建国'之中坚分子,拟先在台恢复设置国立政治大学,以应急需。"[7]该"签呈"于提交后次日(6 月 10 日),即在台行政机构三四六次会议上获得通过,同时决议成立政大"复校"筹备委员会,由张其昀、严家淦、蒋经国、黄少谷、陶希圣等为委员,张其昀任召集人。1954 年 6 月 15 日,台行政机构再将此项决议,以台四十三(教)字第三七八一号呈,就政大在台"复校"及筹备委员会人选案,鉴请蒋介石核准并迅即得到其批复:准予政大在台"复校",同时增添时任台立法机构负责人的张道藩为政大"复校"筹备委员。[8]7 月上旬,政大"复校"筹备委员会召开第一次会议:初步商定先行恢复政治大学之研究部,设行政(主要培养、训练各机关幕僚人员)、公民教育(培养专科以上及中等学校三民主义师资)和新闻(造就新闻人才)等三个研究所,招收研究生,明年再办大学部(本科);第一年先拨付经费新台币 150 万元。之后不久,政大"复校"筹备委员召开第二次会议,决定增加"国际关系研究所",以培养"外交"人才。加上前述议定的三个研究所,共计为四个。同年 10 月 1 日,"复校"后的政大开始在报上刊发招生广告,拟招收第一期研究生计 60 人;另请陈雪屏、黄少谷、陶希圣、倪文亚 4 人编订研究所课程纲要;与此同时,政大在台"复校"后的首任校长陈大齐[9]也正式上任。由此,政大"复校"由筹备阶段转入正常之发展阶段,成为在台"复校"的第一所原民国大陆"国立"大学。

政大从提出"复校"到批准再至开始招生,时间仅为四个月,可谓快速。1955 年春季,"复校"后的政大本科筹备工作同样进展顺利,其标志是大学部获准成立。大学部初设教育、政治、新闻、外交、边政五学系,参与 1955 年度的大专联合招生,"每系原则上录取新生不超过 30 名,加上'教育部'分发本校之侨生 160 名,金门籍保送生 2 名,空军官校停训学生 8 名,构成本校在台'复校'后第一届大学部学生的初貌"。[10]与此同时,为从学门上对应新成立之大学部的相关学系，将先前设立的公民教育、行政、国际关系研究所，改为教育、政治、外交研究所；随着政大组织建构的初步完成，师资队伍也相应扩大，除上述陈雪屏、黄少谷、陶希圣、倪文亚等人外，专任教授又新增程天放、刘季洪、熊公哲、项昌权、李度（美籍）等；另聘罗家伦、黄季陆、邱昌渭、田培林、王云武等为兼职教授。值得注意的是，原民国大陆"国立"大学在台"复校"成功的诸校中，政治大学无论从"复校"批次、行政批复、经费支持较其他几所"复校"大学而言，可谓一路绿灯，非常顺遂。究其因，当然与台湾当时对高层次文科类人才的急迫需求有关；另一方面，也与该校在大陆期间曾经的特殊背景和经历有关。这从上述"复校"初之政大所聘教授，大多均为学界泰斗或教育行政或政务管理方面任过高官的人才，即可看出端倪。

　　1955 年 11 月，台湾与美国签订"中美'两国'和平利用原子能协定"，台湾当局决定设立原子科学研究机构，发展原子科学研究，乃招在美国负责掌管清华基金会的原清华大学校长梅贻琦返台，筹备清华大学借此契机，以成立原子能科学研究所的名义在台"复校"事宜。梅贻琦遂接受当局敦请，离美赴台创办清华原子科学研究所，继而促成清华大学在台"复校"。梅贻琦抵台后，先拜谒蒋介石，并与台教育主管部门协商"复校"方针。1955 年 12 月，台行政机构宣布"清华大学研究院筹备委员会"成立。其中台教育主管部门负责人张其昀与梅贻琦共任主席；委员有蒋梦麟（清华津贴生）、金开英（清华 1924 级）、钱思亮（清华 1931 级，时任台湾大学校长）等，以及台防务部门、外事部门、财政部门和经济部门等 4 个主管部门代表各 1 人，共 12 人；另任台教育主管部门之"高等教育司司长"孙宕越及赵赓飏为秘书。筹委会首次会议在教育主管部门举行，议题为："清华基金之运用"；"清华大学研究院'复院'之规模"。讨论结果是："清华基金只能动用利息；清华研究院先办原子能科学研究所一个所，以此为依托，逐渐扩大成由三五个研究所级成的研究院"。

　　1956 年 1 月，筹委会举行二次会议，议决 4 项内容[11]："校址设在新竹县东郊赤土崎；学校经常费与建筑费编入政府预算，图书设备费则由清华基金利息支付；先办清华原子科学研究所（内设核子工程组、物理组、化学组），将来设 3 个研究所；一切待初步建筑完成，即招考研究生。"先恢复台湾清华大学研究院，开始先以原子科学为主，1956 年 9 月，在台"复校"后的台湾清华原子科学研究所开始招收首批研究生，计录取 21 人（15 人入学，毕业 10 人）。因台湾清华在新竹的校舍尚未完工，只得暂借台大教室上课，师资则主要靠台大物理系、化学系帮忙解决，待次年第一批校舍完工后始入新竹。此时梅贻琦虽仍秉持其"大师论"的思想，一面抓设备、新校舍，一面以更多精力礼聘师资。不过，因台湾清华在台"复校"稍晚，早期来台知名学者多已有固定之职位，加之当时岛内待遇较低，图书设备远未充实，故台湾清华"复校"之筹备运作阶段，延揽好教授极为困难：

"以先生之资望，平生接触海内外硕儒之广泛，清华、联大有成就师生之众多，半年间直接访求与间接介绍者不下 20 位，竟未聘得专任教授一人。尤以清华第六级（1934）毕业生周长宁（要校入学及毕业成就皆列前茅，留英博士，萨本栋最为欣赏，延至厦大任教；复员后任台大教授，应聘美阿冈研究，眷属留台）先生属望其回台任教'清华'，奈研究专题未完，不能即返；台大钟盛标已应聘南洋尚未定，再四挽留不得，最为失望。"[12] 不过，这种情形并未持续太久。1960 年，台湾当局推出留学生"回国"辅导计划，鼓励海外学者回台，[13] 加之台湾清华"复校"后研究机构及校舍建设的快速发展，如 1962 至 1968 年，台湾清华先后增设数学研究所、大学部（本科，1964 年，下设核工系、数学系、物理系、化学系）、物理研究所、化学研究所；同时，物理馆扩建工程及加速器实验室、原子炉炉房、原子炉实验室、核子工程馆、同位素实验室等相继"魔术师般的神速"（胡适语）完成，[14] 台湾清华也借此延揽到多位中外优秀学者来校任教或短期讲学，如袁家骝、吴大猷、邓思黎、钱家琪、陈省身、孙观汉、傅瑞雪、马祖圣、徐修贤等海外大师级华人学者，以及小谷正雄、李德曼、斋滕一夫、真田顺平、布莱德等国际知名物理学权威。这些接踵而至，纷纷为台湾清华大学"复校"助阵的中外学术泰斗，使兴建中的台湾清华呈一时之盛；这既印证了梅贻琦在国际学术界的高度影响力，也说明昔日"水木清华"余荫所及，在台湾又形成遍地开花的效果。

1956 年 4 月 8 日，交通大学同学会在台北实践堂举行交通大学创校 60 周年纪念大会，由交大前校长凌鸿勋主持，会上宣读了旅美校友会代表赵曾珏（1924 年毕业于交通大学电机系）的来电，内容是建议交通大学以设电子研究所的名义在台"复校"，理由为：电子科学发展日新月异，为"国防"、经济方面不可或缺之科学，加上交大过去于大陆办理电机教育成果丰硕，故可由交大"复校"设立电子研究所，同时通过此举"兼可释交大校友无母校可归之憾"。恰巧的是，当日出席交大校庆纪念会上，正好台湾教育部门、交通部门、经济部门、防务部门等四部门负责人均在场。故 1957 年 5 月 3 日，这四个部门联名会呈台行政机构，请求"先行恢复国立交通大学研究院，设立电子研究所"。同年 10 月 24 日，行政机构会议决定，准由台教育部门先行筹备交通大学在台"复校"事宜，委托教育主管部门负责人张其昀负责组织交大"复校"筹备委员会，聘请前校长凌鸿勋为主任委员，李熙谋为副主任委员，柳克述、钱其琛、李景璐、唐君铂、黄辉、徐恩曾、陈树人、赵曾珏、包可永、盛庆琜、沈觐泰、林致平及万承烈等为委员。1958 年 6 月 1 日，台湾交通大学电子研究所正式成立，并在台北市罗斯福路设立办事处。聘交大校友，时任教育主管部门科学教育委员会主任委员之李熙谋为所长，并由台湾大学电机系主任盛庆琜处理所务。电子研究所一经成立，即于同年 7 月 25、26 日，举办首届研究生入学考试，计正（备）取各 20 名；因新竹校舍尚在兴建，这批研究生暂借台大工学院教室上课，居住则由校方租借民房。[15] 同年，台湾交通大学电子研究所筹备委员会工作任务结束。这也标志交大在台"复校"的起步工作圆满完毕。1959 年，交大校友，时任"台湾电信总局局长"的钱其琛得知有联合国技术协助特别基金，因而利用职务之便向国际电信联合会提出在台建立"电信与电子训练中心"的计划，[16]并成功为台湾交大争取到这笔专门基金。1961 年 2 月，台湾交大电子研究所增设电信电子训练中心。借该中心之设立，台湾交大在台"复校"后的发展步伐，由此进入快车道。

1964 年 6 月，鉴于台湾交大电子研究所成效显著，且具相当之规模，台教育主管部门令台湾交大可增设本科层次的电子物理学系及电子工程学系，参加台湾地区大学联招会招生，共录取新生 83 名，是为台湾交大在台"复校"后的本科教育之发端。1965 年 8 月，增设自动控制工程学系（后改称计算机与控制学系，再改名控制工程学系）；次年 8 月，再增设通讯工程学系（后改称电信工程学系）。1967 年，在台"复校"后的台湾交大由电子研究所改制为台湾交通大学工学院，教育主管部门派原台湾大学工学院院长锺皎光接任。台湾交大工学院的成立，说明该校在台的"复校"目标，已经完成第一阶段的任务。

1956 年 7 月 15 日，辅仁大学校友会在台北正式成立，随即发起"复校"运动。当时有校友及来宾 200 余人与会，台教育主管部门负责人张其昀位列其中，这本身亦代表台当局对辅仁校友会的重视。张在会上发表演讲："辅仁大学不同于其他大学，一般大学其名称非地名即人名，很少有标出一种人类精神与其办学崇高理想的。辅仁是一种崇高理想。仁字是东西方文化融通的标志，而辅仁大学教职员及学生，在抗战时期又充分表现了对学术文化及民族正气之贡献。因此，各位校友正在筹划'复校'事宜，兄弟站在教育行政当局的立场，即令其他院校不得在台复校，辅仁如有请求，当特准其复校。"[17] 不过，对私立大学言，当局的支持主要来自行政审批及法规方面，而实现"复校"，关键是要自行筹措大量金钱及延揽师资。故辅仁虽得到当局的支持，但"复校"工作却因其主管教廷梵蒂冈经费紧张，加之圣言会对台湾当时的政经状态能否稳定并无充足信心，"同一时间圣言会在日本及菲律宾陆续筹设大学，而耶稣会则在西贡筹设大学"。[18] 故辅仁在台"复校"准备工作虽顺利启动，却因经费一时无着落在 1957—1958 年间逐渐沉寂。1958 年底，新任教宗若望二十三（Pope John XXIII）较之前任对台湾的态度比较友善，上任伊始即委派雅静安枢机主教（Cardinal Agagianian）于 1959 年 2 月 24 日来台，与辅大校友会接洽商谈，讨论与耶稣会、圣言会及中国主教团合作共同筹划"复校"事宜。1959 年 11 月 3 日，教廷任命于斌[19] 为筹备台湾辅仁大学校长。任命次日，于斌觐见教宗，为化解筹款不利的困境，若望二十三当即表示：愿先捐助 10 万美金，以为倡导。[20] 教宗捐助之导向立即显现效果，美国波士顿谷欣枢机主教（Cardinal Cushing）随即答应除先前允诺两年内提供的 10 万美金外，另提供辅仁大学 90 万美金。自始，辅仁在台起动"复校"拟筹措的 100 万美金，终于有了着落。

1960 年 4 月，于斌返台成立校董事会，推署理台北的总主教田耕莘枢机任董事长，同时正式向台湾教育主管部门申请"复校"。教育主管部门随之核准董事会立案并指定于斌为"复校"筹备机构负责人。1961 年，呈报教育主管部门请准先行成立辅仁大学文学院哲学研究所，并招收第一届研究生 8 名。20 日举行开学典礼，随即上课。1963 年，辅大新庄校区落成，同年 6 月，台教育主管部门核准增设本科层次的法、理二学院，加上之前成立的文学院，计三个二级学院。其中文学院设中国文学、历史、哲学、外国语文（分英文、德文二组）四学系；理学院设数学、家政营养 2 学系；法学院设法律、经济、工商管理三学系共 10 系组。三个学院均参与了 8 月份开始的台湾大专联合招生，共录取新生 518 名。辅仁从核准"复校"招收研究生，到设立三个学院恢复招收本科生，仅两年时间，纯从速率角度观察，可以说是台湾"复校"诸单位中进展最快的大学。这与台湾教育主管部门的支持，及该校的天主教背景，能得到到各相关教会的积极捐赠，经费来源较为多元等因素有关。

国立中央大学曾为民国时期学科数量、教授人数最多，综合实力最强的公立大学（7 个学院、37 个系、6 个专修科、26 个研究所）；经费方面，抗战时期，中央大学所得的教育经费是西南联大的 3 倍。据 1948 年普林斯顿大学的世界大学排名，中央大学已超过日本东京帝国大学（现东京大学），居亚洲第一。不过，赫赫有名的中央大学，在 1954 年台教育主管部门向立法机构教育委员会提出的数所"复校"大学计划中，竟然没有列入计划，这自然引起中大在台诸校友的不满。中大校友，时任台立法机构教育委员会召集人的乔一凡主张中大必须"复校"，旋即发起成立中央大学在台校友会，推动"复校"筹备。[21]1956 年 3 月，校友会代表陈启天、谢应宽等、将"恢复母校申请文"正式分呈台湾正、副领导人，立法机构负责人及教育部门负责人，并口头申述意见。不久校友会先后收到台教育主管部门与立法机构函，均以"'中央'财力有限，目前'复校'尚有困难"回复。[22]虽受挫，但中大校友似并未气馁。同年 6 月 9 日，校友会动员千余校友，在台北中正路台北工专（今台北科技大学）礼堂举行纪念母校 41 周年大会，多名校友发言，敦促"复校"工作务必加快进行。1957 年 7 月 1 日—1958 全年，逢国际地球物理年，这给中大校友参照之前清华、交大"复校"之模式以充足的理由，于是应运国际地球物理年之时势，中大校友会于 1958 年 2 月，举行第 8 次全体干事会议，决议再呈台正、副领导人、立法机构负责人、教育部门负责人，以设立"地球物理研究所"的名义，先行"恢复中央大学"。[23] 为示决心，校友会承诺先自行筹措 300 万"复校"经费，与此同时，苗栗县也表示将捐赠"将军山地皮二十余甲（1 甲为 9699 平方公尺，即 0.9699 公顷——引者注），作为中大'复校'基地"。[24] 另外，校友会代表陈启天等还面见蒋介石向其再次陈述"复校"理由。至此，得益中大校友锲而不舍的持续努力，1958 年 7 月 3 日，台行政机构第五七五次会议，终于原则通过中大校友之"复校"呈请。但"原则通过到计划付诸实现，中间却历时整整 4 年，而且迭经艰辛，难题重重"。[25] 所谓难题重重，主要有这么几个原因：一为地球物理研究所是否存在名不符实的问题。据曾任台湾中央大学在台"复校"后的首任校长戴运轨回忆，1961 年元月，台教育主管部门召开中央大学地球物理研究所筹备委员会第一次会议，就有委员贸然发问："地球物理究竟是什么呀？"在这次会议上，还有委员认为"地球物理"与中央大学过去的大陆办学历史完全不相关。故建议："研究地球不妨从地质学开始，因为地质学的师资毕竟多些，不像地球物理学的师资，是如此的缺乏。"[26] 二是"中央大学地球物理研究所"筹委会自成立以来，主任委员前后曾四度更易，起先由教育主管部门次长浦薛凤代理时任台教育主管部门负责人的梅贻琦兼任此职；梅逝世后，黄季陆接任；之后再由时任台"中央银行"总裁徐柏园兼任。三为经费筹措到位情况不理想，校友会虽拟定台湾中央大学地球物理研究所应于 1960 年秋季开始招收研究生，但台教育主管部门以办学仪器、经费尚未筹措，研究计划尚未拟定为由，拒绝了校友会的招生请求。受限于这几个原因，1961 年 3 月，台立法机构基于中央大学"复校"之筹备已历时 3 年仍无实际进展，甚至一度倾向删除该校的"复校"预算。在此关键时刻，1962 年 4 月，苗栗县鉴于中大筹委会认为"将军山"地块分割，分为 12 甲与 8 甲两处，中间又有保安林 10 余甲间隔，且存山地陡峭等因素，不适宜建校；遂决定另赠"二平山"作为"复校"用地。校地一解决，由徐柏园、李国鼎、陈庆瑜等中大校友募款 230 万兴建的"中大地球物理研究所"大楼便开始在二平山兴建。这时，台教育主管部门终于核准台湾中大地球物理研究所成立硕士班并允许其招生。之后不久任命戴运轨出任所长接掌校务。至此，台湾中央大学"复校"筹委会工作正式完成。

1962 年 10 月 1 日，台湾中央大学在台"复校"后招收的第一届研究生（20 人）正式上课。1968 年 5 月 18 日，台行政机构核准台湾中央大学恢复大学部，先设物理学系（分物理、地球物理两组）、大气物理学系（分气象及高空物理两组），参与同年的台湾地区大专联招，计有新生名额 140 人。其时因苗栗二平山校区地处偏僻山陬，交通不便，台湾中大已经重新选妥中坜双连坡为校址并开始兴建，故大学部招收的首届本科生，均租用中坜中学的 6 间教室上课，学生居住则租借附近 6 栋公寓。同年 8 月，台教育主管部门批准台湾中央大学地球物理研究所由所改院，名为中央大学理学院，戴运轨所长改聘院长。

上述六所在台"复校"大学，从时间点上分析，正好把握住了 1954—1962 年台湾官方允诺复校的最佳时间节点，总体进程较为顺利。之后当局针对当时企望在台"复校"的大学太多，为"避免其他学校援例"，加之编列和预算吃紧，设校政策开始回收。台湾中山大学就因没有赶上"复校"的第一波，直至1979 年才得以"复校"。其实，早在 1961 年，中山大学在台校友就成立了"复校促进委员会"，1964 年，台教育主管部门甚至成立了中山大学筹备会，[27] 但因"编列之筹备复校预算无著"而使复校无疾而终。所幸中山大学在台校友和其他相关人士始终没有放弃，先后多次发起中山大学在台"复校"的请愿运动。如 1963 年 11 月，余鸣传、丘念台、谢东闵、黄仁俊等 26 位向中国国民党第九次代表大会提案；1964 年 3 月陈鹏等 114 人在"国民大会"第 4 次会议提案；1969 年 3 月，参加中国国民党第十次"全国"代表大会的 86 位代表提案；而中山大学资深学长伍根华、卢崇善两位"民意代表"，更是多次在立法机构向行政机构质询。1978 年 3 月，在"国民大会"第 6 次会议上，关于中山大学在台"复校"的提案终获通过，要求"'政府'迅速切实办理；"[28] 经过近 20 年的努力，1979年，借助高雄升格为直辖市的契机，台行政机构核准中山大学在台"复校"。首任校长由李焕任，初设中国文学系、外国语文学系、企业管理学系、电机工程学系4系，及中山学术研究所、企业管理研究所二所，并于1980年开始同时招收本科生和研究生。台湾中山大学终得以在高雄修成正果。

不过，也许与该校"复校"较晚，其时受台湾多元文化观念渗透导致沿袭大陆正统的意识日渐淡漠，加之学校地处台南"偏绿"地区等因素，与早期"复校"的其他六所大学在校史内容、校龄计算起点方面存有差异，校方不太提"复校"，1949年前大陆中山大学时期的校务情况基本隐去，核定的建校年份为1980年，首任校长也从这一年算起，似乎想说明这个学校只为"纪念国父"而成立，与广州中山大学并无历史上的对应传承关系，据说这些举动曾引起极力促成"复校"之老校友的强烈不满。[29]就作者个人观察，在当下台湾尊重多元表达的社会氛围里，无论主张对接大陆时期办学历史传统的"复校"，还是基于平衡历史传承和"本土意识"双重考量所强调的"新建"，校友与校方或主办当局的这种分歧，其实并不影响双方尊重大陆时期建校理念和精神方面所达成的共识。台湾中山大学继续延用大陆创校时期的校训，校歌（歌词只在地域表达方面略作改动）等反映学校办学灵魂的标志，说明办学历史传统是薪火相传的。

表 5-1　原民国大陆大学在台"复校"初始情况一览

"复校"大学校名	"复校"时间	"复校"初始形式	首次招生时间及层次	"复校"时首任（所）校长	"复校"（初始）地址
"国立"政治大学	1954年	初设研究部，内设行政、公民教育、新闻、国际关系4个研究所	1954年，招收研究生	张大齐	台北县木栅乡
"国立"清华大学	1955年	原子科学研究所	1956年，招收研究生	孙观汉	新竹市赤土崎
"国立"交通大学	1958年	电子研究所	1958年，招收研究生	李熙谋	新竹市博爱街
"国立"中央大学	1962年	地球物理研究所	1962年，招收研究生	戴运轨	苗栗县二平山
"国立"中山大学	1979年	初设中文、外语、企管、电机工程4系，另设中山学术、企业管理2个研究所，	1980年，同时招收本科生和研究生	李焕	高雄市鼓山区西子湾
东吴大学	1954年	初设法学院，内设法律、政治、经济、会计4系，附设外国语文学系，共计5系	1954年，招收本科生	陈霆锐	台北市城中区
辅仁大学	1961年	初设文学院哲学研究所	1961年，招收研究生	于斌	台北县新庄镇营盘里

二、属于纪念性质的"复校"大学

另外，台湾还有几所高校也称"复校"，却属于纪念民国大陆时期办学传统性质的大学。谓之纪念，与上表"原民国大陆大学在台'复校'初始情况一览"所列的七所大学相比，无论当局批复之"复校"宗旨及校名、校史表达、校训、校歌、校徽等反映学校办学历史和理念的核心标志，都是沿用或对接大

陆时期的版本；还有一个重要的观察角度是校友的认定是否涵盖大陆时期，如
1951 年 5 月制定的《政治大学校友会章程》，第三条明确："凡中央党务学校、
中央政治学校、中央干部学校、国立政治大学及所设各院校科班毕业同学既教
职员，均为本会会员。"[30] 而纪念性质的"复校"大学，于校名观察，要么重起，
如东海大学；要么虽继续沿用大陆时期校名或略作变动，如"国立"中正大学
（1940 年，国立中正大学在江西泰和杏岭成立，现今南昌大学、江西师范大学、
江西农业大学都与此校有历史渊源）、"国立"暨南国际大学（1927 年，国立
暨南大学在上海真如成立，1958 年在该校在广州重建），但从当局核准这类大
学的"复校"用意，除因应部分校友的"复校"诉求，主要还是平衡台湾高校
的区域分布及支持地方社会经济之发展；另外，观察这类大学兴建后，其校史
表达是否与其在大陆的时期对接，及校训、校歌等是否继续沿用大陆时期的版本，
还有校友认定范围等，则与上述完全对接和传承大陆母校特质的"复校"大学
是不一样的。

东海大学的建校背景大致是：1950 年，迁往台湾的原大陆基督教大学部分
热心教育的校友和教会人士，联名写信向美国联董会请愿，希望在台湾建一所
基督教大学，以承接美国基督教教会 1949 年前在中国大陆创办并负责资助的燕
京、金陵、金陵女子、东吴、圣约翰、之江、沪江、福建协和、华南女子、岭南、
华中、华西协和等 13 所大学的教育事业。联董会对此一度有争议，特派该会执
行秘书、生长于中国且曾任教于金陵大学的芳卫廉（William P. Fenn）来台，经
与教育界和宗教界领袖讨论后，决定协助在台设立一所具有特色的教学型基督
教大学。1953 年，拟议中的这所"基督教大学筹备处"筹备处正式成立，由原
金陵大学校友，曾任教育部长的杭立武任主任（1949 年 3 月任教育部长一职）。
不久定名为"东海大学"。1955 年秋季，台教育主管部门核准东海大学"复校"，
并于同年参与台湾大专联招。东海大学草创伊始也称之为"复校"，其立意当
为纪念并借此彰显传承教会大学曾经在中国大陆办大学教育的学风和理念。

早在 1949 年，中正大学就成立了在台校友会，并于 1952 开始，积极奔走
当局争取"复校"，但均无起色。20 世纪 70 年代，鉴于当时台湾地区的高校主

要集中北部，而云嘉南地区却无一所，台湾当局遂有在此设立大学的考虑。此消息一经传出，云林县、嘉义县、嘉义市、台南县等四县市纷纷表达意愿。与此同时，中正大学在台校友会加入"嘉义地区'国立'中正大学促进会"，与地方当局一起共同积极争取。1986 年 10 月，为纪念蒋介石并兼顾台湾高等教育之平衡，台行政机构"第二〇〇六次"院会通过，[31] 在云嘉南地区建立台湾中正大学。1989 年 7 月 1 日台湾中正大学正式成立，同年先行招收中国文学研究所、应用数学研究所、社会福利研究所、资讯工程研究所、国际经济研究所等 5 所硕士班计 50 研究生。中正大学得以在台湾设立，该校在台校友会早期持续不断的争取当然是因素之一。故该校官网设"校史另一章"栏目，在题头写道：为感念 1940 年在中国大陆设立国立中正大学校友会，对本校创校的积极奔走，及对于同校名的历史情感，特开本专区介绍这段鲜为人知的历史。"[32] 同时，明确界定大陆时期的国立中正大学校友与台湾中正大学，为具有校名相似之历史渊源的两个学校，台湾中正大学不再称大陆时期的中正大学校友为"前期校友"。

暨南国际大学 1995 年正式"复校"，这所学校可谓历经波折，其初暨大校友与台湾教育主管部门曾力主用暨南大学校名，以对接该校大陆时期的办学历史。1991 年，台湾教育主管部门甚至还成立"'国立'暨南大学复校规划小组"，但终因所谓岛内本土人士认为"暨南"二字充满大中国思想，好像仿冒大陆的商标，要求改名，否则将冻结暨大全部预算[33]，最后双方在校名方面达成妥协："本校承袭'暨南'之名，即是希望延续此一使命……加上'国际'二字，意在与广州之暨南大学有所区隔……本校乃定名为'国立'暨南国际大学。"[34]

三、"复校"不成或改办高中或职业院校的原民国大学

需要说明一点，台湾当局允许原民国大陆大学在台"复校"，其实设置了较高门槛或原则，在申请方所提复校要求应符合相关规定并报台教育主管部门核准的基础上，还应具备：大陆时期为知名的综合性大学、学科设置符合台湾今后科技及经济社会发展需求的重点考虑方向、资金筹措充足、已选妥基本符合办学条件的校址等条件；另外，规定凡以大陆地名作校名的原民国大学，原

则上不得"复校"。至于一些"潜规则",如促成"复校"的校友团实力雄厚,牵头人有较高的社会影响力,于官方有良好的人脉网络等软实力特征,也为"复校"成功的重要原因。如东吴大学,尽管申请复校时的办学硬体条件较差,且经费来源极为匮乏,只"借得"台北汉口街一处三层楼房为校舍,曾被戏称为"台北某弄堂大学",但因聘请到时任台"司法院院长"的王宠惠为董事长,张其昀便对东吴"复校"大开绿灯:"能请到亮老(王宠惠)为董事长,我对你们有信心。"[35]

受限于上述如大陆地名的限制,原武汉大学正式组建后的首任校长王世杰[36],其企望在台湾延续武大教育传统的设想,就没有实现。1964 年 3 月 20 日,王世杰宴请部分武大在台校友,商讨在台湾"复校";如若不成,"或创办私立珞珈工商专科学校"。为此,他当即捐款 50000 元,随后又追加 5000 元,对此非常上心。[37] 虽然武大最终没有在台湾"复校",珞珈工商专科学校亦未成立;但这位武大老校长和诸校友为促成"复校"所做的不懈努力,能清晰体验到他们对曾经的大陆母校,所寄予的深切情怀。此外,上述谓"复校"顺遂与否,与牵头人官阶、社会影响力或与官方是否有良好的人脉网络等软实力也不无关系。如于私立朝阳学院在台"复校"的境遇观察,再将其与东吴大学因聘到王宠惠为董事长,致"复校"进程一路顺遂的情形相比,似能找到答案。朝阳学院建于 1911 年底,是一所以法政学科为优势的专门学院,民国时期曾有"南有东吴,北有朝阳"之称,在该校大陆存续的近 40 年间,毕业生约近 7000 人,法科学生占 70%。[38] 故民国司法界还有"朝阳出法官、东吴出律师""无朝不成院,无朝不开庭"之类说法。早在 1951 年,旅台朝阳校友会即告成立,正式登记的朝阳校友的同学达 400 余人。为促成"复校",朝阳校友会不仅"募到新台币一百万元","还在桃园中坜镇觅到复校基地约两万坪,另有房屋三栋,此外又承各方面友好赞助,只待教部许可筹备"。[39] 不料该校董事长,1929—1932 年间两度出任民国"司法院长"并兼"最高法院院长"的居正,在家中洗澡时中风突然去世(1951 年 11 月 23 日——作者注),所谓"人一走,茶就凉",终致朝阳在台"复校"之事因朝中无人可依靠而未成功,令人徒叹悲哉！

中国公学在台"复校"不成，则可能与"学潮"等政治因素有关。1952年，中国公学在台校友会提出"复校"计划，曾任校长胡适以"学校停了就是停了，何必一定要恢复"作答。但中国公学的校友们仍不放弃。1954年，该校董事长于右任、董事王云武、前副校长杨亮功及校友会常务理事阮毅成等草拟具体"复校"安排，同时开始筹措经费及寻找校地。1955年3月，中公校友会代表参访台教育主管部门负责人张其昀，张以"政府政策不许新设大学，中公若请求复校，难以获准"回绝。[40]虽如此，中公校友会还是坚持诉求，同年9月，中公校友会向台教育部门呈申请，拟以"中国公学文商学院"，下设文史、新闻、会计银行、工商管理四系"复校"计划书，但台教育主管部门仍以"不准新设大学，也不准大陆上任何大学在台复校"为由拒绝。尽管其时已有东吴、政大、清华等大陆大学的在台"复校"申请已获得当局核准。1976年，李筱峰研究中国公学时，被台北警备总部以"这学校出了许多共产党"为由，威胁不准研究。[41]联想到该校"复校"不成，恐怕与中国公学大陆时期秉承自由主义理念，加之国民党当局对过去学潮的忌惮，甚至将大陆失败归因学潮等，如此一来，中国公学这所号称"革命运动机关"的大学，基于教育思想控制而不准其在台"复校"，也就顺理成章了。当然，总体分析上述成功"复校"的大学，不难得出结论，当局核准与否，主要还是着重考虑申请学校在大陆时期办学品质的综合实力和社会影响。这一点非常清晰。

台湾还有若干所申请复办大学不成只得改办中学或职校的原民国大学，如复旦高级中学（1957年在桃园县平镇乡建立，原大陆校名：复旦大学）、金陵女子高级中学（1956年台北县三重区建立，原大陆校名：金陵女子大学，邓丽君、林青霞为该校毕业生）、沪江高级中学（1958年在台北县建立，原大陆校名：沪江大学）和圣约翰科技大学（1967年在台北县淡水镇建立，原大陆校名：圣约翰大学）[42]等。这些学校与复办大学成功的学校一样，"复校"过程同样有下列几项共同特征：由大学校友会促成、延用大陆时期的大学校名、校训（圣约翰科技大学的校训有改动，但校徽仍保留上海圣大校训："光与真理"的英文字样），校歌、校徽，校史沿革与大陆创校时间对接，校方称在台重建为"复校"。这些学校的怀旧表达虽隐含些许忧伤，但在缅怀过去大陆母校之办学传统、教育理想及传承"校脉"的情感方面，他们其实与成功"复校"的大学一起，共同构成了在台"复校"之原民国大陆大学序列。

第二节 "复校"成功的大学背景因素分析

一、官方考虑重点与学校背景

1950 年 3 月—1954 年 6 月，程天放执掌台湾教育部门期间，如上所述，台湾当局因考虑"反攻大陆"，加之对大陆学潮的不良印象等，一度全面禁止原大陆公立大学在台"复校"。1954 年 6 月，张其昀出任教育主管部门负责人后，其时朝鲜战争已结束，当局的态度开始转变，在确定"不创设新校之原则"的政策前提下，对复校限制略有放松，但并非没有选择。从官方层面考虑，所谓"不创设新校之原则"，意指台湾只从大陆移植复办大陆的原国立知名大学，即只有"复校"没有新建。这个政策于当局的角度言，无疑是一个好立意。于政治层面考量，一方面，它存有隐喻"正统"，证明"中华民国政府仍为大陆时期合法政府的延续"，另一方面，将民国大陆大学制度实施于台湾，对于增进交流与融会，以此弥合台湾与祖国大陆的文化裂痕，强化民族认同感以及进一步去殖民化、进而祖国化等方面，均大有裨益；于人才需求的角度，可以在短时间内移植原大陆诸名校的基本架构，缓解台湾高等教育机构严重不足、人才短缺之现实；于回应大量迁台诸校校友的心理需求方面，同意"复校"不仅能满足他们在台湾无母校可归之憾的情感诉求，同时还可借此获得校友财力与人力的大力资助，弥补当局教育经费的严重不足。

20 世纪 50 年代初，随国民党当局迁往台湾的大陆诸名校校友众多，大家都想让自己的母校复办，故分析成功"复校"的大学之背后当局的考虑重点或方向，虽存在如上所述的若干官场"社会学"因素，但从最后被核准的学校及学科设置的情况分析，应当说，台湾教育主管部门选择的"复校"大学，还是主要针对台湾的人才需求和今后发展，同时结合学校在大陆时期的综合影响力等作通盘考虑，所谓官场"社会学"显然不是重点。首先，从被核准的"复校"大学看，都为原民国大学体系中，无论人才培养品质、学科水平和社会影响力均属顶尖的优质大学；或在某些特定学科具顶尖特征的大学，如东吴之法科、政大之政经类学科等。其次，从"复校"初始设置的学科，也可清晰看出教育当局和具体学校基于历史对接和今后发展兼容并包的前瞻性思维。如政大在台"复校"之大学部初始设置的教育、政治、新闻、外交、边政五学系，均为对接该校大陆时期最具特色的教学系部，而东吴大学先行恢复法学院，初设法律、政治、经济、会计四系及附设外国语文学系共五系，同样也是对接了这个学校的传统优势学科。这种学科设置对接历史办学传统的安排，好处不言而喻。它既传承了这些学校的办学特色，又通过培养高品质人才，快速弥补台湾当时因日据时期太长，致了解祖国文化和政经模式之人才奇缺的窘况，借此强化文化认同。而从另外几所以理工为主的大学初始所设科目，亦能看到当局与学校对"复校"时机及学科选择所表现出的默契。以台湾清华为例，"复校"以创办原子科学研究所发端，绝不是一时兴起。其实，梅贻琦早在抗战"复员前后，就已经打算订制原子加速器……后远赴美国，还念念不忘于国家科学的发展"。[43]1953年，美国总统艾森豪威尔在联合国发表讲话，抛出"原子能和平用途推广计划"；1955年，台美订立"原子能和平用途协定"，美国决定捐赠给台湾原子炉和相关技术。其时台湾仍处在恢复战争创伤的艰困期，急需发展电力以恢复经济，原子能科学之前沿色彩，及对科技进步和经济发展的巨大促进作用，台湾当局自然知晓。因此，遂向梅贻琦发出回台敦请。而梅欣然接受邀请，并与当局协商清华在台"复校"事宜，提出拟首先设立原子科学研究所，逐渐扩大成由三五个所组成的研究院，最后恢复清华大学建制的安排。对此，双方一拍即合。当局与校方的这种默契，从另一角度说明，20世纪50年代发生的相当数量之原民国大学在台"复校"，台湾官方促成的初始动机，当然主要是如上所述的若干理由；但若具体分析部分理工类大学"复校"的时机节点选择和初始之学科设置，也能看到当局考虑的并不都是延续"正统"，紧跟新兴学科的发展方向，并由此引领以提升经济品质，才是当局考虑的重点。又如交通大学之"电子研究所"、中央大学之"地球物理研究所"，乍一看，这似乎与这些学校在大陆时期的强势学科并无太大关联，但这些学科却是代表当时科学研究的新领域和发展方向。正因为 20 世纪 50 年代，欧美发达国家科学的发展，是以核子科学和电子科学作为标志的，故让部分民国大学选择这些新兴学科作为"复校"的开端，以保证台湾的科学研究大致与世界先进水平保持同步，的确也是一个不错的安排。事实也是这样，"复校"大学借助这些新兴学科机构的设立，在相关科学研究领域，取得了不少标志性的成果。台湾清华原子科学研究所，成立不久，即以"惊人速度"完成"我国第一座水池式核子反应器（原子炉）"；[44] 新竹交通大学电子研究所则在 1962—1963 年，先后研制完成"电视发射机"（岛内电视广播由此发端），及岛内第一架电子计算机、第一部固态镭射等。[45]这些在当时无疑均为颇具指标特征的科学研究成果。这从侧面说明，所谓"复校"，当局考虑的重点，是要凸显大学的研究职能，并由此服务并引领经济社会的发展。从这个意义上讲，"复校"的政治考量，其实是从属于科学或经济目标的。

二、校友因素

20 世纪 50 年代初，台湾处于艰困时期，当时台教育主管部门年事业与行政经费仅 1000 余万元台币，财力尤其支绌，当局对"复校"其实是心有余而力不足。故无论公立还是私立学校之"复校"申请，成功的关键均与各校校友会的综合运作成效密切相关，这是观察"复校"背景因素的一个重要指标。表一所列七所成功的"复校"的大学，只有台湾政治大学和台湾清华大学获台湾当局核核准过程较为顺利。政大享此待遇，得益于该校大陆时期始终"随着政府迁移而迁移"，浓厚的政治背景加之当时台湾又急需各类政经类文科干部，使之成为唯一一所由当局全额拨付"复校"经费的大学。台湾清华大学的"复校"，除该校在大陆时期不可替代的学术地位和梅贻琦的特殊影响力之外，还有一个重要因素是因为该校拥有美国退还的"庚子赔款",即清华基金可用,这可以让当局少花钱。张其昀曾说:"与其让清华基金放在美国任由清华董事会支配使用,不如在国内恢复建校,效果较大。"[46]故台湾清华大学"复办",官方只需负担经常费和建筑费,图书和设备费均由清华基金利息支付。不过,这两校虽得到官方的充分支持,但校友会率先发起的"复校"活动,对官方的促动效果仍非常明显。如政治大学,早在1950年4月,其时台湾尚未稳住阵脚且处在当局明令禁止原大陆公立大学在台"复校"阶段,然该校迁台校友500余人,在台北圆山饭店举行大规模聚会。会中通过政大在台校友会筹组方案及促进在台"复校"案,推举余井塘、张道藩、罗家伦、谷正纲、赵葆全等35位民国要员为"复校"筹备委员,并推张其昀为召集人。[47]这是政大校友促成在台"复校"的第一次公开播种活动。之后政大"复校"的进程,由张其昀提出,并迅速得到核准,政大校友的播种及校友会所起的推力不容忽视,行政当局或许只扮演一个顺水推舟的角色。

没有台湾政大和台湾清华两校所具备之特殊历史背景或财力条件的其他大学,其成功"复校"背后的因素,校友的推力则更加关键。可以这样说,没有这些校友基于对原大陆母校的厚重情结,锲而不舍的努力,就没有台湾今天的"复校"大学。如台湾中央大学"复校"过程,从1954年校友会着手筹备推动"复校"事宜,到1962年终获核准,历时8年。在第一次申请被当局驳回后,校友会克服困难募集新台币230万元,并先行用这笔自筹经费兴建校舍;此外,校友会以锲而不舍的精神,先后多次向台湾当局提交反复修改的《恢复母校申请文》,甚至派代表直接面见蒋介石陈述理由。台湾中央大学"复校"后,校友会并没有因此减少对母校的关爱,1968年9月29日,中大校友在台北金华街政大礼堂发起成立"'国立'中央大学建校促进委员会",[48]该委员会的主要目标是:联系校友,促进本校建设发展。其具体任务分别为五项:"研拟本校之长期发展计划;协助本校扩充建筑、充实仪器、图书及各种设备;筹设在校同学各种奖学金;协助邀请国内外校友返校任教;其他在关本校建设发展之研究与建议。"[49]观这些条文,不难看到校友们对母校的浓厚情感。台湾交通大学的"复校"进程虽略比台湾中央大学顺畅，但校友的助力同样关键，因为"政府支持交大复校，却有一个条件，政府除只负担常年经费外，买地、盖房子均需自筹……"[50] 实际上，当局当时只给了台湾交大"复校"开办费60万元台币（实际通过仅为49万元台币——作者注），除此之外，均需交大岛内外校友筹措。为使"复校"能够顺利得到当局批准，1956年，交大校友会发动全球各地校友募捐，当时预定目标为100万元台币的一层楼房，因校友捐款踊跃，共募得200万元台币，再经获得"台湾长期发展科学委员会"在美援教专款补助费100万元台币，终于建成三层楼房，而图书、仪器设备也由校友捐赠或通过校友自岛内外各单位募得；因当时台湾教授的待遇较低，"甚至教授的征聘也由国外校友介聘"。时任台湾交大"复校"筹备委员会成员的钱其琛（与我国前外长钱其琛同名——引者注）曾感叹校友之力实为交大'复校'、发展之重心。[51] 东吴大学前校长端木恺也有类似情感表达："东吴虽是教会学校，但教会的帮助并不大。复校成功，校友出力最多……发动复校的这批校友，大多是大陆'沦陷'后迁出的难民，他们的财产都丢失在大陆上，但许多捐款也直接或间接地由他们募来。"[52]

第三节　本章余论

在部分原民国大学在台"复校"过程中，校友会的助推作用是非常大的。如上所述，没有在台校友基于对原大陆母校的厚重情结，锲而不舍的努力，就没有台湾今天的"复校"大学。因此，本节拟围绕迁台校友在促成"复校"过程中，何以对大陆母校表现出如此厚重的情感？怀旧当然是原因之一，还有两点原因值得探讨：

其一，校友内心深处隐藏的"各为其主"之大学意识。所谓"各为其主"的大学意识，是借此表明早期迁台校友对民国大学制度体系认知评价的同时，强调这种认知评价的来源与原民国政府高度相关，且双方业已形成了一种动态共生的依存模式。用理性和包容的观点看一个人或群体的政治倾向，不宜简单套用进步与落后或正确与反动的两分法进行分类。早期迁台之原民国大学校友多为专业知识分子，并不直接从事政治工作，如交通大学，"1949年前后，来台校友计928人（未经登记者尚不在内），这个数字几乎占了该校大陆期间历届毕业生总数的九分之一。"[53] 这些校友在台湾的分布，以交通事业为服务对象的占百分之四十四，以工矿农林事业为主者也占百分之四十四，其他部门占百分之十二。但不从事政治工作并不说明这些专业技术人员没有政治倾向，他们的政治倾向应当说更靠近国民党主控下的政府。将这种政治倾向向大学领域延伸，民国大学所体现的大学精神气质与民国政府对大学的干预与控制管理风格是对应的。国民党败退台湾后，在校友意识深层，仍视其为"中华民国"的"正朔"。这个"正朔"落到大学，其"复校"诉求也就顺理成章了。另外，客观看民国大陆大学制度体系，这个体系的最大特征是在反省传统教育的前提下，对舶自西方的现代大学之核心价值观予以基本尊重，同时主要采用欧美近现代大学的自由主义教育理念，把提升教育和科研的品质置于核心地位来设计中国大学的基本制度，并始终保持了基本的稳定。由1912年蔡元培起草的《大学令》颁布至1948年国民政府公布《大学法》，两个法律面世间隔近40年，且从北洋政府到南京政府，然关于大学目标定位以"研究高深学术养成专门人才为宗旨"的表述几乎完全一致，表明民国高等教育制度所秉承的价值理念未因政府更迭发生任何变化，期间学术力量与国家权力虽一直存在角力现象，国民党政府也试图在大学渗透"党化教育"之类，但"借由党义教育而进入大学执教者，在校园内不受尊重，清华大学甚至未将之纳入教师编制"。[54] 说明当时大学的学术力量在与国家意识形态控制的博弈中，得益于政府并未"强制推行"，学术力量占据了上风，大学自治也因此获得基本的制度保障。这是学者认为民国大学曾办出过一批与欧美主流大学没有质差只有量差之世界知名大学的主要原因。如是分析迁台校友的"复校"诉求，以为不仅是一种符合逻辑的正常情感表达，也是保存一种大学制度及学术思想体系血统的自觉追求。

其二，大陆院系调整对迁台校友的刺激。1952年，大陆开始进行院系调整。

原仿照欧美大学范式建立的民国大学制度体系被否定，其中私立和教会背景的大学完全废除，公立综合性大学则无论保留或改名，均按行业归口或进行学科专业拆分，成为工业大学或文理学院。大陆这种颠覆式的大学制度革命，客观上引起了许多迁台校友的不满，也是促成他们形成"复校"冲动的直接来源。从台湾开始出现"复校"动作的时间节点上看，均为1952年大陆院系调整之后，可见隐含打擂对应的意涵。东吴大学校长杨其铣在其撰写的《坎坷的复校路程》一文开篇就这样写道："1949年秋大陆易帜，一切都有了变化。在教育方面的重大改变之一就是废除了私校制度。1951年，正当江苏省教育行政当局将东吴大学收归公有并筹办江苏师范学院的时候，也正是东吴校友们在台北为恢复母校到处奔走的时候。"[55]辅仁大学在其"复校"50周年校庆特刊起首处也有同样表述："1950年北平辅仁大学正式为中共教育部接收，实质上结束了由圣言会主办的辅仁大学。名义上仍存在的辅仁大学到1952年5月19日，也经由院系调整的过程，让此一大学名称在中国高等教育史上消失……随着北平辅仁的结束，校友会欲使辅仁在台复校之念遂日益增长。"[56]

参考文献

[1] 台湾政治大学的前身系1927年5月20日在南京成立的国民党中央党务学校，校长为蒋介石。1928年底，国民革命军北伐成功后，全国统一，国家由军政进入训政时期，国民党中央党务学校遂改组为中央政治学校，蒋介石仍任校长。教育期限由一年改为四年，其中四年制本科教育为大学部，内设行政、财政、社会经济、教育、外交、法律六系，1935年1月，增设新闻系。改制后的中央政治学校的学术起点颇高，该校校务委员罗家伦曾建议，要把这个学校办成像"伦敦大学的政治经济学院和巴黎政治学校"一样标准的知名学校。1947年，国民政府决定将中央政治学校与1944年3月成立的中央干部学校（该校也由蒋介石兼任校长）合并，组建国立政治大学，隶属教育部，校长改为专任制，但依旧由蒋介石担任永久名誉校长，校址在南京红纸廊（现为中共江苏

省行政学院）。1954年，台湾政治大学在台北木栅"复校"（现台北市文山区）。

[2]吴泉源."国立"清华大学校庆百年系列丛书之"话说清华".台湾新竹："国立"清华大学出版社，2011:11。

[3]林玉体.台湾教育史.（台）文景书局有限公司，2003:287。

[4][55]杨其铣.坎坷的复校路程.http://web-ch.scu.edu.tw/huilung/web_page/3310。

[5]台"教育部"高教司编.大学既独立学院概况.（台北）:1978:24。

[6]张其昀（1900.9.29—1985.8.26日），字晓峰，浙江宁波鄞县人，地理学家、历史学家，教育家。1935年当选为第一届中央研究院中央评议会聘任评议员，是从未出国留学的当选评议员中最年轻的一位。1936年受聘为浙江大学史地系教授兼主任、史地研究所所长，后又兼任文学院长。1941年当选为首批教育部部聘教授。曾任中国地理学会总干事。1949年到台湾后，曾任国民党总裁办公室秘书组主任、国民党中央宣传部长、台湾教育部门负责人（1954年6月—1958年7月）、国民党中央评议员兼主席团主席、"总统府资政"等职。

[7][8][30][47]台湾政治大学校史编纂委员会."国立"政治大学校史稿.台湾政治大学编印，1989:217，259，504，560。

[9]陈大齐（1886年—1983年），字百年，浙江海盐人。心理学家。1886年8月22日生于浙江海盐，1903年留学日本，先入仙台第二高等学校，后入读日本东京帝国大学文科哲学门，专攻心理学，获文学士学位。回国后，先后任浙江高等学校校长，北京大学教授、系主任、代理校长。去台后，先后任政治大学首任校长、台湾大学校长、国民党中央评议委员等职。著有《心理学大纲》《现代心理学》等。参见《民国人物小传》第6册、《当代中国人物志》。

[10]政大校刊.17（期）:12（版）。

[11]黄延复等.一代时代的斯文——清华校长梅贻琦.九州出版社，2011:283。

[12]赵赓飏.协助清华在台"复校"琐忆.（台）传记文学，1982.6:21。

[13]吴泉源编."国立"清华大学百年校庆系列从书——话说清华.（台）"国

立"清华大学出版社，2011：28。

[14] 黄延复主编.梅贻琦先生纪念文集.吉林文史出版社，1995:61。

[15][16][50] 台湾交通大学世纪校庆编辑委员会.百年树人——交大世纪之庆特刊.台湾新竹：台湾交通大学，1996:27，186，76。

[17] 辅仁大学校史室编.台北辅仁大学史料集（一）.辅仁大学出版社，2011:10。

[18][20][56] 辅仁大学校史室编.熠熠生辉 再现辅仁——"复校"50周年纪念特刊.辅仁大学出版社，2011:10，14，8。

[19] 于斌（1901.4.13—1978.8.16），字冠五，号野声，洗名保禄，黑龙江兰西人。1919年入吉林神罗修道院，期间在天主教上海震旦大学学习一年。1924年因成绩优异保送赴罗马传信大学读哲学、神学，获宗教学博士，之后又分获圣多玛斯学院哲学博士、伯鲁日大学政治学博士学位。1933年，于斌回国。次年受聘为北平辅仁大学董事长及伦理学教授；抗日战争期间，于斌号召信徒捐款，购买飞机，以投入抗日救亡运动；并亲赴欧美各国，进行为期9个多月的抗日宣传，产生较大影响。1946年11月，于斌任天主教南京总教区总主教，为第二位华人枢机主教（俗称"红衣主教"）。宗教理念方面，于斌致力于以天主教教义融合中华文化及伦理道德，提倡"天人合一"及"三知论"（知人，知物，知天）。在大陆期间先后创立天主教文化协进会、中国宗教徒联谊会、人生哲学研究会等。1971年农历元旦，于斌曾在台发起祭天敬祖大典，致岛内风从。

[21][22][23][48] 赖景义等编.中大在台的第一个十年——地物所1962.台湾中央大学出版社，2012：39，40，41，53。

[24] 乔一凡.我与中大母校.见中大60周年校庆特刊编辑委员会编.台湾中央大学60周年纪念特刊.1975:134。

[25][26] 戴运轨.八十回忆录.（台）中外图书出版社，1982:40-41。

[27] 郑彦棻.我与"国立"中山大学——"国父"创校60周年纪念.（台）中外杂志，1984（12）:19。

[28]台"教育部高等教育司"编.中华民国大学既独立学院概况."国立"教育资料馆，1981：17–18。

[29][35]陈淑媛."国立"中央大学在台"复校"之研究（硕士论文）.台湾中央大学历史研究所，1997:19，23。

[31]中正大学二十周年校庆编纂小组.从头说起——中正大学创校二十周年专辑系列之一，2009:6。

[32]台湾中正大学官网"校史另一章".https://www.lib.ccu.edu.tw/history/anotherpage.html。

[33]维基百科.暨南国际大学[EB/OL].2014-1-1.http://zh.wikipedia.org/zh-tw/%E5%9C%8B%E7%AB%8B%E6%9A%A8%E5%8D%97%E5%9C%8B%E9%9A%9B%E5%A4%A7%E5%AD%B8#.E5.BE.A9.E6.A0.A1.E9.81.8E.E7.A8.8B。

[34]台湾暨南国际大学首页.[2014-1-16].http://www.ncnu.edu.tw/ncnuweb/。

[36]王世杰（1891—1981），湖北省崇阳人。字雪艇。早年就读于湖北优级师范理化专科学校，1911年肄业于天津北洋大学采矿冶金科，后留学英、法，先后获伦敦大学政治经济学士，巴黎大学法学研究所法学博士。回国后曾任教于北京大学，与胡适等创办《现代评论》周刊。后转投国民党，进入政界。历任国民党政府法制局局长，湖北省政府委员兼教育厅长，海牙公断院公断员，武汉大学校长，教育部长，军事委员会参事室主任兼政治部指导员，国民党宣传部长，中央设计局秘书长。1945年当选国民党中央监察委员，并出任外交部部长，1947年当选中央研究院院士。赴台后，先后任"总统府秘书长""行政院政务委员""中央研究院院长"等职。武汉大学是他一生的得意之笔。以至他在台岛临终的遗嘱中对子女说："以后为我立碑时，去掉所有头衔，只需刻上"前国立武汉大学校长王雪艇先生之墓"，并将其一生所收藏的所有字画书籍赠予武汉大学。

[37]肖波.王世杰的武大情缘.武汉大学报（总1330期）.2014.4.16:4版。

[38]沈寅飞.朝阳大学：民国"第一法律学府"浮沉录.检察日

报 .2015.11.13:5 版。

[39] 徐葵 . 朝阳大学 1911 ～ 2011 年百年大事记 . 中国人民大学法学院网页 [2016.4.24] http://www.law.ruc.edu.cn/article/？43178.html。

[40] 阮毅成 . 中国公学在台"复校"未成记 .（台）传记文学 .1977（12 期）:77。

[41] 李筱峰 . 中国教育史上一线光芒——中国公学的吉言片语 .（台）大学杂志，1976（11）:102。

[42] 圣约翰大学由美国圣公会于 1879 年在上海创办，初名圣约翰书院，1905 年升格为圣约翰大学，为中国近代最著名大学之一。宋子文、林语堂、邹韬奋、贝聿铭、张爱玲、史久镛、严家淦、荣毅仁等均为上海圣大校友。1952 年大陆院系调整，圣约翰大学诸院系被分拆至上海各大学后，宣布解散。该校原校址现为华东政法大学。1967 年，圣约翰大学与圣玛利亚女校（原校地为上海）在台校友会，联合向台当局申请并拟用"圣约翰大学"在台复校，因当时"教育部"已终止开放设立新的私立大学，建议其为配合台湾经济发展之需要，改办职业类工业专科学校。初始命名为"新埔工业专科学校"，但英文表述则仍沿用两校上海原名：St. John's and St. Mary's Institute of Technology，以示承接。1994 年，经台湾官方核准，改名为"圣约翰科技大学"，英文校名恢复为 St. John's University，"复校"任务成功。据该校官网称：未来将朝以恢复"圣约翰大学"为学校努力争取之最终目标。

[43][44] 陈可忠 ."梅贻琦纪念馆"命名的意义——梅先生与原子科学 . 黄延复等 . 一个时代的斯文——清华校长梅贻琦 . 九州出版社，2011:290，291。

[45] 台湾交通大学世纪校庆编辑委员会 . 百年树人——交大世纪之庆特刊 . 台湾新竹：台湾交通大学，1996:27。

[46] 台湾中国文化大学张其昀先生编纂委员会 . 张其昀先生纪念文集 .（台）：中国文化大学，1986：50。

[49] 参见台湾中央大学建校促进委员会简则 :1968 年 9 月 25 日。

[51] 钱其琛 . 交通大学电子研究所之展望 . 凌鸿勋先生 70 寿辰纪念论文集 .（台）中国交通建设学会，1963：116。

[52] 谢政论.端木恺校长纪念集——纪念先生一百晋一岁冥诞.（台）东大图书股份有限公司，2004:103。

[53] 刘河北.交通大学与中国现代化.台湾交通大学世纪校庆编辑委员会.百年树人——交大世纪之庆特刊.台湾新竹：台湾交通大学，1996:56。

[54] 王瑞琦.百年来中国现代高等教育——国家.学术.市场之三角演变.（台）台湾政治大学中国大陆研究中心，2007:101。

第六章　原民国大陆大学在台"复校"大学的发展路径

第一节　"复校"伊始

　　盖因一草一木一房一瓦无不需从头做起，所谓"复校"，实与草创无异。读台湾"复校"大学的纪念文章或历史文献，"筚路蓝缕，以启山林"是其中的高频用语。时任东吴大学校长的杨其铣（1983—1992年），在一篇回忆东吴"复校"初期的窘境时，这样写道：

　　"购地建校因财力有限，困难重重。在台北近郊建校最为理想，但地价昂贵，买不起。远处则因交通不便不能考虑。建校小组从一九五四年起几乎每天都在找地，眼看一年过去了，毫无进展。此时，法学院各系因自然增班，原汉口街三层楼房已不敷用。不得已，乃将博爱路八十三号鹤鸣鞋店二、三楼承租下来，区隔为大小五间教室勉强应付。汉口街的临时简陋校舍被称为'本院'，鹤鸣鞋店楼上为'二院'。体育课只能在星期天借用其他学校的操场举行。因为地狭人众，致使一般人提起东吴就会联想到拥挤。尽管如此，校内并无怨言。因为学校一切措施悉遵'教育部'规定办理，所聘教师皆一时俊彦，对学生之课业、考核从严，故师生均能共体时艰、坚忍图强，反而使东吴蔚成一种崇法务实，乐观进取的校风。但外界的看法并不如此。特别是当时有些专科学校因想升格为四年制独立学院而未获准，便纷纷指责教育部何以独厚东吴。有一所专科学校校长在该校周会上常向学生提到'台北市某弄堂大学'，所指的就是东吴。'教育部'此时确实有些后悔，不该在东吴尚无任何硬设备之前即准其复校。'教育部'承受不了来自各方的压力，只得催促东吴赶快购置基地，兴建校舍，并传口信，若不能在年内完成即撤销立案。所以东吴有一段时期可以说是在风雨飘摇中度过的。"[1]

私立大学如此，有当局资助的"国立"大学情形也差不多。曾任台湾交大校长六年的盛庆琜（1972—1978）在其撰《新开光复校区记》碑记开头，有这样的文字："传云：'筚路蓝缕，以启山林。'是言也，于我校之规复，暨兹新地之增开而信乎有觇焉。"[2]诚如盛庆琜所言，在诸"复校"之"国立"大学中，除台湾清华大学因有庚子赔款（清华基金）情况稍好外，"三无"（无钱、无校地、无校舍）为这些学校初期的共同特征。台湾清华、交大、中央三校复办之初，所需教室和部分师资，均由向时任台湾大学校长、清华校友的钱思亮"友情商借"；交大"复校"初始办学用房为通过校友关系向"经济部"新竹联合工业研究商借，校地由新竹县政府捐赠3甲，其余校地则由"'交通部电信总局''经济部电力公司'合购民地3甲赠送，"故交大仅以6甲地即"复校。"另以台湾中央大学为例，在台"复校"后招收的首批研究生，因苗栗校址尚未建妥，办公、上课和学生住宿均商借在台湾大学物理馆二楼，毕业时所穿硕士礼服借自清华；最令人困扰的是"图书期刊数目甚少，而仪器设备更是寥寥无几……首批研究生的研究题目都是地球物理的基本原理或实验，如各种岩石的物理性质研究，……又因缺少仪器设备，研究生只得到别的学校、别的机构去借用或自己动手制作简单仪器来进行实验，与现在的研究所比起来有云泥之差。现在想起来，当时是研究生自动自发地去各处找文献，借用或设计仪器做实验的时代。这从二十年前地球物理研究所硕士论文中，可窥见当时的研究情况"。[3]1968年，台湾中央大学本科部理学院奉准开始招生，其时该校中坜校区教学大楼尚未兴建，为恐延误招生，学校只得通过台湾省教育厅友情协助，商借省立中坜中学多余的六间教室以应急需，其中四间为教室，一间做仪器室，最后一间一分为二，一半做办公室，一半做教授休息室，学生则租用附近五栋民房为临时住宿。时任该校训导长的王宏志回忆说："如此简陋的母校理学院，不仅和南京时期的中大理学院无法比，就是松林坡上那座克难理学院也比现在大多了（松林坡为抗日战争时期，中央大学迁入重庆时设的一个校区——引者注），抚今思昔，能不概然！无怪乎那些考取本校的新生，总不免有一些怅然若失的心情……上学期终了有 17 位休学，我想物质条件不理想是他们休学的主要原因。"[4] 台湾中大"复校"首任校长戴运轨在后来的回忆中，也对中央大学的初始办学条件颇为伤感："……租用附近的民房，虽勉可敷用，但对于学生自修和生活管理，却难符理想，颇引以憾之外，亦唯有了解当时实情者，才未深罪于我。"[5]

　　台湾政治大学是一所完全由官方提供"复校"经费的大学，初始待遇较其他学校明显优厚，尽管如此，该校初始阶段"既无图书设备，也无图书馆之存在。1955 年春季以后，乃先在秘书长之下，设一图书室，仅备极少数期刊及工具书，之后经向台'教育部'请求，方允由中央图书馆函商美国国会图书馆交换处，将前拟寄赠北平图书室之出版品，运台寄存本校供本校使用。紧接着美国密苏里大学新闻学院也发起捐赠本校图书运动……"[6] 又因 1954 年初台湾当局拨付给该校的首笔 150 万新台币预算，包括"复校"的所有开支，在"即无校地也无校舍的情况下，到四十三年十二月下旬本校第的第五次行政会议时，已经出现了经费预计约不足八万七千五百元之赤字纪录……"[7] 1955 年，台湾教育主管部门为帮助该校尽可能减缓寅吃卯粮，预算总赶不上所需开支的窘困情形，遂以台教育主管部门（44）第（08018）号令，直接由"国库"担保，允许政大可向台湾银行透支借用；1956 年，又因该校经费困难至无法周转，"经'教育部'之嘱向清华大学洽借 50 万元，以便购买建筑校舍之木材及钢筋之事"。[8] 既然在开源方面受到先天限制，故唯有在节流上下足功夫。1956 年 3 月，政大行政会议作出决议：（1）教职员学生宿舍绝对不准使用电炉；（2）学生宿舍不设插头设备，不准使用电熨斗，通告通知，并由训导处切实检查；（3）教职工宿舍所用灯泡第一次入住时，照数发给，以后自行负责；（4）本校所装电话，兹为稍示限制，向台北通话者，规定公事话费由公家交付，私人私事自行负担。[9]

这些节流之规定，足见当时"复校"大学经费短绌之境况。

第二节　由所（部）至院，逐渐向完整大学建制过渡

根据国民政府 1948 年公布的《大学法》第五条规定：凡具备三学院以上者，始得称为大学。[10] 故"复校"初期的六所大学（台湾中山大学因"复校"时间较晚，其时空背景已与之前各校存较大差异，故本节不专门介绍），均为校名下挂研究所（部或学院），其中除东吴大学经台教育部门核准先行成立东吴大学法学院，初始招收本科生外，台湾政大、清华、交大、中央、辅仁五校，均为在大学名称下设研究所（部），由招收研究生发端，然后恢复大学本科部并在之下设学系，达到一定的学系数量后遂按学门成立学院，最后在所设学院数符合《大学法》关于大学的标准下，才算实质性的完成一个由所至院至完整正规大学的"复校"进程。截至 20 世纪 80 年代，各"复校"大学都完成了由所（部）至院最后完全恢复大学名谓的进程。本节拟按"复校"之时间顺序，就首批六所大学由所至院，逐渐向恢复完整大学之建制的进程，分别作一简单介绍：

一、东吴大学恢复完整大学建制之进程

1954 年，经台湾教育主管部门核准，东吴大学以东吴法学院的名义在台"复校"，至 1969 年奉准恢复完全大学建制，历时 15 年。此时间进程除政治大学外，与其他"复校"大学相比，还算正常。但作为教会背景的私立学校，其进入完整大学之过程，所经历的惨淡波折可谓多多，从中亦可于此看到东吴在台校友对大陆母校的情怀。所谓惨淡波折，主要集中在两个方面，一是经费来源：早在"复校"之初，东吴限于办学经费筹措、校舍等事项，拟希望与原资助方美国卫理会恢复与之在大陆时期的固有关系，借此得到经费支持。然卫理会以所需捐赠款项已经拨付"亚洲基督教高等教育董事会"，以集中资金全力支持在台设立一所小型精致且全新的基督教大学（东海大学），无钱再投；

更何况东吴在台"复校"未事先与之磋商，故拒绝支持东吴大学的"复校"请求。所幸这时东吴大学大陆时期的董事黄安素会督（Bishop Ralph A. Ward），"因为目睹东吴人为恢复母校所做的奉献及努力深受感动，乃挺身而出，仗义执言。"[11]1957 年，通过黄安素的积极沟通，纽约差会允拨美金 15000 元美金作为购买土地之用，其余捐助则分别来自美国卫理公会东南辖区（The Southeastern Jurisdiction of the Methodist Church in the United States），曼格特基金会（The Manget Foundation），艾理斯菲力浦基金会（The Ellis Phillips Foundation）及亚洲协会（Asia Foundation）等，共计美金 9 万余元。当时折合新台币计 360 余万元。卫理会这笔捐赠虽不足以支持东吴兴建新校区，却也极大缓解了该校早期的财政运行压力。二为卫理会与东吴在台校友关于学校存续及办什么类型的大学之争。东吴董事会和在台校友会的目标，是要逐步完全恢复如原大陆一样的东吴大学建制，故在"教育部"核备的名称是"东吴大学法学院"而不是"东吴法学院"；而差会则建议东吴只办法学院。如愿合作，将从优补助东吴；卫理会甚至强势拟将东吴合并于东海大学。这些想法自然受到东吴董事会的拒绝。1962 年，差会委派三人调查小组来东吴考察，然后再据调查小组的考察报告，最终拟定与东吴维持何种关系。[12]调查小组通过多种形式走访与调研，发现东吴办学条件虽艰困，但靠其教学认真、淘汰严格的基本制度安排，已培养出一批丝毫不亚于公立大学的一流学生，故在考察报告中，向差会提出建议：美国卫理公会应与在台"复校"之东吴大学（现为东吴大学法学院）恢复固有关系；东吴将来如能恢复完全大学，宜分三院九系等。此建议第一条即主张卫理公应恢复与东吴的固有关系，同时对东吴恢复完全大学的设想亦未提出反对意见，这与差会原先的想法大相径庭，故于 1965 年再度派出二人来东吴，就东吴与差会维持何种关系再作评估。回美国后，这二人向差会提交报告之建议，主要内容又推翻了之前的若干建议：东吴与东海应组建合组协调会，以便研商两校合作事宜；东吴在未与联董会达成协议前，应暂缓讨论恢复大学建制之计划等。然东吴仍坚持己见，在差会的经援逐年减少，甚至随时有可能停止的情况下，为恢复完全大学之建制，董事会多次发起校友捐款运动，曾任东吴大学董事长、校长的端木凯、甚至将其私人住宅作银行抵押，以解决办学经费问题。经东吴人的顽强努力，1968 年，东吴在前期基础上又增设商学系及商用数学系，随即成立文、商两学院，加上之前的法学院，已有三个二级学院，初步符合当局关于大学的标准。同年 7 月 5 日，董事会决定恢复东吴大学原名。石超庸为改制后的首任校长。1969 年 12 月，台湾教育主管部门核准恢复完全大学建制，为私立东吴大学，设文理、法、商三学院。当然，东吴恢复完全大学建制，也使该校与卫理会的关系从冷淡逐渐走向分离。1994 年，随着台湾当局颁布修订后的"大学法"，"东吴大学自始开始定调自己为财团法人设立的私立大学，而非教会学校"。[13]

二、台湾政治大学恢复完整大学建制之进程

较之台湾清华、交通、中央等三所大学，政大是由所至完全大学进程速度最快的公立高校。这当然得益于该校大陆时期的特殊背景和由此形成的良好人脉关系；此外，台湾当时急需文科类及政工人才，当局全力提供经费资助等也是原因之一。1954 年 6 月，台湾教育主管部门正式核准成立台湾政治大学研究部，设公民教育、行政、国际关系、新闻四个研究所，由陈雪屏、邱昌谓、崔书琴、陶希圣分任公民教育、行政、国际关系、新闻研究所主任，后因陶希圣未到任，遂改聘曾虚白为新闻研究所主任。[14]同年 11 月共招收 60 名研究生；1955 年，政大大学部成立并开始招生，初设教育、政治、新闻、边政、外交五学系；1956 年，大学部奉令增设中国文学、东方语文和西洋语文三个学系；同时研究部政治研究所增设博士班，是为岛内大学中设立博士班的创举。[15]1957 年，大学部又增设国际贸易系，另在东方语文系增设俄语、阿拉伯文组。1958 年，大学部奉令再增设财税学系、银行学系、会计统计学系，加上之前 9 学系，大学部已设有12 个学系，学生人数也由 1955 年大学部初设时的 160 人，激增到近千人。加上此时学生宿舍尤其是图书馆的次第落成，乃按照"大学法"之相关规定，就所设各系，并根据学系所属学科，分设文学院、法学院和商学院；其中文学院内有教育、中文、东语、西语四个学系，法学院有政治、外交、新闻、边政、财

税五个学系，商学院则设有国贸、会统、银行三个学系。政大从 1954 年由研究部下设所，招收研究生开始"复校"，只用了四年时间，即从研究部快速发展成拥有文法商三个学院，四个研究所且本硕博学位设置完整的大学。自此，政治大学进入了正规大学的发展阶段。目前，政大仍为台湾知名的人文科学与社会科学顶尖大学，在法商、传播、国际事务、外语等领域尤其知名，为台湾当局补助"发展国际一流大学及顶尖研究中心计划"首批入选的研究型大学之一。该校在台湾历年大学联考人文社会组科系的录取分数，处在岛内各大学中前二的位置，自然科学组科系录取分数也位居前五。宋楚瑜、胡志强、萧万长、林毅夫、金耀基等均为该校校友。

三、台湾清华大学恢复完整大学建制之进程

台湾清华是紧随政大"复校"的第二所"国立"大学。较之其他"复校"大学，其时台湾清华至少有三大明显优势，一为该校大陆时期的学术地位，二为掌握不受当局控制的清华基金（基金使用由清华董事会决定——作者注），三为台湾清华以"原子科学研究所"名义"复校"后，梅贻琦还兼任了台湾"教育部部长"（1958.7—1962.2——作者注）。这些因素综合起来分析，清华校长梅贻琦对学校的发展建议无疑最受当局重视，故恢复完全大学建制的进程也应最快。不过，从台湾清华原子科学研究所 1956 年招收研究生始，直至 1964 年设立大学部恢复本科招生，这个过程竟历时八年。其时间进程比"复校"晚于台湾清华的交大和中央大学等校还长，这似乎不合逻辑。而从设立三个学院至奉准恢复完全大学建制的时间长短来看，亦同样与其他"复校"大校无明显领先优势，如台湾交大、中央大学两校，从办研究所招收研究生，到设立大学部录取本科生，花费时间均为六年。于学科系所设置进程探寻早期台湾清华发展稍慢的原因，显然与梅贻琦对此的态度不无关系。其实，梅贻琦早先考虑台湾清华在台"复校"时，就其本意言，可能只拟设清华原子科学研究所这一个部门，以致力先进科技之研究。期间虽有多人建议应增设研究所和大学部，以尽早完成大学建制。但梅贻琦始终强调以原子科学研究为重，并以终究是要在北平"复校"，

"在台无须多事扩充"为由婉拒。[14] 梅贻琦甚至一度酝酿放弃大学名称，泾用"原子科学研究所"的名义。故梅贻崎在世时，台湾清华校内会计单据原由校长签章处，一度改为所长，即删去校长的地位。[15] 何以如此，曾长期任梅校长秘书的赵赓飏在其回忆录中道出奥秘："先生萦怀多年居住、垦殖、经营、布置、计划发展之故园……故此，再三拒增研究所，不愿恢复大学部，时图节省基金利息，以作原校之用……"[16]

1962 年 5 月 19 日，梅贻琦逝世，陈可忠教务长代理校务（1965 出任校长），同年增设数学研究所。1964 年奉令恢复大学部，设核子工程学系和数学学系，参与同年度的台湾大专联招。此后，台湾清华的规模和学科及系所建设渐次加快。至 1974 年，先后新设物理系、化学系、材料科学工程学系、工业化学系、动力机械工程学系、工业工程学系等；而研究所数目增设之快，则更加明显，物理研究所、化学研究所、原子核工程研究所、应用物理研究所、应用化学研究所、应用数学研究所、分子生物研究所等；其中物理研究所、应用化学研究所、分子生物研究所及工业工程学系等，均设有博士班并开始招生。这时清华开始按所系分设学院，设理学院、工学院及原子科学学院三个学院，初步达至台湾理工大学的门槛。之后新竹清华又把学科视角转到人文社科领域，1980 年设立中国语文学系，其后外国语文学系、经济学系、历史研究所、语言学研究所、社会人类学研究所、经济学研究所、文学研究所相继组建，其中语言学研究所设有博士班。1984 年，设立人文社会学院。自此，台湾清华成为较为完整的综合性大学。

四、台湾交通大学恢复完整大学建制之进程

1957 年 10 月 24 日，台湾行政机构会议决定，准允交大"复校"由台教育主管部门先行筹备。次年 6 月 1 日，台湾交大电子研究所正式成立。初时电子研究所教学用房、学生宿舍均为友情租借，甚至教授俱为一时之选，如张丹、许照、李学贤、杨进顺、方声恒、李新民、周德禄等。[17] 研究生开设的课程则主要有：电磁波、电子管、电子实验、网路分析、近代物理、应用数学等。台

湾交大由所至院至完整大学建制进程加快，主要得益于 1961 年，台教育主管部门与国际电信联合会签约，用联合国基金 296000 美元在交大电子研究所设立电子训练中心，因此项目的执行，同时配以交大海内外校友的积极协助，台湾当局相关部门，如台行政机构科学委员会、台教育主管部门的拨款随之增加，由此交大电子研究所的专门师资和设备之补充，开始相对充实。台湾交大借助电子科学研究成果来提升学校的影响，借此早日达成恢复完整大学建制目标的思路非常清晰。1962—1964 年，电子研究所完成了多项岛内第一：1962 年 2 月，用联合国特别基金租用的电子计算机完成安装调适，电子计算机中心由此成立并正式开课，设微波电子和近代通讯两个训练班计 26 位学员，由 4 名联合国专家授课；与此同时，中心一经成立即投入科研，开发自制出台湾第一台电视发射机，并用于岛内教育电视台，是为电视广播首创；之后不久，岛内第一台电子计算机、第一部固态镭射，自制的发射真空管、电晶体、1000 瓦电视发射机、半导体实验室等相继研制成功或设立。鉴于台湾交大电子研究所在发展电子科技和人才培养方面在岛内的突出地位，台湾教育主管部门遂"责令"（1964 年 6 月）交大设大学部，内含电子物理学系、电子工程学系，并参加同年的大专联招，两系共录取新生 83 人，此为台湾交大本科教育的开始。至 1965 年，台湾交大兴建了实验馆，自制氦氖气体镭射和积体电路成功，由此促成自动控制工程学系之设立（后改称计算与控制学系，再改名控制工程学系）。1966 年 8 月，增设通讯工程学系（后改称电信工程学系）。至此，大学部已设有电子物理、电子工程、自动控制、通讯工程等四系，校名仍沿台湾交通大学电子研究所之旧，名实不一，屡生困扰，遂于 1967 年 4 月呈文台教育主管部门，请准正名为台湾交通大学工学院。同年 7 月，奉准台湾交大电子研究所由所改制为台湾交通大学工学院。1968 年，电子研究所增设博士班，成为博士、硕士、学士等学制一应俱全之岛内知名大学。1970—1972 年，新设管理科科学研究所研究所硕士班，之后又在前者基础上设管理科学学系；应用数学学系、计算器科学学系等也渐次设立。1973 年，商船同学会发起请求恢复交通大学名称，设立商船学院的活动，并由海外校友联名致函台教育主管部门和交通主管部门，同年夏，台湾教育主管部门"部令"台湾交大工学院增设海洋运输学系及航运技术学系，并于暑期招生。至 1978 年，台湾交大又先后新增计算机科学研究所硕士班、运输工程与管理学系、机械工程学系、运输工程研究所硕士班、应用数学研究所硕士班、交通工程学系等，开始兴建占地 32 公顷的"光复校区"。1979 年 8 月，奉准恢复台湾交通大学建制，分为理、工、管理三个学院。

台湾有"理在清华、工在交大"的说法，故若细分交大这三个学院的内设专业，可以看到该校着重新技术，着重应用、并以自身之长寻找最合适之学科发展的思路。如台湾交大工学院，以当时新兴电子通讯类科技为主导，所系往往也是对应设置，借此不仅可凸显特色，也可实际支撑研究与教学统一的理念；又如理学院设置之电子物理、应用数学、资讯科学、光电工程、计算机科学等系所，体现了交大重学理应用的思路；而其管理学院之系所设置，也明显与一般大学的管理学院不同，具明显的交通行业背景，如海洋运输学系、航运技术学系运输管理学系等；另外，这些学系之设置由"商船同学会"校友促成，此举似也可理解为一种传承该校大陆时期传统学科的"怀旧"诉求，当然这也是台湾交大的特色。

五、辅仁大学恢复完整大学建制之进程

1961 年台湾教育主管部门核准辅仁大学先行成立文学院哲学研究所，当年只招了八位研究生，初始招生人数是在台"复校"诸大学中最少的，却是发展速度最快的大学。这与辅仁主要是侧重于文理学科，与工科相比投入成本较小；另外，辅仁大学与其他"复校"大学在管理体制方面还有一个重要区别是：该校对外名义上虽为一个大学，总体建制隶属梵蒂冈，但内部管理却采类似英美中世纪联邦制大学的学院模式，实际运行均由各学院负责，其中共同构成辅仁"复校"的三个宗教单位，即圣言会、耶稣会、"中国主教团"，他们在校务发展、院系筹设等均有各自的执掌空间，如"中国主教团"（后更名"中国圣职"）负责文学院之筹设，圣言会主导理学院及外语各系之筹设、耶稣会主导法学院之筹设。而辅大初始"复校"的三个学院，除文学院外不设院务长，该职务由

校长担任外,其他两个学院依其主办之宗教团体背景,分设教务、训导、总务,分别管理内部行政和教学事务;各学院有权自行聘任本院教职人员,自行进行筹款,也就是说各院人财物都为独立运行。而"校本部的总务主任,实际上只是整集了各单位的财务报表,然后向台教育部门呈报"。[18]辅大这种合作又分治的方式,固然有碍学校整体的事权统一,但客观上也给各学院充分发挥各自优势,激励各相关教会的积极捐赠,拓宽经费来源渠道等提供了方便,进而为辅仁快速发展提供了拓展空间。当然,台湾当局非常支持辅仁也是促其发展快速的原因之一。1967年6月,宋美龄首肯任辅仁名誉董事长,同年7月24日,因时任董事长田耕莘枢机去世,董事会又选举宋美龄任董事长,时间长达25年,[19]辅大校史谓宋美龄从不干预校政,但蒋夫人的招牌当然能为辅仁发展起到重大保护作用。

上述因素叠加,使得辅仁由所至完整大学的进程异常迅速。从"复校"初始只有一个研究所,八名学生,仅用了不到两年时间,到1963年,随着该校新庄校区第一批校舍的落成,学科便已形成文、理、法三个学院九个学系的规模,初步达到大学的标准。其中文学院设中文、历史、哲、外语(分英文、德文二组)四学系,法学院设法律、经济、工商管理三学系,理学院则设数学、家政营养二学系。同年6月,台教育部门核准设立理学院和法学院,加上之前的文学院,这三个学院就参加了当年的大专联招,共录取本科新生近500人。[20]这个数字几乎是同为文科背景的政大首次招收本科学生数的3.12倍(政大数为160人)。至2016年,辅仁已有文学院、教育学院、传播学院、艺术学院、医学院、理工学院、外语学院、民生学院、管理学院、法律学院、社会科学院等11个学院、48个硕士班、23个硕士在职专班、11个博士班,在校学生逾27000人,为岛内外具较大影响的综合性大学。另外补充说明一点,辅大之所以能持续快速发展,与其校内的合作分治制,从初期历经磨合到1972年达成共识,也同样不无关系。这个共识是:[21]在遵守相关法律的基础上,尊重三个单位联邦制的性质。董事会成员由三单位各派三名代表及主教团代表组成,而辅仁校长也尽可能由三单位代表轮流出任。

六、台湾中央大学恢复完整大学建制之进程

相比其他几所大学，台湾中央大学是在台"复校"进程相对坎坷的"国立"大学之一。如本书第五章第一节所述，台湾中央大学这所曾为民国时期学科数量、教授人数最多，综合实力最强的公立大学，在1954年台教育主管部门向台立法机构教育委员会提出的数所"复校"大学计划中，竟然没有列入安排。得益于1956年中大在台诸校友锲而不舍的持续努力，终于在1962年修成正果，获准以台湾中央大学地球物理研究所的名义"复校"并于当年开始招收研究生。不过，台湾中大"复校"后的校地苗栗将军山地处偏僻山陬，交通不便，虽有20甲，但分成12甲与8甲两处，且山地陡峭，可供建筑校舍使用之地仅2～3甲；后经协商，苗栗县政府以二平山5甲3分地交换。此地虽较平坦，若只办一个研究所自当足够，但若要实现中大校友逐步恢复完整大学建制之目标，定格苗栗，不仅校地狭窄，且仍存在交通不便利等先天制约因素，"对外交通只有铁路和公路的山线可以通达，遂而使师资的延揽颇感不便。专任教授无法在他校兼课，多半会影响生活。兼任教授则每上一次课就要坐往返4个小时的火车"。[21] 凡此种种，若不重新择地迁校，台湾中大的"复校"之途，恐怕就会仅止于地球物理研究所，这当然不能接受。于是，台湾中大"复校"后的首位校长戴运轨（实为地球物理研究所所长——作者注），到任伊始便动了北迁重择校地的想法。他基于"便于延揽师资，面积足够发展"的两大前提，通过细致精选，遂选妥中坜双连坡为新校址。这块地共计50甲，其中30甲由中大购买，另20甲由中坜公所与当地士绅赠送。不过，早在台湾中大拟另择校地尚未付诸行动时，苗栗地方当局就表达了强烈不满的态度，1967年县议会竟越级向学校直接发函，敦促台湾中大尽早在二平山成立大学部；同时又以"临时动议"形式呈台教育主管部门，认为"戴运轨实非主持教育之适当人选"，建议"另遴派所长"。[22] 县议会甚至还致函台财政主管部门、台审计主管部门等，要求"剔除中大迁校预算"。另外，台湾中大在排除困扰终于得以在中坜兴建新校区时，因利益分配致部分业主刁难，使施工过程中曾遇到诸多阻碍，学校只得请求"'政府'

强制执行","中坜警察分局长，率同六七十个警员，到场维持秩序，并有热心教育的地方人士到场劝说业主让步"。[23]

1968年4月，时任"总统府秘书长"的张岳军，签奉批示台湾教育主管部门："准照闫部长（闫复兴——引者注）并照戴院长意见，国立中央大学理学院决定在中坜早日兴建，不得再有其他意见，以免延误。"[24]校址问题一经尘埃落定，台湾中大由所至恢复大学建制的进程明显加快。同年5月，台湾中央大学即奉准设立大学部，内设物理学、大气物理学二系，并于同年参与大专联招。校名则暂改称台湾中央大学理学院，原地球物理研究所改制为院。戴运轨改任院长。至1978年，台湾中大先后奉准增设数学、化学工程、中国文学、外国语文学、土木工程、生产工程等学系，以及数学、化学工程、物理与天文、大气物理等四个研究所。至此，中大校友会呈请台教育主管部门恢复"国立中央大学"校名，次年7月，中央大学校名奉准正式恢复。其时设有理、工、文3个学院，共10学系，7个研究所。

有一点蛮值得讨论，台湾中大、清华、交大三校，"复校"定位均为偏理工方向，其中清华尤重研究，这从清华研究所设置之多可见端倪；而交大则有偏工科、偏技术应用的取向；中大当然也是偏理工的学校；但三校在完全恢复大学建制时，只有中大设有文学院，这又显示出该校与另外两校的差异性。究其原因，据台湾中央大学有关档案，称戴运轨与时任台湾教育主管部门负责人的梅贻琦曾有口头洽定："清华先办理学院、交大办理工学院、中大则为文理学院。"[25] 显然，三校恢复大学建制初始的学院的设置，确对应了这个"口头洽定"。回看中央大学在大陆办学的历史，从该校老校长郭秉文倡导之"四个平衡"，其中有一条为"人文与科学的平衡"，作为历史办学传统的惯性，透过台湾中央大学恢复大学建制之初，就设置了文学院，亦能看见中大对该校大陆办学历史的传承。

第三节　传承大陆校风前提下的校务运作

对原大陆母校强烈的"怀旧"情感表达，是这些"复校"大学的共同特征。这可从精神传承及校内制度设计两个层面观察。精神方面，完整保留大陆母校办学理念的核心标志。其中政治大学之"亲爱精诚"、台湾清华之"自强不息、厚德载物"、台湾中央大学之"诚朴雄伟"、东吴大学之"养天地正气、法古今完人"、台湾中山大学之"博学　审问　慎思　明辨　笃行"，均为沿用大陆时期的校训，校歌、校徽等也一切照旧，台湾交大、辅仁两校的这些标志虽略有变动，但依然夹杂了浓厚的原大陆母校元素。如台湾交大校训"知新致远、崇实笃行"，由该校大陆时期老校长凌鸿勋于 1974 年手题制颁，文字表达与过去略有差异，却依然传承了"求实学、务实业"之老交大教育的特色。台湾中大、交大、清华三校，更是以"松、竹、梅——岁寒三友"并称，并视之为各校的精神象征。这里固然隐喻了对老校区、老校长的怀念，但"松、竹、梅"本身的中国传统文化意境，表达了他们与大陆母校一脉相承的情感诉求。

校内制度设计方面，"复校"大学依然传承了以教育优先之原则设计基本制度的大陆母校传统。大凡制订学校"组织规（章）程"，建立校务会议、行政会议、教务会议等决定学校发展诸事项的重要会议和各专门委员会之设立，均强调要在传承过去大陆校风的前提下，其文本表述、职能、成员组成等，同样沿用了大陆期间的理念和具体做法，由此可清晰找到各自在大陆时期的印迹。而通过观察参与学校这些重要会议制度之人员构成，是否含有不具任何职务的白丁教员，当然可以评价或判断学术权力与行政权力间的关系。以政治大学为例，该校在台"复校"之初制订的校务会议制度，关于会议参与人员之构成，有这样的规定：以校长、教务长、训导长、总务长、各学院院长、各研究所主任、各学系主任……及全体教授、副教授所选出之代表组成。[27] 该校还设有一个校级的"经费稽核委员会",当中规定:除校长、总务长为当然委员外,并由本校校务会议就出席人员推选委员五人(会计主任不入选,其中教员代表至少应三人)组织之,稽核本校经费收支事项。[28] 按说政大校风有偏保守的传统,然在台"复校"后校内之基本制度设计,仍相当程度反映了"教授治校"的理念。

"复校"大学与当局的关系,尤其是当学校的内部组织结构设置与当局的要求产生分歧,双方的处理方式,亦同样能看到相对平衡或适度妥协的包容。"复校"后的辅仁大学因采学院制的模式,故各学院均设有教务、训导、总务等机构,分别独立管理内部行政和教学事务。这种模式与"大学法"规定的不合处甚多,1970年8月6日,时任台教育主管部门"高教司司长"周广周出席辅大董事会,要求辅大尽快修正内部组织结构。他说:"贵校行政体系上与我大学法甚多抵触,本部自五十四年以来(1965年——引者注),曾迭次命令改正未果。今年3月10日,再令纠正,并责成于斌校长会同贵会在5月底以前办妥具报。5月27日,贵会开会,广周曾奉派列席,当时诸董事一致举手决议接受部令交校长执行,并于会后呈报本部……今日已是8月6日,贵会始讨论'辅仁大学改组方案'已嫌过迟,务期近日(至迟在开学以前)完成报部……绝对不可再延迟。"[29] 鉴于当局压力,辅大有所退让,遂回函表示:"遵照教育部命令办理行政组织的调整,凡法令所不允许之名义,在本校各组织中不得继续存在。"但在其内部具体处理中,则强调"各修会仍保持其独立性。各单位现有之财产与经济,除有关全校性者及公共费用外,仍保持其原有状况"。[30]

课程设置是反映办学品质和理念的核心观察指标,这里仍以政治大学为例,该校招收的首批中文专业本科生(1955年)开设课程如下:

"共同必修科目为:三民主义、国文、英文、国际组织与国际现势、中国近代史、体育等;文学类专业共同必修科目为:哲学概论、理则学(任选一种)、中国通史、西洋通史(任选一种)、普通心理学、自然科学概论(任选一种)、社会学、政治学、法学绪论、经济学(任选一种);专业科目为:国学概论、孟子、史记、左传(国学典籍导读计有十余门)、文学概论、应用文、新文艺习作、国文教材教法。"[31]

从课程设置不难看出，尽管当时的政治大学仍具浓厚的党派色彩，且处在20世纪50年代台湾"动员戡乱"体制与戒严的双重高压威权统治时期，但代表官方意识形态取向的科目分量并不多；相反，办学者在重视通识、文理交叉、东西文化平衡方面，倒是做了非常精致的考量，从侧面反映了"复校"大学延续民国大学教育优先、秉承自由学风的办学风格。

第四节　本章余论

台湾高等教育实质接受并沿用民国大学制度体系，始于光复之初的1945年。以台湾大学为例，该校由日据时期的台北帝国大学改名台湾大学后，首任校长即由曾任中央大学、浙江大学教授的植物生理学家罗宗洛执掌。1949年傅斯年出任台大校长，借助其与北京大学的深厚渊源，在延聘诸多大陆学者如毛子水、董作宾、屈万里、王叔岷、李济、凌纯声等，"不少课程设计之标准与排列，都是参考北大清华者定之"外；[32] 针对台湾当局要求台大所有公教人员都要办理"防共"的互相联保手续，傅斯年称"凡是在台大任教或服务的教职员，每个人都思想纯正，没有'左倾'思想，故可由他一人保证，不必办理什么联保手续。万一出了任何问题，他愿意负全部责任"。[33] 可以说，傅斯年在移植民国大陆大学制度体系的同时，还移植了民国大学尊重并保护学术自由的校风，由此奠定了台大的现代大学精神与制度基础。随着国共内战结束，国民党当局退台，实际全面延续了大陆时期的统制模式，尤其是当大批原民国大陆大学陆续在台"复校"，台湾高等教育与大陆不可分割的脉络关系更加明确。因此，将台湾的"复校"大学和之前国统区的民国大学连接起来，并视之为一个在历史变动中存在着前后沿革关系的制度范式加以比较研究，不仅可清晰看到民国大陆大学精神在海峡对岸的传承与延续，纯从高等教育学的角度观察，双方"系出同源，一脉相传"。

"西方的学术自由和大学自治，经过同中国传统文化的不断作用和适应后……它在保持中国传统和世界大学制度互相接轨中，成功找到了平衡点。"[34]
事实上，"复校"大学在传承大陆母校精神的同时，对台湾的历史和现实亦同
样保持着密切的关注，通过多年持续且稳定的发展，这些学校都已建设成为岛
内外知名的综合性大学。在台湾当局"发展国际一流大学及顶尖研究中心计划"
中，本书介绍的五所"国立"大学，均入选第一期第一梯次院校；东吴、辅仁
两校则在台湾"奖励大学教学卓越计划"中，连续 10 年（2005—2015）入围；
上海交大所发布的 2013 年世界大学学术排名，台湾清华、交大、中央、中山大
学四校进入 500 强；在泰晤士报 2013 亚洲大学前一百强排名中，台湾 17 所高
校入围，其中台湾清华、交大、中央大学、中山大学列前 50 强；这个排名说明
目前台湾高等教育整体办学水平和效率，于两岸比较并不落后，而"复校"大
学于台湾高等教育格局中更是处在领军位置。

　　毫无疑问，在中国现代高等教育的发展格局中，台湾与大陆之间有着不可
分割的关系。但这种关系的脉络究竟如何，作为中国近现代高等教育重要遗产
的民国大学，在台湾有着怎样的承续或是流变？尤其是比较台湾以"复校"大
学为代表的高等教育发展，可以加深对台湾"复校"大学教育学意义的深度理解，
而这无疑是一个重要且值得关注的研究领域。

　　由于两岸曾长期对立缺乏交往，加之资料搜集难度等因素，大陆学者对台
湾"复校"大学的关注的不多。而在台湾岛内，对"复校"大学的专题研究同
样尚未开拓，仅见过的极少数研究论文，作者的学术观点也是在"去中国化"
的角度上，认为"复校"只是盗用了大陆原校名，名不符实，不过是一些有中
国情结人士为延续正统的慰藉和寄托。尤其是李登辉、陈水扁执政期间，因刻
意切割台湾与大陆之历史关联，反中的"教育台独""文化台独"意识，在岛
内已经有了相当的民意基础。蔡英文上台后，其理念"台独"的本性亦较前者
更加明显，推进"教育台独"也更全面、系统，力度更大，因而成效可能更明
显，后果可能更严重。2017 年 3 月 31 日，台湾政治大学秘书处发布一则启事。
启示是这样写的："政大目前针对现行校歌 [35] 议题，希望广纳所有教职员生及
校友的意见，提供'检讨现行校歌委员会'汇办，最后会将搜集到的问卷结果

及意见,送交校务会议供议决参考。"像政大这样具纯大陆元素,加之其特殊历史背景,校歌不仅已然为政大内化的文化基因,也是其创校宗旨和立校精神特色之所在;若改其校歌,校名、校训是不是也要改?几乎与政大成立所谓"检讨现行校歌委员会"之机构的同时,台湾又有团体要求岛内凡以"中正"为名的学校必须改名。对此,台湾中正大学校方回应道:"难道要改为阿里山大学吗?"由此再联想到近年来,包括政大、辅仁等"复校"大学,已经发生多起学生恶意污损校园内蒋介石铜像的事件,说明"台独"势力企图借助去蒋达到"去中"的目的。很难想象,倘若"复校"大学为适应本土化的诉求,纷纷修改其在大陆创校时就设立的校训、校歌之类,而这些反映他们办学核心价值的历史元素,一旦去除,如上所述,校名是否也要改呢?

因此,把台湾"复校"大学置于中国高等教育整体发展大格局下观察,将其与原民国大陆大学对接并作整体把握分析,以对这类大学做出完整客观的评价,同时,通过这种评价建构共同的历史认同感,充分揭示其在台湾光复后高等教育发展及传承中国元素所具有的深层意义,这不仅可为佐证大陆与台湾之血脉相通提供强大支撑,也能拓宽中国高等教育发展史的研究视野。

参考文献:

[1][11][12]杨其铣.坎坷的"复校"路程[EB/OL].[2014-1-18].http://webbuilder.scu.edu.tw/builder/web_page.php?web=194&pid=1433。

[2]盛庆琜.新开光复校区记.台湾"国立"交通大学世纪校庆编辑委员会.百年树人——交大世纪之庆特刊.台湾新竹:台湾交通大学,1996:43。

[3]颜沧波.中大地球物理系所地质教学之回忆.中央大学70周年特刊委员会编.中央大学70年:"国立"中央大学建校70周年纪念特刊.(台)台湾中央大学.1985:205。

[4]王宏志.最艰苦的一年.(台)中央大学通讯(第1期).1969.6.9:9-10。

[5][21][22][23][24]戴运轨.八十回忆录.(台)中外图书出版社,

1982:23-24，43，44，24，22。

[6][7][8][9][14][15][27][28][31]台湾政治大学校史编撰委员会."国立"政治大学校史稿.台北：天文印刷有限公司，1989:219-220，221，222，218，226，239，239，271。

[10]宋恩荣等编.中华民国教育法规选编.江苏教育出版社，2005：417。

[13]黄妙婉.卫理公会与台湾社会变迁.合肥工业大学出版社，2011:162。

[14][16]赵赓飏.协助清华在台复校琐忆（续完）.（台）传记文学，1982.7:139，141。

[15]黄延复等.一个时代的斯文——清华校长梅贻琦.九州出版社，2011:280。

[17]台湾交通大学世纪校庆编辑委员会.百年树人——交大世纪之庆特刊.台湾新竹：台湾交通大学，1996:27。

[18][19][20][30]陈方中.熠熠生辉——辅仁复校50周年纪念特刊.（台）辅仁大学出版社，2011：27，34，30，40。

[25]（台）中央大学总务处文书组档案：1967-003-3。

[26]梁秀贤.我们都是清华人.吴泉源编."国立"清华大学校庆百年系列丛书之"话说清华".台湾新竹：台湾清华大学出版社，2011:123。

[29]辅仁大学董事会第三届第三次董事会会议记录.辅仁大学校史室编.台北辅仁大学史料集（一）.辅仁大学出版社，2011:436。

[32]王小平.跨海知识分子的个案研究（博士论文）.复旦大学中国语言文学系，2007：142。

[33]黄得时.傅斯年与台湾大学.台北：联合报，1986-11-15:第8版。

[34]〔加拿大〕许美德.中国大学：1895—1995一个文化冲突的世纪.许洁英，译.北京：教育科学出版社，2000:91。

[35].政大校歌创作于1940年，由政大前身，时任国民党中央政治学校教育长陈果夫作词，李抱忱作曲；歌词是：政治是管理众人之事，我们就是管理

众人之事的人；管理众人要身正，要意诚，要有服务的精神，要有丰富的智能。革命建设为民生，命令贯彻，笃信力行，任劳任怨负责任。实行三民主义为吾党的使命；建设中华民国是吾党的责任。完成使命，担负责任，先要我全校师生亲爱精诚，进而使我全国同胞，亲爱精诚，亲爱精诚！参见：政大八十年校庆纪念特刊.2007:11。

第七章　原民国大学通才教育理念在台湾的传承与发展

埃里克·阿什比（Eric Ashby，1902—1992），为一位生态学背景的英国高等教育学家，他将生物学的遗传、环境、变异等理论，移植到高等教育领域，曾提出过一个观点："大学是继承西方文化的机构。它保存、传播并丰富了人类文化……像动物和植物一样地向前进化，所以任何类型的大学都是遗传与环境的产物。"[1]

台湾高校通识教育进程较为顺遂，现已完成普及并进入深化阶段。就此归因，显然与20世纪50年代，台湾以"复校"大学为主体的大学制度构建，较好传承了原民国大学重通才教育之传统密切相关。分析台湾"复校"大学在重建之初，于通才教育方面的教学制度安排、课程设置、保障机制等元素，可清晰观察到"复校"大学对原大陆母校教育传统之坚守和持续推进的过程。因此，把阿什比"大学遗传环境论"的观点运用到通识教育领域，并将其视角延伸至海峡对岸，顺着传统"惯性"的路径，观察台湾高校通识教育背后之历史遗传元素，似能于下列两个要素方向寻找到注脚：

第一，遗传与环境系一对相关概念，前者指大学是历史沉淀和传承的产物，其教育理念、基本制度设计源于"共同一致的理解"，这是支撑大学合理存在的内部逻辑；环境指影响大学变革的外部社会文化和政治体系。怎样使大学在尊重传统并保持内部逻辑之核心价值基本稳定的前提下，于外部环境面前："既不成为无定见的顺风倒，也不顽固保守而偏执不化。"[1]遂于遗传和环境间保持动态平衡，为提升人才培养品质，办好大学的前提。

第二，归纳台湾高校通识教育发展进程顺利的传统元素，认为存有明显的原民国大陆大学重"通才"教育之遗传基因。目前，台湾高等教育综合实力靠前，知名的主流综合性大学大多仍为沿用原民国大陆大学校名的"复校"[2]大学。"中国大陆失守后，台湾的高等学府，除了渐渐扩充规模外，不少大陆上的大学纷纷在台湾复校。教授也转来台湾任教。不出十几年，政治大学、东吴大学、清华大学、交通大学、中央大学、辅仁大学、中山大学……台湾的高等学府，俨然形同一个'小中国'。"[3]即如当时岛内唯一的综合性大学，台湾大学，也同样与原民国大陆大学有理念上之血脉关联。该校光复后的九任校长均由原大陆名校学者担任，其中第四任校长由曾任北京大学校长的傅斯年担任。大学教师构成方面，缘于日据时期"大学限制台籍生就读文、史、哲等现象……1944年时，所有台湾高等学府之教师员额共322人，台籍者只有14人。就台大言，也只有医学博士杜聪明一人是台湾人外，其余皆为日本人"。[3]故在台湾光复之后相当长的时间里，台湾各高等学府之"系主任、所长、院长、及校长，几乎清一色为中国籍"。[3]如前所述，近些年来，基于所谓台湾主体意识的强化，岛内存在切割与大陆之历史关联的考量，认为"复校"大学是新酒装旧瓶，名不符实，不过是一些有中国情结人士延续正统的慰藉和寄托；但台湾的大学体制与1949年以前的原民国大陆大学系出同源，一脉相承是不争的基本事实。

故本章拟从大学遗传环境论的角度出发，就民国时期的通才教育理念、课程设置、"复校"大学初始阶段如何传承大陆时期重通才教育的传统等角度展开讨论分析，借此说明当下台湾高校通识教育之进程，与原民国大学的遗传基因是密不可分的。

第一节　通才教育思想始终占据民国大学的主导位置

通才（通识）教育为近现代大学的一种教育理念，出自 19 世纪初的美国。产生背景与工业化进程致大量职业课程进入大学，专业教育遂开始挤压传统人文和科学教育等因素有关。如何在极度专业化的时代，防止大学教育过度向职业教育方向倾斜而导致知识碎片化、功利化，平衡传统大学理想与知识专精分化间的问题，期许学生在专业之外"学习一些共同的知识，使之成为具有共同思想观念的社会成员，以维持一套共同的价值观念"[4]，有识之士乃力倡通识教育，这是通识教育的起因。在美国人的语境里，通识教育为脱胎于欧洲自由主义教育传统，同时结合美国国情的产物。从这个角度分析，通识教育与欧洲经典大学之自由教育的目标是一致的。或者说，"自由教育可以看成是通识教育的早期阶段，它们本质相同但程度有所差别"。[5] 将这个比较延伸至台湾观察其通识教育的进程，原民国大陆大学所奉行的通才教育亦同样可视为台湾地区当下通识教育的早期阶段，彼此目标一致，差异仅在顺应时势情境变化所体现的内涵宽度和广度方面的不同。

一、中国创建现代大学之初，通才教育思想即以法律形式得以保障

中国近现代大学制度系横向移植非纵向继承的产物。既然"吾国今日之大学，乃直取欧洲大学之制而模仿之，并不自古代太学演化而成也"[6]，因民国初期北洋政府管理教育的机制相对宽松，倒予中国借鉴西方教育模式提供了一个难得的改革实践机会，使得民国初年便出现了一批睁眼看世界具反省包容心态的办大学者。他们执掌大学之初，便基本摆脱了清末"教育新政"对西方文明器物化的认知层次，在移植西方大学自治制度的同时，也在融合中国传统教育重修身伦理的基础上，接收了欧美大学基于自由教育理念而衍生出的通识教育思想

和通识课程。尽管在通才与专才方面存在争执或摇摆，但至少在理论和制度层面乃至具体的课程设置，通才教育受到了普遍认可，却是不争的事实。1912 年由蔡元培起草的《大学令》，明确大学的培养目标是"教授高深学术、养成硕学闳才，应国家需要为宗旨"[7]，强调大学通才教育的思想显而易见。

　　这里首先以民国初期仅有的两所国立综合大学，北京大学和东南大学为例，这两所大学的教育理念，作为中国近现代大学教育改革的起点，可以反映西方近现代高等教育制度舶来中国初时的基本状态。而之后中国其他大学的发展方向，也大多以这两所学校的发展模式为参照。可能与时任这两所大校校长的蔡元培和郭秉文之留学国别有关。蔡元培认为"窃查欧洲各国高等教育之编制，以德意志为最善"，故他在就职北大校长演讲中激励学生接受"世界上和生活中的新观点"，在校期间"把致力学习当作不容推卸的责任，不应把学校当作升官发财的垫脚石"。[8]具体到读书习惯，他提出的"融通文理两科之界限""学术分离""于专精之余，旁涉种种有关系之学理"[6]等通才教育思想，对帮助中国学生摆脱科举承袭下来的"局守一门，而不肯稍涉其他"之类旧习，最终达至以"科学为单纯目的"，意义重大；而这又和洪堡（Wilhelm von Humboldt）"为科学而生活"[9]之德国近代大学改革的主旨精神密切相关。与蔡元培较少关注大学教育的实用功能不同，留美教育学博士郭秉文的大学理念，则推崇既传承了欧洲大学要素，又于教育、研究之外扩展出大学服务社会之职能，并已为欧洲各国大学竞相效仿的"世界教育史上独一无二的机构"[9]的美国综合性大学的影响颇深。作为对传统"教育不为实际与日常生活而设，乃为官吏之养成"[10]的一种拨乱反正，郭秉文的通才教育实践就是打破学科界限，基础学科与应用学科并重，实施主辅系交叉选课制等，借此实现其"通才与专才""人文与科学""师资与设备""国内与国际"四者间的"平和协进"，其中"通才与专才""科学与人文"的平衡，又无疑是郭秉文教育理念的核心。当时执教东南大学的茅以升曾有一段文字，颇能说明这个学校人才培养特色："本大学学制以农、工、商与文、理、教育并重，寓意甚远。此种组合为国内所仅见，亦即本大学精神所在也。"[11]

课程设置是反映民国初年大学通识教育理念是否真实付诸实践的核心观察指标。五四新文化运动后，各种外来思想风行，其时"一知半解的人拾了这半生不熟的主义，去做口头禅"[12]的浮躁现象颇多，故按西方尤其是美国综合性大学通识教育理念、制度设计及教学方针建立与专业教育同等重要并相对完善的课程体系，抑制职业教育对人文教育的排挤是一件极难的事。这里，观察民国北洋政府的作为和与当时国立大学的相互关系，是一件值得思考的事情。一方面，政府视仿照欧美范例建立现代大学制度，为实现国家教育改革所必需的部分而加以重点关注；另一方面，对于执掌国立大学的大学校长，"随着1912年民国的成立，它把政府的控制权移到了民众的手中，在大学内部也体现了这种新的精神"。[6]得益于政府对大学校长之办学理念、办学行为采取了似管非管，无为而治的管控模式，反衬托出政府同大学在行政控制与大学自治间似存有某种相互平衡或依存意义上的"动态共生"关系。这种关系的好处在于，当时办大学者既是大学法规的制定者又是践行者；当然，这也保障了他们能以世界眼光，秉承教育优先的原则，将独立人格的养成置于办大学教育的核心价值来设置中国早期大学的通才类课程。其特点大致归纳如下：

以汇通东西的包容精神设置通才类基本课程。1913年，教育部发布《大学规程》，规定大学分文、理、法、商、医、农、工七科，去除清末偏旧习俗的读经科，将中国传统注重通、博的经史子集"四部之学"转到具西学分科特性的"七科之学"。[13]如把《诗经》归入文学，《尚书》《左传》归入史学。在通习性学习课程方面，在重视国文、外文的前提下，开始设置社会学、美学、伦理学、法学、心理学、经济学等反映西方社会科学发展和文明精神的科目；以1917年北京大学文科预科所设课程为例：三年学习时间中，共设英文、国文、西洋文明史、本国史、数学、本国地理、体操、伦理学、德文、法文等10门课程；[14]这10课程中，前5门每年均要修习，其他课程则分别修习1年或2年。这份课表科目分布虽相对单一，不成体系且均为必修，但作为中国现代大学通才教育理念实践的起点，它在汇通东西、文理融通，并尝试用涵盖中外历史、地理、伦理等多元学理来培养学生形成既尊重并了解传统，同时又具理性开放的意识方面，还是做了精致的整体考量。

　　实施选科制，建立与当时世界主流大学通才教育趋势接轨的教学制度。1919年，蔡元培接受留美学者胡适"力言美国学校单位制之善"[15]，并据其制订的实施之"细目详章"，废除仿日本相对固化的分科制及与之对应的年级制和学长制，在北京大学正式试行选科制，规定本科应修满80单位（单位即为学分雏形：每周1学时，学完全年课程为1个单位），必修选修各占一半；课程大致分为公共必修科、分科必修科（相当于专业课）、纯粹选修科三类。东南大学是紧随北京大学试行选科制的另一所国立大学，与前者"单位制"略微不同，该校实行主辅系选科制与学分制（本科得修满128个学分）结合的制度，在文理兼习、通专平衡，特别是预防学生选课避难就易"凑学分"，以及教员指导学生选课等方面作的制度设计，似较北京大学更加精致。如文理科学生在修完公共必修科（18个学分）、主系规定的必选科外（40～60个学分）后，根据主辅系之分，学生还须从甲组（中外语言、西洋文学）、乙组（历史、政治、经济）、丙组（哲学、数学、心理学）、丁组（生物学、地学）、戊组（化学、物理）5组中，每组各选与主修系科专业不同的课程1～2门（4～8学分）。1922年，北洋政府教育部吸取上述两校的改革经验，在《壬戌学制》中，以法律形式正式明确"大学校用选科制"。[16]自始，民国初年这项顺应世界潮流、以保障通才教育理想之"中国学制上一大革命"[17]，遂为之后各大学体现教育优先原则的基本特征，持续近30年未曾变化。

　　课程内容贯通文史哲，着重培养学生形成反省意识。1923年初，清华成立课程改革委员会，基于"方今国内大学，当务之急厥惟令学子了解中国之现状与其在世界上之位置，然后令其就各人之所长求得切实于实用之学术"的考量，由张彭春主持旧制课程向新制大学课程的改革。1925年，清华推出《大学部组织及课程》，把大学分为"普通训练"和"专门训练"两级。普通训练为期2～3年，专门训练视门类性质为期2或3年。此种分级，说明清华在办大学部之初，就明确大学教育由通识教育和专业教育两大部分构成，这是一个很高的起点。在普通训练的两年时间里，该课程方案强调"普通训练第一年级之工作重点在使学生知中国之以往与世界之现状，借以明了中国在此过渡时代之意义，此年内当鼓励学生使为择业之考虑。普通训练第二年级之工作重点在使学生了其所拟就之职业与此过渡时代之关系，在此年内对于将来职业或专门训练有关系之学科可以选习之"。[18] 依普通训练培养目标及与专门训练的逻辑关系，其第一年的课程为：修学目的及方法（1 单位）、国文（1 单位）、英文（2 单位）、近代科学思想发达史（2 单位）、机械技艺实习、实验科学——生物或化学或物理（3 单位）、中国及外国历史（4 单位）、第二外语、数学或读书（就必修科之一从事博览由教师指导之）（3 单位）、体育（1 单位）；第二年的课程为：国文（1 单位）、英文（2 单位）、现代中国问题（2 单位）、中国或西洋文学、中国或西洋哲学、社会学或经济学或政治学择一门（2 单位）、体育（1 单位）、其他选习（9 单位）。[18] 无疑，这是一个能真实支撑通才理念实施的课程体系。于设置的科目类别上看，人文科学、社会科学、自然科学三大学科并存，其中文史哲作为通才教育的核心，无论从教学时数或学分比例上，均占据了重要位置，体现了在重文理沟通的同时，着重培养学生人文理性的教育思想；于课程内容看，重用学科基本原理、概念来拓宽学生视野，进而启发跨学科的思考水准。如历史学的教学安排，均为中外通史并行设置，另为配合前者又设置"近代科学思想发达史""现代中国问题"等专史或专题课程，以为呼应。这种中外历史分别讲述，然后以中国为观察思考对象，借此让学生通过比较产生反省，进而萌生以天下为己任的情怀，所谓融汇中西便有了着落。

二、南京国民政府时期虽强调专才培养，但大学通才教育实践不退反进

1927 年，南京国民政府成立，出于对技术型、专家型人才的需要，主要从两个方面调整高等教育，一为人才培养定位由通才转向专才，1929 年国民政府公布《大学组织法》，明确大学以"研究高深学术养成专门人才"为宗旨；[7] 二是提出"大学教育应注重实用科学之原则"，学科设置和办学经费遂向理、工、

农、医等实科倾斜，对文、法、商、教育等科则限制招生或归并；不过，这两项调整只有重"实科"一项执行到位，如1931年，全国专科以上的学生总数为44167人，其中文科类学生占74.5%，理工类只占25.5%；到1935年，理工类学生比例达51.2%，超过文科。[19] 而通才教育取向似未因法律修改而弱化；相反，作为对民国北洋时期大校教学安排可能存在"自由放任"等现象的反省，1938年，教育部召开大学课程编制会议，根据拟订的文理法课程整理之"规定统一标准、注重基本训练、注重精要科目"三项原则，[20] 及"大学第一学年注重基本科目，不分学系；各大学仍采用学分制；各科目应有教师详细规定自习数目与其他参考资料；文法学院学生应研究古今名著，每科一种或数种……"等九条整理要项，于会后正式发布《文理法三学院共同科目表》。[20] 规定三民主义、伦理学、国文、外文、中国通史为文理法的共同必修科目；世界通史、哲学概论、理则学、科学概论择一（含数学、物理、化学、生物学、心理学、地质学、地学通论六科）、社会科学概论择一（含法学概论、政治学、经济学、社会学四科）为文法科生必修科目，理科生则为社会科学概论择一、普通数学或微积分择一。无论从通才教育的制度设计或从课程设置的体系分析，这份共同科目表较之民国初年都取得了较大进步。就教学制度设计而言，它把早先部分大学自发式的"一年级不分学系"之教育安排，上升成全国性法规，以此保障人才培养"由博返约之道"的顺畅；[20] 从科目设置的角度观察，针对之前缺乏完整学科边界的零碎式安排，在基本元理训练、学科布局、课程体系方面均体现了突出"教育"的考量。如在科目表之"中国通史""世界通史"对应的"备注"栏中，写有"注重文化之发展，包括西洋及亚洲各国史，注重各国文化之发展及各国与中国之关系"，显示当时办大学教育者具兼容并包前提下的多元文化情怀。当然，这个含教育标准化特质的"共同科目"，因带有明显的国家干预色彩，一定程度影响了大学的自主权。但总体说，它至少保障了实施通才教育理想已进入有章可循、有法可依的层次。故有学者称"共同科目表"的推出，是中国近代大学通才教育良性发展的"重要里程碑"。[21]

第二节　台湾地区大学通识教育发端于"复校"大学，
初始理念与实践同原民国大陆大学一脉相承

台湾学者探究其大学通识教育之历史原点，主流观点是把1984年9月台湾"教育部"发布《大学通识教育选修科目实施要点》，视为其大学全面推行通识教育之肇始，鲜少将其与原民国大陆大学传统作关联。不过，台湾高校通识教育一经当局推动，即从点滴蔚为潮流，流风所及，迅速成为岛内办大学、管大学者的共识；依本章起首处引用教育是遗传与环境良性互动产物的观点，以为台湾高校通识教育进程顺遂之原因，同原民国大学教育传统基因所起的"复制"作用是密不可分的。这里试从三个角度略加说明：

一、台湾光复后重建的高等教育制度，实为原民国大学体系之翻版

1945年光复之初，台湾仅有日据时期建立的六所学校（一所本科五所专科），分别是台北帝国大学、台中经济专门学校、台中农林专门学校、台南工业专门学校、台北经济专门学校及私立女子专门学校。于这些学校名称和学科类别可看出，日本人在台湾设置高校具有强烈的殖民地经济色彩，主要是为配合其"南进政策"，如台北帝国大学就附设"南方人文研究所""南方资料科学研究所"等机构；另外，台湾人入读大学人数和专业分布也与日本人相比极不协调："1944年台北帝国大学学生总数355人，其中台籍只有85人，其中医学部占80人，而文政学部、理学部、工学部仅5人。"[22] 由于1945—1949年正值国共内战，国民政府似无暇花费太多精力对日据时期留存之高等教育结构做大的调整或增设，除新建省立师范学院外，主要是将上述学校作改名、升格或归并等。如原台北帝国大学改名为国立台湾大学，原台中农林专门学校升格为省立农学院，原台南工业专门学校升格为省立工学院，原台北经济专门学校升格为省立法商

学院等。1949 年后，国民党虽已败退台湾，但因岛内经济艰困，政经方面的改革与稳定为当局的首要诉求，故至 1953 年，台湾高等教育机构的增设依然十分有限，仅有一所大学，三所学院及五所专科，数量少多为专科且不成体系，通识教育无论理念或实践均无从谈起。

1954 年后，台湾受益于土地改革成功，尤其是朝鲜战争爆发，台美签订所谓"共同防御条约"，使得台湾安全形势趋于稳定，于是当局开始大幅度增设高校数目，当中又以"复校"名义重建的大学为多。"复校"一词在光复后的台湾高等教育发展史中具有特殊意义，因为台湾大学制度重建实际是以"复校"大学的出现作为标志的。1954—1962 年，台湾当局陆续批准部分原大陆名校在台复建，如台湾政治大学、清华大学、交通大学、中央大学；私立东吴大学、辅仁大学等；无疑，于台当局言，将原大陆名校之名称和基本架构移植于台湾，隐喻有延续正统的意味；但此举确也缓解了台湾高等教育机构严重不足的事实。更重要的是，其时台湾光复时间不长，让部分原民国大学在台"复校"，由此构成台湾高等教育体系重建的核心与样板，这对于传承中国元素，去"皇民化"等方面言，不失为一种好政策。事实上，直到今日，台湾的"复校"大学仍为其大学体系中具引领示范特质的高水平大学。台湾当局 2006 年正式推出"发展国际一流大学及顶尖研究中心计划"（类似大陆 985 工程）中，上述最早复办的四所大学全部入围第一期第一梯次学校；而私立东吴、辅仁两校，则连续 10 年（2005—2015）入围台湾"奖励大学教学卓越计划"榜单。

二、最早正式向官方申请开展通才教育并获批准的学校（东海大学）即为"复校"大学

20 世纪 50 年代初期，美国纽约中国基督教大学联合董事会为纪念 1949 年前（The United Board for Christian Colleges in China，UBCCC），美国基督教教会在中国大陆设置的 13 所教会大学，开始筹措经费拟在台湾办一所传承原大陆基督教大学之教育理念，同时又具小而精致，学生人数约在千人以内，师生全体住校，以教学为主，注重劳作教育与通才教育的大学。1955 年台湾当局正式核

准东海大学正式成立。初创时东海校方为示延续并传承大陆之办学传统，也称"复校"。该校首任校长曾约农[23]应聘伊始，就提出："大学的主要目的在于保存与培养文化，不应囿于浅近的功利观念，因此各种课程之选定，务使能建立一种包括古风之文化环境。然后在此环境中，培养职业及技术专才。同时对东西文化、古今文化，亦必须相互沟通，彼此配合。"[24]曾约农的这种办学理念，显示通才教育已为东海大学既定的立校方针。为此，该校课程小组就课程设置、实施步骤、试行时间等，进行了反复讨论，并经东海董事会主席贾尔信（Dr. Arthur L.Carson）最终修订，于1956年7月，正式向台湾教育部门呈请试行"宏通教育"的《东海大学教育方案》。台教育部门回复，除建议将"宏通教育"改为"通才教育"外[24]，迅即批准试行。之后，东海大学专门聘请对美国通识教育颇有研究的斯基德莫尔学院（Skidmore College）教育系主任朱有光博士来校，负责指导研拟具体实施的《教育制度说明》和《课程说明》两个文件，以此确定东海的教育制度与课程安排。1957年3月，台湾教育部门以"台（46）高字第3979号令核准试行修正后之课程"[25]，至此，东海大学实施通才教育的办学方针获得官方认可并付之实行。

东海大学作为台湾最早实施通才教育的"复校"大学，不仅说明了教育传统惯性的力量，台湾教育主管部门的开明态度及该校通才教育起点之高也同样让人回味。台湾教育主管部门关于大学人才培养宗旨，一直沿用1929年国民政府公布《大学组织法》之"研究高深学术，养成专门人才"，此一宗旨到1994年台湾第三次修订"大学法"才改为"研究学术、培育人才"。而东海大学立校之初，即将学校定位为实施通才教育，与官方提法明显不相符合，但台湾教育主管部门"迅即批准试行"本身，表明管大学与办大学者在秉承"教育优先"原则方面，双方存有良好的沟通，这一点难能可贵。得益于当局的包容，东海大学的初始通才教育课程设置与教学安排，存有明显的自主办学特质且水平颇高。1950年，台湾教育主管部门规定的共同必修科目是："国文"、英文、三民主义、中国近代史、"俄帝侵略中国史"、国际组织与国际现势、军训与体育，共28-30学分。与之相比，东海大学则只保留了三民主义、体育、军训为共同必修科目，其他通才教育课程则按语文训练、自然科学、历史、社会科学、人文学科、综合讨论六大类自行设置。这种设置与"部定"科目有较大的区别，如历史科目，用中国史、西洋文化史取代中国近代史、俄帝侵略中国史；学分方面，东海大学"理学院通才科目为56学分，高出台湾教育部门规定26～28学分，文学院则为71分，高出41～43学分"。[25]

三、"复校"大学传承校风前提下的教学运作，亦为延续大陆时期通才教育理念的自然表达

对原大陆母校强烈的"怀旧"情感，是上述第一批在台湾"复校"大学的共性特征。这些学校不仅几乎完整保留大陆母校创立时制订的校训、校歌甚至校徽等反映办学理念的核心标志，教学安排也基本沿袭民国大学之旧例。所谓沿袭旧例，可从四个方面观察：

一为"复校"之初，各校通才类课程安排仍大致按1938年国民政府颁布之《文理法三学院共同科目表》之相关要求设置。以1959年台湾政治大学文学院本科各学系的课程设置为例，共同必修科目：三民主义、"国文"、英文、国际组织与国际现势、中国近代史、体育等；专业共同必修科目：哲学概论、理则学（任选一种），中国通史、西洋通史（任选一种），普通心理学、自然科学概论（任选一种），社会学、政治学、法学绪论、经济学（任选一种）；[26]另如观察台湾中央大学的共同必修课程、选修课目及所占学分，据台湾教育部门主编的《第四次"中华民国"教育年鉴.1976》的有关数据，该校是这样安排的："国文"8学分、英文8学分、中国通史4学分、中国现代史2学分、"国父"思想4学分，六选一（国际关系、理则学、宪法、社会科学概论、自然科学概论、人文科学概论，2学分。这种课程设置及教学安排，较好对接并传承了民国大学重通才、重中西文化平衡、重文理融通的传统。

二为积极开设人文社科类专题讲座，弥补通识课程不足。从学科设置的角度言，早期"复校"大学，除政大、东吴、辅仁几所偏人文社科的大学外，其他几所均为先设工学院或理学院，按理似乎有偏专才的趋势。戴运轨在其《八十

回忆录》中谈到，台湾中央大学在台湾"复校"后，虽早期仅设一个理学院，但为延续该校大陆时期专才教育与通才教育平衡的校风，曾"多方邀约文法、政治、经济、新闻等专家学者名流，经常莅校对全体同学，作专题讲演。如张其昀、徐伯园、乔一凡、余纪忠、张宗良、何浩若、杨森、黄季陆、楚崧秋、任卓宜、谷正鼎、易劲秋、邓公玄、郭骥、皮宗敢、刘锡五、蒋廉儒、钟义均、陈启天、查良鉴、杭立武、杨希震、胡秋原、王作荣、李崇年、周道济、宋希诸先生，都在中大的秉文堂上或图书馆大厅以及运动场司令台上，发表过讲演，使中大师生受益匪浅"。单看这一长串名录，不难看到台湾中大"复校"之初，各类人文讲座的密度之高。

三为拓宽延伸共同必修科目之"国文"和英文的影响维度，以此凸显通才教育的理想。由于处在"戒严威权时期"，较私立大学言，台湾清华、交大、中央大学等早期"复校"大学，自主设置通才类课程的空间更容易受到"部定"共同必修科目的限制，加之这几所学校复办之初，均为用原大陆校名加研究所的名义招收研究生，而恢复本科招生大多始于 20 世纪 60 年代中后期；故这些学校多借助深化国文和英文教学，来达成通才教育的目标。如台湾交通大学，该校自 1964 年开始招收本科生后，就通过分别设立"国文"英文"教学研讨会"，要求专任教师须定期就经典阅读、作业批改、教材内容与方法之随时改进等交流经验；同时，每学期开展一次学生作文和书法比赛，并会同中华文艺复兴委员会、孔孟学会等校外团体设置针对学生的征文赛事，学校择优给奖。这种自然延续大陆母校重视"国文"、英文教育传统的做法，如盛庆来（1972—1978 年，任新竹交大校长）所言："我校自唐前校长蔚芝先生时代，于工科本身教育而外，更重视国文英文教学，提倡不遗余力；诚以国文英文，不仅为日常生活与夫为学治事之基本工具知识，抑所以厚植阅读及表达能力，因而拓其识见，恢其襟抱，此与大学通才教育理想之关系最为切著者也。"[27]

四为设立具有正式编制的共同学科，从制度上保障通才教育理想的顺利实施。1981 年，台湾清华把原处于教务处行政体系下的"共同学科"划归至理学院，设立与其他学系平行，具有正式行政编制和独立预算，专职通识教育行政与规划的教学单位，以取代早先相对松散且科目单一的"教学研讨会"，这种制度设计，为当时岛内大学中非常特别的一项举措。1984 年，台湾清华成立人文社会学院，共同学科隶属其中。1989 年，台湾清华决议，将具官方意识形态控制色彩的共同学科改名为"通识教育中心"，此一改制为台湾地区高校通识教育具里程碑式效应的首创，之后各校纷纷效仿，由此促成台湾高校进入通识教育普及时代。故这里尤需强调一个基本事实：早期"复校"大学对原民国大学通才教育传统之坚守和持续改进，都早于台湾教育主管部门正式要求各高校实施通识教育的时间节点，且理念和实践进程均从未停止过。

第三节 台湾高校通识教育之发展趋势

受益于原民国大学重通识教育传统的基因复制，经过半个多世纪无大干扰之自然延伸进程，台湾高校通识教育现已完成普及并进入到深化阶段。关于深化的标志，于官方层面解读，1999—2001 年，台教育教育主管部门委托台湾通识教育协会，对岛内部分院校的通识教育实施情况进行评鉴工作。这种专门针对高校定期开展的"大学通识教育评鉴"制度，使"台湾的大学通识教育已经达到一个前所未有的高峰"。[28]2004 年始，台湾教育主管部门又在反映大学综合办学水准的"校务评鉴规划与实施计划"中，将通识教育纳入，成为"校务类"栏目内的一项独立指标；该指标着重对各大学：是否鼓励兴办通识教育、通识教育特色、反省察知自身通识教育存在的问题、如何改善并解决等四项具体内容进行评估，[29]结果向社会公布。透过台湾通识教育评鉴制度设计，说明通识教育地位和实施情况，列入了教育主管部门评估高校综合办学水准的一项独立指标，这是颇难得的一种官方态度。而从学校的角度分析，自 1995 年台湾"大法官"裁定"大学共同必修科目逾越母法且与宪法之教育宗旨不符"后，原先由官方指定的共同必修科目不复存在，台湾高校通识教育遂进入校本化进程。所谓校本化，就是在回归教育基本面的前提下推展自身特色，持续改进并提升通识教育的品质，防止大学教育主体性的日渐萎缩。目前，台湾一些主流大学的通识教育发展，择其要点，如下几点值得关注：

对通识教育的认知成为能否任大学校长的一个重要条件。推动通识教育实践，与校长的认知和学校专责此项工作的机构负责人对此是否有全局视野密切相关。2013年3月，台湾大学采用新制遴选校长，其时本书作者正在台湾政治大学访学，有幸看到台大六位候选人的完整竞选视频资料，发现所有竞聘者在短暂的发言时间内，均有专门部分表述其对学校通识教育之定位和发展目标的独立思考，记得初始反应就是两个字："感动"。这种感动源自通识教育于台湾已成为真实且基本稳定的教育核心价值，而不仅是空谈理念。另据笔者与台湾东吴大学通识教育中心主任的一次交谈，在问及通识教育中心负责人的基本素养时，他认为专业背景倒不重要，但关键是必须对通识教育之推行有理念坚守并具奉献精神。这个回答同样给我留下很深的印象。倘若有校长支持，又能选聘到有极强通识教育理想并有具体行政事务协调能力的执行人，通识教育就能在理念与最难操作的实践领域齐头并进。

持续改进通识教育课程体系，力促学生回归人的主体性。以台湾清华为例，据曾任该校通识教育中心主任的杨叔卿（任期：2008.8—2011.7）之整理归纳，她把台湾清华实施通识教育的发展进程分为三个阶段：第一阶段：探索期（1980—1989年）；第二阶段：发展期（1990—2000年）；第三阶段：改革期（2001年起至今）。在第一阶段的探索期中，其特点是于既有的共同必修科目外，另增设通识教育专门课程。尤其是1984年台湾清华成立人文社会学院，在时任院长李亦园的设计规划下，通识教育课程设置不仅呈现出体系化的初步特征，且课程安排也处在不断优化之中。如1984学年度开出：文化社会与宗教、历史文化与思想、心理现象与集体行为、科学与认知、生命科学导论、西洋艺术欣赏、东方艺术欣赏、西洋音乐欣赏、佛教文化与思想、逻辑等10科目；次年的1985学年度则依课程性质把通识教育课程分为：人文与社会科学概论、社会问题之探讨、哲学与逻辑、科学概论、心理现象、艺术欣赏、经济问题、法律问题等8组，每组下设2门课程，共16课目；而复于1986学年度则把所开出的通识教育课程归纳为人文学、社会科学、自然科学与哲学三大类组。自此，大致奠定了台湾清华通识教育课程体系规划的基础模式。

　　1990—2000 年是台湾清华通识教育的发展阶段。这个阶段完成的改革内容大致有二：一为检讨之前通识课程按自然科学、社会科学、人文艺术三门九类分类设置的教学效果，同时尝试通过让通识课程与共同必修课程，如"国文"、英文、中国通史等科目，在整合、规范的前提下，对已有课程进行增减并设置更加合乎理性原则的课程体系；二为推行共同科目通识化，同时再增设 8 学分的通识教育课程，分为自然科学与人文社会两系列，并分成两阶段实施。台湾清华在这十年左右的通识教育发展阶段，每学期均开设了近百门通识科目，其课程规划和体系架构为台湾各大学通识教育发展的重要参考借鉴之模板。

　　2001 年后至今为台湾清华通识教育的改革期。从 2001—2005 年，历经 5年（其中 1 年为拟定核心通识教育课程的教学实验），该校又对通识教育进行了前所未有的改革，将原先全校共同课程的 30 学分重新规划为 3 层并推出核心必修通识课程（见表 7-1），其中第一层为必修语文 10 学分，包括大学中文 2学分、大学英文 8 学分；第二层为核心通识必修课程 10 学分，核心课程分为 7大向度，包括思维方式、生命探索、艺术与美感、社会文化脉动、科学技术与社会、文化经典、历史分析 7 向度，其中各向度皆设计有 3 至 5 门不等的核心课程，学生从中 7 选 5，总计 10 至 15 学分；第三层为通识选修课程 10 学分（依学门分为三门九类），学分数介于 8 至 10 学分之间。非核心之其他通识课程，皆为选修课程。提供学生多元化的认知视野及人文体验；独立思考的析辨能力及理性价值判断的智能；提供人文与科技间的对话；理工学科与科技知识间的交流。

表 7-1　台湾清华大学 2006 年全校共同课程学分表 [30]

第一层	共同必修学分（10 学分）	大学"国文"2 学分
		大学英文 8 学分
第二层	核心通识（10 学分）	七大向度选五： 1. 思维方式；2. 生命探索；3. 艺术与美感； 4. 社会文化脉动；5. 科学技术与社会；6. 文化经典 7. 历史分析
第三层	通识选修（10 学分）	依学科分三门九类 各系有均衡选修之规定

2006 年台湾清华率先于岛内高校正式实施"7 向度分类核心通识课程"，之后多所公私立大学纷纷效仿并跟进，其核心通识课程现已成为台湾主流大学深化通识教育的基本模式。该模式经过近 10 余年的发展，从培养学生形成整体性知识的角度出发，如何在加大通识课程学理承载度、文理并重、着重思维训练的前提下，构建核心通识与选修通识相互对应的课程结构，如将课程以课群或学群的概念进行规划设计，打通核心通识与选修通识间的关联，为当下台湾通识教育界着力探讨的重点。

横向整合校外优质通识教育资源，推动跨校选课。与大陆综合性大学相比，台湾的大学多存在规模偏小、学科门类不完整的缺憾。为弥补此缺憾，2011 年，台湾中央、清华、交通、阳明 4 所偏理工、医科方向的大学共同出资，借助"台湾联合大学网络平台，开始实施远距通识课程整合计划。目前，该计划已经招募培训通识远距教育种子教师 30 名，开设远距通识课程 26 门（超过 2700 人次修课）"。[31] 透过通识教育跨校选课，不仅便于各校累积、交流通识教育之教学经验，拓宽并共享优质师资来源之渠道，其思路背后，还可观察到台湾高校为持续改进通识教育品质所做的努力。

第四节　本章余论

审视原民国大学重通才教育之历史遗产，同时将其与之一脉相承的台湾高校体制对接，作历史与现实的反省，借此分析台湾高校通识教育进程顺遂的原因，至少可收获三点启示：

尊重传统并保持教育核心价值的基本稳定。19世纪中叶后，伴随西方工业化进程，近现代大学制度开始转型，期间历经以英国、德国和美国大学为标志的改革，其理想和性格已经发生了许多变化。然万变不离其宗，每一次重大变改并不是对前者的简单否定，而是创造性的传承。大学是一个提供博雅教育的机构和"心灵的训练"的场所，作为中世纪欧洲古典大学之重要遗产，始终是现代大学合理存在的基础。中国自民国元年效仿欧美正式草创现代大学制度，北京国民政府颁布首部高等教育法令《大学令》后，虽受政治更迭频繁、经济动荡、外患内耗等诸多因素困扰，即至南京国民政府时期，民初确立的"大学以教授高深学术，养成硕学闳材"为宗旨的办学目标，与之后出台的若干高等教育法律法规，在内容体系甚至语言文字风格等方面，仍均大体保持了前后基本一致的相关性。换言之，在民国存续的38年时间里，在高等教育制度设计和核心理念的表述上，体现了鲜明的连续性和稳定性特点。1949年后，民国大学固已成为历史文化符号，但以"复校"大学为主的台湾高等教育体系，作为与原民国大学存在着前后沿革关系的制度范式，其大陆传统在台湾得以延续是一件极正常的事情。事实上，台湾高校在相当长的时间里一直沿用民国大陆时期制定相关政策法规；如国民政府1929年颁发的《大学组织法》，关于大学人才培养宗旨之表述，至1994年台湾当局才进行修订。正是得益于教育理念相对稳定和不折腾的内外环境，原民国大学通才教育传统才能在台湾顺利生存并发展。

尊重大学自主办学。秉承教育优先之原则设置大学通才类基本课程，是体现近现代欧美主流大学学术自治精神的具体领域之一。中国历史文化传统虽没有这类基因，好在以蔡元培等为标志的民国早期办大学者，能以开明心态除旧布新，接受并真实践行了这种源自欧洲大学最根本的学术传统。尽管这种主张也曾招致外部强力干扰，幸运的是当时政府对大学自主办学属性保持了基本尊重，使得中国大学制度设计在起步之初，即完成了高等教育理念与方针的现代化使命。而作为承接民国大学教育遗产的台湾大学制度，观察其早期的通才类课程安排及学分占比，同样能发现类似原民国大学的生存特征。1984年台湾当局正式推行大学通识教育前，规定大学四年的最低学分为128分，其中共同必修科目（含通识选修2学分）计28分；不过，当时台湾清华、交大和中央大学等"复校"大学，因增设《人文学概论》《社会科学概论》等非官方指导的通识类课程，共同必修科目学分一般都超"教育部"规定比例10学分以上。[32]此种"违规"情形，台湾教育主管部门似同样尊重了学校的自主安排，可见大学自主权是否落到实处，为保障通识教育实践效果的前提条件。

校长一定要真正具有教育家办学的理念。在专业主义取向日盛的年代，通识教育作为非实用性的教育，它的要旨在于对"性格之模铸"这一传统大学最基本核心价值的坚守。而这种坚守依大学管理制度之运行特点，无疑与校长的办学理念和具体行动密切相关。中国早期大学教学制度安排，能在教育优先的基础上确立通识教育定位，同那个年代涌现出一批以教育为职志的大学校长密切相关。台湾东海大学在曾约农与吴德耀校长任内（1955—1971），因两人都属心无旁骛办教育的纯校长，不涉或尽量少涉与教育无关的事情，故通才类课程一直是该校的教育特色。"但在吴德耀卸任校长后，学校情形即刻发生转变，通才教育迅速没落"[25]，说明通识教育成效与专心办教育的大学校长是一个共生的过程，通识教育做得好的学校一定与一位具教育家品德的校长对应。

参考文献：

[1]阿什比，E.科技发达时代的大学教育 [M].滕大春，等，译.北京：人

民教育出版社，1983:7,27。

[2] 台湾以"复校"名义成立的高校甚多。这类学校主要分为三种类型，一为经台湾当局批准，部分原民国大陆大学在台湾以原校名复办，如台湾政治大学、清华大学等；二为纪念性质的大学，如东海大学、暨南国际大学等，这类学校初创时也称"复校"；三为申请复校未获当局批准，但仍沿用大陆校名"复校"办职校或中学，如圣约翰科技大学、复旦高级中学等；除纪念性质的"复校"大学外，另二类学校的校庆日及校训、校歌、校徽等标志，仍基本沿用大陆时期的版本，以示历史传承。参见：黄俊伟.原民国大陆大学在台"复校"之背景和历程 [J].高等教育研究，2014（3）。

[3] 林玉体.台湾教育史 [M].台北：文景书局有限公司，2003:287,292。

[4] 科恩，A.M.美国高等教育通史 [M].李子江，译.北京：北京大学出版社，2010：131。

[5] 哈佛委员会.哈佛通识教育红皮书 [M].李曼丽，译.北京：北京大学出版社，2010：40。

[6] 高平叔，编.蔡元培教育论著选 [M].北京：人民教育出版社，2011:600,128,177,513。

[7] 宋恩荣，等，编.中华民国教育法规选编 [M].南京：江苏教育出版社，2005:383,395。

[8] 费正清，等.剑桥中华民国史（1912—1949 年下卷）[M].北京：中国社会科学出版社，1994：369。

[9] 贺国庆.德国和美国大学发达史 [M].北京：人民教育出版社，1998:49,184。

[10] 郭秉文.中国教育制度沿革史 [M].福州：福建教育出版社，2007:105。

[11] 田正平，等，编.中国高等教育百年史 [M].北京：人民教育出版社，2006：135。

[12] 胡适.问题与主义 [M]// 胡适.胡适文存（二）.北京：外文出版社，

2013：153。

[13]左玉河.从四部之学到七科之学——学术分科与近代中国知识系统之创建[M].上海：上海书店出版社，2004：序。

[14]王学珍，等.北京大学史料（1912—1937第2卷）[M].北京：北京大学出版社，2000：142。

[15]高平叔.蔡元培年谱长编（2）[M].北京：人民教育出版社，1998：60。

[16]冒荣.至平至善 鸿声东南——东面大学校长郭秉文[M].济南：山东教育出版社，2004：117。

[17]胡适.致母亲[M]//胡适.胡适书信集（上）.耿云志，欧阳哲生，编.北京：北京大学出版社，1996：112。

[18]清华大学校史研究室.清华大学史料选编（第一卷 清华学校时期1911—1928）[M].北京：清华大学出版社，1991:293,296。

[19]李兴华，编.民国教育史[M].上海：上海教育出版社，1997：604。

[20]教育部教育年鉴编纂委员会.第二次中国教育年鉴（第五编）"高等教育"[M].上海：商务印书馆，1948:495,496,497。

[21]李佳.近代中国大学通识教育课程研究[M].杭州：浙江大学出版社，2010：62。

[22]台湾省行政长官公署教育处.台湾省教育概况[G].台北：台湾省行政长官公署秘书处编辑室，1946：32。

[23]曾约农（1893—1986），湖南湘乡人，曾国藩嫡系曾孙，伦敦大学矿冶科博士。1916年学成归国，主要在湖南办教育；1949年赴台湾，1955年获聘任东海大学校长。

[24]东海大学校史编纂委员会.东海大学校史[M].台中：东海大学出版社，1981:51,88。

[25]陈舜芬.东海大学早期实施的通才教育及启示[J].通识教育季刊，2000（3）：21。

[26]台湾政治大学校史编撰委员会."国立"政治大学校史稿[M].台北：天文印刷有限公司，1989：271。

[27]黄坤锦.谈交大的通识教育[M]//台湾交大特刊编辑委员会.百年树人，交大世纪之庆特刊.新竹：台湾交通大学，1996：258。

[28]黄俊杰.全球化时代的大学通识教育[M].北京：北京大学出版社，2006：44。

[29]黄俊杰.台湾大学院校通识教育现况：对于评鉴报告的初步观察[J].高教发展与评估，2006（4）：13。

[30]台湾清华通识教育中心.核心通识课程特色[EB/OL].通识教育中心简介.台湾清华大学.（2012-10-6）[2016-5-14].http：//cge.gec.nthu.edu.tw/center-3.html。

[31]杨祖汉.中大百年：人文篇[M].桃园：台湾中央大学出版中心，2015：65-66。

[32]台"教育部".第四次"中华民国"年鉴[M].台北：正中书局，1976：718。

附　录　部分"复校"大学大事记

台湾东吴大学

1951年	在台校友倡议"复校"。 8月，董事会组成，推施季言任董事长，因恪于法令，乃先设东吴补习学校，聘丘汉平任校长，暂借台北市汉口街一段15号为校舍（时称本院）。设法政、商业会计及英文三科，另设立比较法律一科，限大学肄业二年者报考。
1952年	7月，丘汉平校长辞职，施季言接任。 9月，董事会改组，推王宠惠为董事长。
1954年	7月29日，台教育主管部门以东吴补习学校办学绩效卓著核准，先行成立"私立东吴大学法学院"，陈霆锐出任院长，设法律、政治、经济、会计四学系，附设外国语文学系。 9月，因校舍不敷使用，另赁博爱路83及85号二、三楼，（时称"二院"）。 是年，与卫理公会恢复固有关系；在台"复校"第一届毕业生（李俊等七人）完成学业。
1955年	6月，陈霆锐院长辞职，董事会推江一平、富纲侯、施季言组成院务委员会管理院务；决定本学年度不招新生。 7月，士林镇民代表会议决捐赠东吴大学外双溪处土地六甲半。 9月，聘请曹文彦继任院长。
1956年	夏，增设中国文学系；参加大学联合招生。
1957年	6月，曹文彦院长请辞，董事会聘石超庸继任院长。自是年起，陆续购得邻接外双溪校区之校地七甲。

1958 年	3 月，董事长王宠惠逝世，改由黄仁霖继任董事长。 9 月，外双溪新校址之教学大楼建筑完成，部分学系迁入新校舍上课。
1959 年	夏，学生活动中心落成，上层暂为礼堂及图书馆，下层用为餐厅。男、女生宿舍及院长、教授、员工住宅等亦相继兴工。
1961 年	全校由台北市汉口街迁到外双溪现址。
1964 年	12 月，为纪念王故董事长，以教学大楼命名为"宠惠堂"。 是年，教堂及其邻接建筑竣工；教堂现名安素堂，系纪念故副董事长、美国卫理公会港台区会督黄安素（Ralph A. Ward），其邻接建筑现名为爱徒楼，纪念故美国卫理公会台湾区会督罗爱徒（Otto Nall）。
1967 年	春，黄仁霖董事长奉派出国，董事会改推孙科为董事长。
1968 年	夏，增设商学系及商用数学系，成立文、商两学院。是年，第二教室大楼落成。 7 月 15 日，董事会决定恢复"东吴大学"原名。石超庸院长为改制后首任校长，不久病逝，桂崇基继任。
1969 年	8 月，桂崇基校长因病辞职，董事会聘端木恺继任校长。成立数学系。 12 月，台教育主管部门核准恢复完全大学建制，为"私立东吴大学"，设文理、法、商三学院。
1970 年	秋，增设物理、化学两系，并合并原隶文理学院之数学系，另成立理学院。设经济学研究所暨夜间部。商学系更名为企业管理学系。
1971 年	设中国文化研习班，专为外籍学生讲授我国语言、文字及文化课程。秋，设法律学研究所；购置台北市延平南路书院段土地为城中校区，兴建第一大楼，作推广教育中心及商学院之用。
1972 年	夏，增设历史、音乐、电子计算机科学等三系及外文系东方语文组。 自是年起，逐年刊印"中文法律论文索引"。
1973 年	夏，增设会计学研究所、社会学系，及外文系德文组。先后兴建竣工并启用理学院科学馆（为纪念石故校长，命名"超庸馆"）及男、女生宿舍各一幢。又为纪念故董事长孙科（字哲生），以第二教室大楼命名为"哲生楼"。
1974 年	夏，增设中国文学研究所及国际贸易学系。 9 月，兴建音乐馆，备有可容三百余人之音乐厅。又建单身宿舍一幢；同月，董事长孙科病故，由端木校长代理。

1975 年	春，董事会推杨亮功为董事长。 夏，文学院外国语文学系所辖英国语文、东方语文及德国语文三组，均独立设系。法律系区分比较法学组及司法实务组，分别招生。
1977 年	夏，中国文学研究所增设博士班，并招收首届研究生。
1980 年	夏，增设日本文化研究所，及哲学系、微生物学系。原东方语文学系改名为日本语文学系。
1981 年	夏，成立社会学研究所，分设社会理论及社会工作两组招生。 8 月，聘杨其铣为副校长。 是年，数年来兴建之校舍，如扩建语言中心教室大楼、教师研究大楼、中正图书馆及城中校区第二大楼等次第完工。
1982 年	3 月，社会学系分设社会理论组及社会工作组。
1983 年	8 月，端木校长退休，副校长杨其铣继任校长。 1983、1984 年间，新购城区第二大楼旁两笔土地，辟为运动场，城中校区规模益臻完善。
1984 年	夏，成立外国语文学院，下辖英国语文、日本语文、德国语文三学系及日本文化研究所。 董事会推端木恺为董事长。
1985 年	9 月，新建城中校区平房教室 11 间，作为学生社团活动之场所。
1986 年	增购城中校区第三、四大楼两栋，用为教室，并供扩大推广教育之需；全力充实电脑教学设备，及促进学校行政作业电脑化。
1987 年	5 月 30 日，端木董事长逝世；董事会改推王绍堉任董事长。 同年起，学生会推派代表参加校务会议。
1988 年	夏，增设微生物学研究所及管理学研究所；首次主办大学院校夜间部联合招生。
1989 年	夏，经济研究所博士班奉准成立招生；增设心理学系。并以原社会学系之社会理论组、社会工作组，分别独立设系为社会学系及社会工作学系；改中国文化班为文化交流中心，积极开展国际学术机构文化交流事宜。
1990 年	夏，于原活动中心旧址筹建综合大楼，建地 20693 平方公尺，楼高八层，规划为一含括教学及生活功能之建筑，工程预定两年。 8 月，章孝慈任副校长。

1991 年	夏，增设政治学研究所；日本文化研究所增设博士班；法律学研究所增设博士班；法律学研究所硕士班分甲、乙两组，乙组招收非主修法律学并具有相当工作经验之大学毕业生，开全台法学教育之新纪元。 8 月，杨其铣校长请辞，董事会议准休假半年，并由副校长章孝慈代理校务。
1992 年	2 月，杨其铣校长辞职，董事会聘章孝慈继任校长，改聘杨其铣为名誉校长。 5 月，购买校区后山之国有财产局土地五笔，以便增建校舍。 夏，增设数学研究所及社会工作研究所。
1993 年	3 月，校庆日举行新建综合大楼落成及启用典礼；大陆地区东吴校友总会会长张梦白及日本拓殖大学理事长藤渡辰信等均来校观礼。 6 月，设立音乐研究所。 8 月，台教育主管部门正式开放授权十二所大学校院可自行审查教师升等作业，本校为唯一获得授权之私立大学；设立与教务、训导、总务三处平行之"发展处"。 8～9 月，先后与大陆中国政法大学及苏州大学签订学术交流合作协议书。 11 月，连接外双溪校区与城中校区之校园网路建构完成，逐步迈向行政业务自动化。
1994 年	与北京大学签订学术交流合作协议书。 3 月，图书馆非书资料室启用。夏，增设化学系硕士班。10 月，为纪念故董事长、校长端木恺（字铸秋），以城中校区第二大楼命名为"铸秋大楼"。 11 月，章孝慈校长在北京罹患脑溢血。
1995 年	4 月中旬，董事会决议章孝慈校长因病卸除校长职务，聘蔡仲平教务长为代理校长。 9 月，夜间部中文、英文及日文三学系迁回外双溪校区上课；外国语文学院日本语文学系及德国语文学系首次派学生分别前往日本明海大学及德国明斯特大学研读。
1996 年	2 月 14 日，章孝慈校长病逝。 4 月，成立校长遴选委员会，展开遴选作业。 6 月，教务处增设教育学程小组。 8 月 1 日，董事会聘刘源俊继任校长。 秋，台北市校友会推动"建校百年纪念金银套币"筹款计划。 12 月，台教育主管部门核定本校夜间部八学系各有一班转型为正规学制之"乙部"（即于午后 1～9 时上课之班别），另各有一班转型为推广进修制之进修学士班。
1997 年	4 月，刘源俊校长造访苏州大学并与该校钱培德校长续签学术交流协议书。 8 月，原外语学院德国语文学系更名为德国文化学系，增设国际贸易学系硕士班；教务处设招生组，裁并研究生教务组，学生事务处设学生住宿组；与台北故宫博物院签订学术合作协议书。 9 月，开始全面实施语音电脑选课、注册及成绩管理自动化作业。

1998 年	1 月，苏州大学钱培德校长来访，并签订"学术合作计划协议书"；发起台北北区五所公私立大学之"八芝连图书馆馆际合作组织"。 7 月，教务处夜间教务组更名为综合教务组；城中校区第五大楼开工。 8 月，政治学系成立博士班；办理二十六个教学单位之"学系自我评鉴"。
1999 年	8 月，哲学系及资讯科学系成立硕士班；原商学院经济、会计、企业管理及商用数学四系进修学士班转型为商学院商学进修学士班。 11 月，为纪念桂故校长，重塑并整修城中校区第一大楼，命名为"崇基楼"。
2000 年	与同源的苏州大学同庆建校一百年。 3 月 16 日，举行建校百年庆祝典礼及各项庆祝活动，台交通主管部门之邮政总局当日发行"东吴大学建校百年"纪念邮票。 5 月，刘源俊校长率教职主管十一人参加苏州大学百年校庆。 8 月，历史学系与商用数学系成立硕士班；法律学系硕士班乙组更名为法律专业硕士班；中国文学系、企业管理学系及资讯科学系增设在职进修硕士班。 12 月 6 日，城中校区第五大楼落成典礼。
2001 年	8 月，心理学系成立硕士班及英国语文学系成立比较文学硕士班；社会学系、日本语文学系及法律学系增设硕士在职专班。 12 月，接受台北市政府委托经营管理"钱穆故居"。
2002 年	5 月，与台北市政府就多年来之土地纠纷，在台北地方法院达成和解，双方将签订建教合作契约并共同拟定建教合作计划，有关土地本校继续使用办学。 8 月，城中校区第六大楼完工，于 11 月举行落成典礼；国际贸易学系增设硕士在职专班。 9 月，承租之第一栋校外宿舍"东吴松江学舍"举行开幕启用典礼。 11 月，与台北市政府签订建教合作契约，本校提供台北市政府员工若干名额免费在职进修，若为台北市政府要求开设之课程，则以五折优惠。
2003 年	3 月，举办校内四大宿舍命名揭牌暨植树典礼。 6 月，购买七星农田水利会之士林区翠山段二小段八五六地号土地。 8 月，德国文化学系成立硕士班。 10 月，举行戴荪堂（语言大楼）定名揭幕仪式。
2004 年	8 月，刘兆玄博士接任校长，将东吴定位为"一流的教学大学"。
2005 年	本校亦自 2005 年起，连续四年均获台教育主管部门"教学卓越计划"亿元以上奖补助，教学成果备受各界肯定。
2008 年	2008 年 3 月，外双溪校区第一、第二教研大楼落成启用。 10 月，黄镇台博士接任校长，提出"舒适安全的校园空间""自尊尊人的处事态度"，及"互惠的整合型计划"等软硬体提升方案，期以卓越教学为基础，配合特色化研究，培育兼具专业与领导知能之社会中坚人才。

台湾辅仁大学

1956 年	7 月 15 日，成立在台校友会发起"复校"运动。
1957 年	2 月 4 日，台外事部门负责人叶公超访教廷，强调辅仁在台"复校"之重要性。
1958 年	7 月 在台校友会编印之《辅仁》创刊号出版。
1959 年	2 月 6 日，校董于斌总主教被解除了来台禁令，自美返台，校友会即与之商洽有关复校事宜。 6 月 于斌总主教赴罗马特访雅静安枢机，建议邀集数个修会合作以创办有规模之大学，经洽商后圣言会、耶稣会应允参加。 11 月 3 日，教廷传信部发表任命于总主教为筹备辅仁大学校长。
1960 年	4 月 5 日，组织新董事会，制定董事会组织章程，董事 15 人推选田耕莘枢机主教为辅仁大学在台复校第一任董事长；聘请于斌为第一任校长。并通过"分地设校"原则，向台湾当局申请"复校"。 25 日，台教育主管部门核准董事会立案并指定于校长为复校筹备人。 7 月 7 日，第二次董事会议决定："中国"主教团（后更名"中国圣职"）负责文学院在台北建校，耶稣会负责法学院、工学院，圣言会负责理学院及外语各系同在高雄大贝湖附近建校。 12 月 8 日，成立辅仁大学复校筹备处，由牛若望、龚士荣两位神父出任正、副主任。
1961 年	1 月 购妥吉林路 37、39 号楼房，作为"复校"筹备处。 9 月 呈报台教育主管部门，请准先行成立文学院哲学研究所，并招收第一届研究生 8 名。 20 日，在复校筹备处举行开学典礼，随即上课。

1962 年	董事会鉴于各地拟捐赠之土地均不适宜，且分地设校、延聘教授尚有困难，董事会乃重行决定中国主教团（后改名中国圣职）、圣言会、耶稣会三单位在同一校区设院，且在台北附近购地建校。 秋 招收第二届哲学研究所新生。
1963 年	2 月 购妥台北县新庄镇营盘里 30 余甲土地为校址。 3 月 董事会通过各单位分治制，并设院务长。除文学院直属于校长外，各单位分设教务、训导、总务主任，执掌各单位有关业务。 6 月 台教育主管部门核准增设法、理二学院。参加大学院校及专科学校联合招生。 哲学研究所假台北市静修女中举行第一届研究生毕业典礼，获硕士学位者 7 人。 8 月 文学院设中国文学、历史、哲学、外国语文（分英文、德文 2 组）4 学系；理学院设数学、家政营养 2 学系；法学院设法律、经济、工商管理 3 学系共 10 系组。 参加大专联合招生，由联招会分发本校新生共 518 名。 10 月 21 日，新生于新庄校舍正式上课。
1964 年	校门口题名辅仁大学四字之校碑竣工，"辅仁大学"字样采用前"考试院"负责人贾景德先生题字。 6 月 哲学研究所第二届研究生毕业典礼，获硕士学位者 2 人。 8 月 增设物理、化学、生物、3 学系，及外文系增设法文及西班牙文 2 组；共录取新生 645 名。 成立"国语语言中心"以便外籍人士学习中国语言文化。
1965 年	2 月 24 日，校友原子能科学家邓昌黎博士返校访问。 夏 哲学研究所第三届毕业，获硕士学位者 5 人。 秋 家政营养学系分设家政组及营养组 2 组。

1966 年	6 月 哲学研究所第四届毕业，获硕士学位者 2 人。 8 月 法学院工商管理学系改名为企业管理学系。
1967 年	6 月 29 日，台北市中山堂举行"复校"后本科第一届及哲学研究所第五届毕业典礼（毕业人数计本科毕业生 406 人，研究生获颁硕士学位者 4 人，共计 410 人）。蒋宋美龄女士于典礼中接受出任本校名誉董事长。 7 月 奉准成立台湾地区中国文化复兴委员会辅仁大学分会。 联招会分发本校新生 755 名。 8 月 成立中国文学研究所硕士班、历史学研究所硕士班；企业管理学系新设生产管理、市场管理及财务管理 3 组。 9 月 中文研究所招收一年级研究生 21 名，历史研究所 13 名，哲学研究所 18 名。 12 月 19 日，董事会改选，召开第二届董事会敦聘蒋夫人宋美龄女士为董事，并一致公推为第二任董事长。
1968 年	8 月 文学院外国语文学系之英文、德文、法文、西班牙文 4 组升格为 4 独立学系。
1969 年	8 月 哲学研究所增设博士班；设西洋语文研究所硕士班；大学部增设体育系、东方语文学系、社会学系、会计统计学系；成立商学院，并调整经济学系、会计统计学系、企业管理学系 3 学系属商学院，法律、社会 2 学系属法学院。 9 月 新设夜间部，设中文、英文、企业管理 3 学系。
1970 年	5 月 26 日，董事会决议接受台教育主管部门有关辅仁行政体制之命令，校长留任，废除院务长制。 文学院增设图书馆学系，理学院增设织品服装学系；会计统计学系新设会计及统计 2 组；夜间部增设图书馆学系、会计统计学系。
1971 年	8 月 文学院增设大众传播学系；理学院家政营养学系家政组及营养组独立设系改为家政学系及食品营养学系。夜间部增设历史学系、法律学系与数学系，并分会计统计学系为会计学组与统计学组。

1972 年	8 月 文学院增设教育心理学系；原属商学院之经济学系改隶法学院；西洋语文学研究所改名为语言学研究所；食品营养学系分设营养及食品 2 组。夜间部增设大众传播学系，东方语文学系、经济学系。
1973 年	8 月 设数学研究所硕士班，数学系分设纯数学与应用数学 2 组；商学院增设国际贸易学系，会计统计学系改为会计学、统计学 2 系；企业管理学系取消分组；夜间部会计、统计 2 组改为会计学、统计学 2 学系。 成立电子计算中心。
1974 年	8 月 成立德国语文学研究所硕士班、物理学研究所硕士班，法学院法律系分设法学及司法学 2 组。
1975 年	8 月 增设英国语文学研究所硕士班，夜间部成立国际贸易学系。
1976 年	12 月 与亚洲地区基督教大专院校创设"亚洲基督宗教大学联盟"（Association of Christian University and College in Asia，ACUCA）。
1977 年	8 月 理学院增设电子工程学系、社会学系分设社会学及社会工作两组。
1978 年	7 月 15 日，于枢机辞校长职，董事会聘请罗光总主教继任第二任校长。 8 月 教育心理学系更名为应用心理学系。
1979 年	8 月 法学院法律系增设财经法学组。 12 月 50 周年校庆，台行政管理机构负责人孙运璇特莅临致辞。
1980 年	8 月 成立岛内第一个外语学院，理学院增设化学研究所硕士班，法学院增设法律研究所硕士班。
1981 年	8 月 增设社会工作系、资讯管理系、生物学研究所头士班。 成立推广教育中心。
1982 年	3 月 成立推广部。 8 月 增设西班牙语文研究所硕士班；理学院改名为理工学院，商学院改名为管理学院。

1983 年	8 月 增设音乐学系、大众传播学研究所硕士班、食品营养学研究所硕士班。
1984 年	成立"中国天主教资料小组"。后扩大改为"中国天主教史料研究中心"。 8 月 成立艺术学院，增设法国语言学研究所硕士班、应用美术学系。大众传播学系分设语言文字传播组、广告公共关系组及影像传播组 3 组，日夜间部东方语文学系更名为日本语文学系。 开设通识教育课程：文学院、外语学院开设科学史、资讯科学概论等课程；理工学院开设西洋文学概论、艺术欣赏等课程；法学院、管理学院开设自然科学概论、哲学与逻辑等课程，供学生选修。
1985 年	8 月 增设管理学研究所硕士班。
1986 年	8 月 大众传播学系之语言文字传播组、影像传播组及广告公共关系组分别更名为新闻组、广播电视组及广告组。
1987 年	8 月 新设资讯工程学系、应用心理学研究所硕士班、翻译学研究所硕士班及宗教学研究所硕士班；原家政学系更名为生活应用科学系。
1988 年	8 月 增设宗教学研究所硕士班、翻译学研究所硕士班、应用心理学研究所硕士班及资讯工程学系；家政学系更名为"生活应用学系"。
1989 年	7 月 成立中西文化研究中心。 8 月 增设景观设计学系。 12 月 8 日，扩大举办本校创校 60 周年校庆大会，并邀请台行政管理机构负责人李焕莅会演讲。
1990 年	8 月 成立医学院，新设护理学系及公共卫生学系，增设金融研究所硕士班。
1991 年	士林哲学研究中心成立并举行揭牌仪式。 8 月 增设织品服装研究所硕士班，法律研究所博士班、化学研究所博士班及中国文学研究所博士班。 法学院成立天主教社会伦理研究中心。

1992 年	1 月 6 日，成立"天主教史研究中心"。 2 月 罗光总主教辞校长职，由李振英蒙席接掌第三任校长。 5 月 董事长宋美龄请辞，选聘单国玺主教为第三任董事长。 8 月 增设经济学系研究所硕士班、宗教学系，图书馆学系更名为图书资讯学系，夜间部增设哲学系。
1993 年	4 月 17 日，董事会决议：增设三位副校长职。 8 月 狄刚总主教接掌第四任董事长职。 增设心理复健学系、日本语文学研究所硕士班。 9 月 成立中国社会文化研究中心。
1994 年	8 月 新设民生学院。法律系财经法学组正式独立为财经法律学系。增设图书资讯研究所硕士班、比较文学研究所博士班。
1995 年	8 月 大众传播学系广播电视组独立为影像传播学系，增设应用统计研究所硕士班及食品营养学系研究所博士班。 9 月 增设"大学入门"课程为必修科目。
1996 年	2 月 李振英校长任期届满，董事会选聘由法学院院长杨敦和教授继任本校在台"复校"第四任校长。 台教育主管部门核准成立教育学程中心。 8 月 增设意大利语文学系、两年制护理学系、资讯工程研究所硕士班、音乐研究所硕士班。
1997 年	8 月 新设织品服装技术系（二年制，分设饰品设计及制衣经营管理 2 组）、新闻传播学系（原大众传播学系新闻组）及广告传播学系（原大众传播学系广告组）。

1998 年	8 月 新设电子工程学系硕士班、社会工作学系硕士班。
1999 年	成立天主教史料研究中心。 6 月 校务会议决议"共同必修课程"改为"全人教育"课程。 8 月 单国玺枢机主教接掌第五任董事长职。 新设体育学系硕士班及应用心理学研究所博士班。 12 月 庆祝本校创校 70 周年校庆。
2000 年	1 月 31 日，董事会决议，通过校长责任制与三副校长职为使命副校长、行政副校长及学术副校长，于 2000 学年度起正式实施。 2 月 杨敦和校长任期届满，经校长遴选委员会票选推荐，董事会选聘，由民生学院院长李宁远教授继任，为本校在台"复校"第五任校长。 全人教育课程中心成立。 8 月 新增设教育领导与发展研究所硕士班、财经法律学系硕士班；应用心理学更名为心理学系并由文学院改隶至理工学院。
2001 年	1 月 实习广播电台"辅大之声"开播启用。 8 月 新增生活应用科学硕士班、护理学系硕士班等；原生物学系更名为生命科学系、原统计学系更名为统计资讯学系。 成立科学与宗教研究中心及生物技术研发中心。 9 月 25 日，辅仁大学基金会（Fu Jen University Foundation）在美国正式设立并获得美国联邦政府核准适用 IRS，501（a）（3）免税条款。 12 月 在台"复校"40 周年系列活动；其中校史论坛，完成两岸校友之确认（辅仁创办于 1925 年）。
2002 年	8 月 因应三单位整合，由原三单位产生三位副校长的方式，改为由校长提名。 新增商学研究所博士班、应用科学与工程研究所博士班、景观设计学系硕士班、博物馆学研究所硕士班等。 成立"华裔学志汉学研究中心"。

2003 年	8 月 新设法律学院（原法学院法律学系所及财经法律学系所改隶之），原法学院更名为社会科学学院（原法学院社会学系、社会工作学系所、经济学系所、宗教学系所）；新增音乐学系博士班、宗教学系博士班、公共卫生学系硕士班、心理复健学系硕士班等。 12 月 举办辅仁大学在新庄"复校"40 周年系列活动。
2004 年	2 月 李宁远校长任期届满，由文学院黎建球教授继任，为本校在台"复校"第六任校长。 8 月 新增职能治疗学系学士班、社会学系硕士班等；心理复健学系更名为"临床心理学系"。
2005 年	4 月 管理学院通过 AACSB（The Association to Advance Collegiate Schools of Business）国际商管学院促进联盟之认证，成为两岸首批通过 AACSB 认证的学校。 8 月 新增学士后法律学系学士班、基础医学研究所硕士班及哲学系硕士在职专班；音乐学系博士班分设音乐学组及演奏组 2 组；德国语文学系所更名为：德语语文学系所。 12 月 创校 80 周年。
2006 年	8 月 新增大众传播学系硕士在职班、食品科学系硕士在职班等，食品营养学系所博士班更名为"食品营养学研究所博士班"。
2007 年	6 月 董事会通过第七任校长由现任校长黎建球续任。 8 月 新增电机工程学系学士班；设置临床技术中心。
2008 年	1 月 31 日董事会决议，三副校长职为学术、使命及医务副校长。 2 月 校长黎建球续任第七任（第六位）校长。 8 月 设立天主教学术研究院。 新增呼吸治疗学系学士班。 首度正式实施大陆交换学生计划。 12 月 "无烟害"校园全面推行。

2009 年	1 月 A&HCI 收录由哲学系编辑发行的学术期刊——《哲学与文化》月刊，为岛内哲学领域期刊首家获得国际认证。 11 月 刘振忠总主教第七任董事长职。 12 月 成立"原住民教育中心"。
2010 年	1 月 台教育主管部门正式核准设立附设医院。 4 月 管理学院通过 AACSB（国际商管学案促进联盟）维持再认证，为台湾唯一通过再认证之私立大学。 8 月 为配合院结构调整，启动"以学院为单位之学校经营策略"：新设传播学院及教育学院。 12 月 创校 85 周年。
2011 年	8 月 增设天主教研修学士学位学程、非营利组织管理硕士学位学程等；心理学系由理工学院改隶社会科学院。 9 月 自 2011 学年度起，首度招收大陆生来台就读。 10 月 13 日，董事会遴选第八任（第七位）校长，由医务副校长江汉声教授当选。 12 月 在台"复校"50 周年。由校史室出版《熠熠生辉　再现辅仁——"复校"50 周年纪念特刊仁》。
2012 年	2 月 黎建球校长任期届满，由医务副校长江汉声教授继任本校在台"复校"第八任（第七位）校长。 6 月 2 日，外语学院成立：日本研究中心。 8 月 新设品牌与时尚经营管理学士学位学程"日间学士班全英学程"、品牌与时尚经营管理硕士学位学程（硕士班——全英学程）等。 9 月 14 日，依台教育主管部门核定本校组织规程，国际教育处更名为"国际及两岸教育处"。

2013 年	4 月 7 日，本校获得国际评鉴网络：亚太品质保证网络（Asia-Pacific Quality Network，APQN）及"最佳内部质量保证奖"。 17 日，于国玺楼举行"2013 年第五届钓鱼台列屿议题国际研讨会"，特邀台湾地区领导人马英九到场致辞。 8 月 新设社会企业硕士在职学位学程（硕士在职专班）。 12 月 获中国校友会网 2013 中国港澳台最佳大学排行，5 星级一流大学评价殊荣，为台湾私校之冠。
2014 年	8 月 成立海量资料研究中心及艺文中心（试行二年）。 9 月 18 日，荣获英国高等教育调查公司 QS—2014 世界最佳大学排行 701+，为私立综合大学之冠，台湾共有 15 所大学进榜。 11 月 管理学院获 EDUNIVERSAL 全球最佳商学院排名中，在三个棕榈叶类别中，排名台湾第三。台湾共有 7 所大学入榜，辅大是唯一入榜的私立大学。 12 月 应用统计研究所获 EDUNIVERSAL 全球最佳财经类所 2014—2015 台湾第一。
2015 年	4 月 1 日，管理学院再次通过 AACSB "国际商管学院促进协会"认证，为海峡两岸首批获得 2 次再次认证之大学。 9 日，本校荣获《2015 国两岸四地大学排行榜》五星级大学之一肯定，本次共有 16 所大学获此荣誉。 6 月 荣获台湾"2015 企业最爱大学"私校第二名。 8 月 新设国际与资源发展副校长一职；新设教育领导与科技发展学士学位学程及医学资讯与创新应用学士学位学程。 新设校务研究室。 9 月 获英国 FINANCIAL TIMES 评比为商管学院全球前 58 名，为台湾唯一入榜学校。 12 月 庆祝创校 90 周年校庆。
2016 年	2 月 江汉声校长续任第九任（第七位）校长。 8 月 新设社会企业硕士学位学程；原基础医学研究所更名为生物医学暨药学研究所。

台湾交通大学

1956 年	旅美校友会致电交通大学校友会，建议在台复校创设交通大学电子研究所。
1957 年	台教育、"国防"、经济及交通四部会呈台行政管理机构，请求在台"恢复交通大学研究院"，设立电子研究所。 台行政管理机构会议决定，准由台教育主管部门先行筹备交通大学在台复校事宜。台教育主管部门负责人张其昀乃组织筹备委员会，聘请前校长凌鸿勋为主任委员。 新竹县政府捐赠土地，计校舍部分二五八三二甲、宿舍部分〇五七四二甲，共三一五七四甲。校舍用地旁民地三甲，由台交通主管部门下属"电信总局"及台经济主管部门下属台湾电力公司共同负担地价三十余万元收购（现博爱校区）。 国立交通大学校友会徐恩曾理事长发起兴建校舍募捐，由旅美校友会响应。
1958 年	台湾交通大学电子研究所正式成立，于台北市罗斯福路设立办事处。台教育主管部门聘李熙谋为所长，并聘台湾大学电机系主任盛庆琜处理所务。 成立招生委员会，25、26 日在台湾大学举行考试，8月3日公布录取名单，计正取20名，备取20名。 于台北实践堂举行开学典礼，在校舍未建成前，先借台湾大学工学院教室上课。 台湾交通大学电子研究所筹备委员会结束。 新竹校舍破土（于现博爱校区）。
1959 年	新竹校舍奠基（于现博爱校区）。 兴建教授宿舍二栋及学生宿舍（于现博爱校区）。 新竹校舍竣工（于现博爱校区），迁至新竹上课。 台湾当局正式向联合国申请建立电信与电子训练研究中心。
1960 年	联合国特别管理委员会，通过补助美金29万6千元，供电信与电子训练之用。 电子研究所第一届研究生毕业。本学年度毕业学生人数，共计硕士班19名。 兴建图书馆（现博爱校区活动中心）。
1961 年	台湾当局与国际电信联合会签约，于本校成立电信与电子训练研究中心。 本校自制电视发射机试播成功，为全台电视广播之始。

1962 年	以联合国特别基金租用电子计算器，于 2 月中旬装设完成，并成立电子计算器中心。 电信电子训练研究中心正式开课，计有微波电子训练班、近代通讯训练班，学员共26 名。由联合国专家 4 名来校执教。 电信电子训练研究中心增开电子计算器初级班，计学员卅名。
1963 年	装设完成全台第一部固态镭射。 研制发射真空管，及自制晶体管。
1964 年	台教育主管部门令增设电子物理学系及电子工程学系，并即参加大学联招会招生，共录取新生 83 名。 建立半导体实验室。
1965 年	增设自动控制工程学系。 《交大学刊》出版。 由国立交通大学校友会发动募捐，兴建实验馆（现博爱校区实验一馆）。 自制氦氖气体镭射及集成电路成功。 本校成功研制台湾第一批晶体管。
1966 年	增设通讯工程学系。 为让全台外校友与关心交大之有人，了解本校在台"复校"过程，出版《交大电子研究所八年》。
1967 年	台教育主管部门令改制为工学院。所长李熙谋请辞。台教育主管部门令锺皎光教授接任院长。 举行工学院复院典礼。
1968 年	台教育主管部门核定工学院组织规程。 增设电子研究所博士班。
1969 年	院长锺皎光任台教育主管部门"次长"，由刘浩春教授继任院长。 举行本校创校七十三周年校庆暨平院（现北京交大）六十周年纪念大会。
1970 年	新图书馆（现博爱校区生科实验一馆）竣工启用。 增设管理科学研究所硕士班，于暑期招生开办。 自动控制工程学系更名计算与控制学系，分控制与计算二组。
1971 年	增设管理科学学系，于暑期招生开办。

1972 年	院长刘浩春逝世，由本校电子研究所所长郭南宏代理工学院院长职务。 台教育主管部门派盛庆琜教授接任本校工学院院长。院长盛庆琜于 8 月 8 日接事，但因其在加拿大渥太华大学尚有教务未了，仍由郭南宏教授暂代院务。（1973 年夏正式视事） 增设应用数学学系、计算器科学学系。计算与控制学系更名为控制工程学系。
1973 年	前校长凌鸿勋八十寿庆，海内外校友捐献本校教学基金为寿。 吴淞商船学校之商船同学会发起恢复交通大学校名，设立商船学院，并由海外校友联名致函台教育主管部门及台交通主管部门请求。 本年夏，增设海洋运输学系及航运技术学系，于暑期招生。
1974 年	增设计算器科学研究所硕士班及运输管理学系。 因校区（现博爱校区）不敷使用，拟订扩校计划，以谋扩充校地或迁校。
1975 年	授予前校长凌鸿勋荣誉博士学位。
1976 年	扩大举行本校创校八十周年校庆，于台北圆山饭店举办庆祝餐会。 由吴庆源教授主持，进行"国科会"国家电子大型计划，半导体组件及集成电路技术发展（至 1979 年 7 月完成）。 经本校屡屡提出申请恢复机械工程学系，方于本学年度恢复机械工程学系。 增设运输工程研究所硕士班。
1977 年	半导体实验室改制为半导体研究中心，纳入台教育主管部门正式编制。7 月，迁入新厦。 征收光复校区土地三〇、九四六二公顷。 本校半导体中心接受"国科会"及台教育主管部门补助，兴建半导体实验中心竣工（现博爱校区奈米中心）。 增设应用数学研究所硕士班。
1978 年	本校向台教育主管部门提出申请恢复土木工程学系，因迟未核准，经改以交通工程学系名义申请，台教育主管部门始核定，于 8 月增设交通工程学系。 院长盛庆琜请辞，由郭南宏教授继任院长。 台军事主管部门同意迁让陆军威武营区，连同收购附近民地 20 甲，共计占地 32 甲，开辟光复新校区。

1979年	光复校区人工湖竣工，命名"竹湖"，以纪念前校长凌鸿勋（字竹铭）。台教育主管部门奉准交通大学工学院恢复大学名义，分设理、工、管理三学院，并由院长郭南宏继任交通大学校长。 光复校区之新生馆与篮、网球场竣工启用。 成立电信研究所硕士班。交通工程学系更名为土木工程学系、计算器科学系更名为计算器工程学系、计算器科学研究所更名为计算器工程研究所、运输工程研究所更名为交通运输研究所、计算器工程学系增为双班。
1980年	光复校区羽球馆竣工启用。 光复校区之行政大楼及工程一馆竣工启用。 研究所招生，首创计算机语音发榜。 增设信息科学学系、光电工程研究所硕士班及计算器工程研究所博士班。海洋运输学系及运输管理学系调整合并为运输工程与管理学系。 光复校区行政大楼竣工启用，校本部正式迁入办公。
1981年	前校长凌鸿勋先生8月15日逝世，9月4日在台北追思，交通大学校友会筹募纪念奖学金。 增设控制工程研究所硕士班、机械工程研究所硕士班及管理研究所博士班。 本校与"国科会"合作成立半导体贵重仪器使用中心。 计算器工程研究所成功试制全台第一具由计算机控制之工业用机械人。
1982年	光复校区图书馆（现光复校区人社一馆）校史室设立竹铭纪念堂（于1998年迁至浩然图书馆）。 增设应用化学研究所硕士班。 《学术研究汇编》创刊。 光复校区体育馆竣工启用。
1983年	本校开始进行行政计算机化作业。 光复校区科学一馆竣工启用。
1984年	成立电子与信息研究中心。 成立机械工程研究所博士班及应用数学研究所博士班。航运技术学系调整为工业工程与管理学系。《科技简讯》创刊。 研究生宿舍竣工启用。 光复校区信息馆竣工启用。
1985年	光复校区第二餐厅竣工启用。 增设光电工程研究所博士班及土木工程研究所硕士班。机械工程学系增为双班。

1986 年	举行本校创校九十周年校庆。 增设信息科学研究所硕士班及光电工程研究所博士班，电子工程学系及控制工程学系由单班增为双班。
1987 年	超大型次微米集成电路台湾实验室规划兴建。 举行本校创校九十一周年校庆活动中，首次以"杰出校友"荣衔颁赠王安博士。 校长郭南宏荣调台交通主管部门负责人，台教育主管部门任命阮大年教授继任为校长。 增设交通运输研究所博士班及工业工程研究所硕士班。
1988 年	《交大校讯》创刊。 校长阮大年推动之校园信息网络系统正式启用，为全台校园之首创。 举行本校创校九十二周年暨在台"复校"卅周年校庆，举办"三十而立"活动，并出版《三十而立》。殷之浩学长捐赠学人宿舍（教职员宿舍）建筑费一千五百万元。 授予孙运璇先生及王安先生名誉工学博士学位。 增设电子物理研究所硕士班及土木工程研究所博士班。计算器工程学系更名为资讯工程学系。 蔡文祥教授荣获美国图形识别学会（Pattern Recognition Society）第十三届最佳论文奖，为国际图形识别界最高荣誉之一。 《交大校讯快报》创刊。
1989 年	成立电信研究中心（Center for Telecommunications Research，简称 CTR），由彭松村教授任中心主任，魏哲和教授任技术主任。 增设材料科学与工程研究所硕士班及信息管理研究所硕士班。 教务会议通过将"建教合作委员会"改组为"研究发展委员会"，专责推动学术研究工作。另成立"推广教育小组"。
1990 年	正式实施文书作业计算机化。 由本校电信系成功研制全台第一个毫米波平面式振荡器。 首创计算机语音发榜，提供计算机语音查榜服务。 授予高锟先生名誉工学博士学位。 本校教师联谊会组团访问大陆四所交大（上海、北京、西安、西南）。 增设环境工程研究所硕士班。信息科学研究所增设博士班。增设应用化学系，为全台公立学校日间部首设之新系。 管理科学学系、电信工程学系、信息科学学系增为双班。 筹设"讲座教授基金"，由施振荣学长率先捐赠。 增设应用艺术中心。

1991 年	新购 CONVEX C240 型平行超级计算机正式启用。 第四学院定名为人文社会学院，积极规划人文社会科学领域教育，延聘学院筹备委员会主持人选。 增设工业工程、控制工程及电子物理研究所博士班，传播科技及科技管理研究所硕士班。土木工程学系增为双班。 电子工程系所教授兼电子与信息研究中心主任施敏教授，荣获国际电机电子工程师学会（IEEE）1991 年电子组件研究最高荣誉的伊伯奖（1991 J.J. Ebers Award）。 图书馆开放光盘数据库校园网络系统，提供 DAO、SCI、COMPENDEX、NTTS 等多种数据库供用，为全台首创之服务。 台教育主管部门择定本校为台湾学术网络（Taiwan Academic Network，TANET）大新竹地区局域网络中心。 将博士论文加入 DAO（UMI Disseration Abstracts on Disc）数据库，成为亚洲第一所加入的大学。 与美国 IBM 研究部门（IBM Research Division）签订合作计划（Cooperation Programs）。 资讯工程系师生完成开发高分辨率彩色绘图适配卡，其分辨率高达 1024 乘 1024，较 I B M 公司下一代适配卡 1024 乘 768 之分辨率为高。 电子工程系所叶清发副教授开发完成每毫米 16Bit 高密度之传真机 CIS 组件，明暗电流比高达 10 的 4 次方左右，媲美居于先进地位的日本。
1992 年	自 1991 学年度下学期起正式实施新竹地区大学院校校际选课，参加学校除本校外，尚包括台湾清华大学、新竹师范学院及私立中华工学院。 设置世界第一套学生宿舍光纤网络。 教务长邓启福教授经遴选接任本校校长。 本校与美国贝尔通讯实验室（Bellcore）签订合作研究协议（Collaborative Research Agreement）。 增设统计学研究所及应用艺术研究所硕士班，电信、应用化学、材料科学与工程研究所博士班。
1993 年	计算器中心研发成功全台第一套计算机语音选课系统。 举行本校 1992 学年度毕业典礼，授予吴大猷先生及潘文渊先生名誉博士学位。 上海交大翁史烈校长、西安交大蒋德明校长、北方交大王金华校长及西南交大孙翔校长，应校友会之请，联袂来访。 增设物理研究所硕士班。 电信研究所更名为电信工程研究所。 增设环境工程及信息管理二研究所博士班。

1994 年	毫微米组件实验室与美国康乃尔大学（Cornell University）的奈米制造中心（Nano-fabrication Center，简称 NFC）签约缔结为姊妹中心。 殷之浩学长捐赠财团法人交大思源基金会新台币伍仟万元。 增设电机信息学院，将原属工学院之下列系、所、中心分出纳入：电子工程学系与电子研究所（设博士班）、控制工程学系与控制工程研究所（设博士班）、电信工程学系与电信工程研究所（设博士班）、资讯工程学系与资讯工程研究所（设博士班）、信息科学学系与信息科学研究所（设博士班）、光电工程研究所（设博士班）、半导体研究中心、电信研究中心。 增设外国语文学系，信息管理研究所硕士班，生物科技研究所硕士班。 管理科学学系由只收双班第二类组（自然组）学生，改为第一（社会组）、二类组学生各收一班。 传播科技研究所改名为传播研究所。 训导处改名为学生事务处，简称学务处；训导长更名为学生事务长，简称学务长。 财团法人交大思源基金会正式成立。 电机信息学院订定中文简称为电资学院（College of Electrical Engineering and Computer Science，简称 College of EECS）。 外国语文学系改原英文名称 Department of Foreign Languages and Literature 为 Department of Foreign Languages and Literatures。
1995 年	与美国斯坦福大学（Trans-Pacific Exchange of Stanford University）签订暑期课程合作计划（Cooperation Programs of Summer Session）。 杰出校友施振荣学长（宏碁集团董事长），捐赠新台币 500 万元予财团法人交大思源基金会，且以其母"秀莲"之名开创"秀莲讲座"。 增设人文社会学院，简称人社院（College of Humanities and Social Sciences，简称 CHSS）。包括传播研究所、应用艺术研究所、外国语文学系以及艺术与传播中心。 纽约出版之《系统与软件期刊》（Journal of Systems and Software），公布 1993 年至 1994 年间，六种软件工程学术期刊论文发表总量排行榜，本校于世界学术团体中排名第三，仅居 AT & T Bell Labs 及马里兰大学之后。个人方面，资讯工程系陈振炎教授则领袖群伦，排名世界第一。 IBM 与本校签订关系型数据库（DB2）软件学术合作推广计划。 财团法人交大思源基金会运用全球信息网络（World Wide Web）设立亚太科技与管理产学信息站（Asia-Pacific Information Service Site for Technology and Management），其内容包括学术研发信息、产业研发信息及电子图书馆三大信息库。 成立全台第一座高频实验室。 本校于国际电机电子工程师学会（IEEE）出版之电子组件杂志（Transaction on Electron Devices，TED）发表论文 18 篇，于电子组件短文（Electron Device Letters，EDL）发表 13 篇，均居世界第一。国际会议方面，本校教授于国际电子组件会议（IEDM）发表论文 4 篇，于超大规模集成电路技术会议（Symposium on VLSI Technology）发表 3 篇，均领先日本各校。

1996 年	成立教育学程中心，隶属人文社会学院，主持及协调教育学程事宜。 上海交通大学翁史烈、西安交通大学蒋德明、中国科学技术大学汤洪高、哈尔滨工业大学杨士勤、南开大学侯自新、北京医科大学程伯基、华中理工大学杨叔子、上海医科大学彭裕文、中南工业大学何继善、华南理工大学刘焕彬、西北工业大学戴冠中、浙江大学潘云鹤、青岛海洋大学管华诗等十三所大陆大学校长，1 月 12 日参加"海峡两岸高等教育发展现况学术研讨会"后联袂访问本校。 举行本校创校一百周年校庆。 海内外校友于五校（上海、北方、西南、西安、新竹五交大）巡礼活动之后，返校热烈庆祝举行本校创校一百周年校庆。 授予杨振宁先生名誉博士学位。 管理科学研究所更名经营管理研究所，增设生物科技研究所博士班。 领先全台废除共同必修科目和学分之规定，由学生自由选修通识教育学分。 光复校区电子与信息研究中心"电子信息研究大楼"竣工启用。
1997 年	北京交大访问团一行 10 名由该校校长王金华教授率领，抵校访问。并于 28、29 二日，与本校举行学术讨论会，及签订学术交换协议（Agreement on Academic Exchange）。 增设企业法律中心。 西南交大一行 10 名，由校长胡正民教授率领，莅校访问并签订合作交流协议。 举行本校八十五学年度毕业典礼，授予李远哲先生、丘成桐先生名誉博士学位。 增设统计学研究所博士班、材料科学与工程学系。控制工程学系更名为电机与控制工程学系。
1998 年	授予张忠谋先生、沈元壤先生名誉博士学位。 7 月 20 日奉台教育主管部门核定成立环保安全中心。 校长邓启福任期届满卸任，"中央研究院"院士张俊彦经遴选接任本校校长。 增设高阶主管管理硕士学程专班（Executive Master of Business Administration，简称EMBA），生物科技研究所博士班。管理科学研究所更名经营管理研究所，交通运输研究所运输工程与管理组硕、博士班改名运输工程与管理研究所硕、博士班。共同科改制分设通识教育中心（由原"国文"、历史、宪法、通识 3 组合并组成）及语言教学与研究中心（由原英语教学组改制成立）。

1999年	1999年6月9日,1998学年度第四次校务会议通过恢复本校复校时之校歌,其词如下: 美哉吾校,真理之花,青年之楷模,邦国之荣华。校旗飞扬,与日俱长,为世界之光! 为世界之光! 美哉吾校,鼓舞群伦,启发吾睿智,激励吾热忱。英俊济跄,经营四方, 经营四方,为世界之光! 为世界之光! 通识教育中心等十教学单位提出"世界性课程调查计划",经校课程委员会进行审核, 全数皆通过,将于1998学年度开始进行调查。 增设物理研究所博士班,科技管理研究所博士班(1994年起即先由工业工程与管理 研究所科技管理组代招博士班学生),管理科学研究所博士班新竹组,生物科技学系, 电机信息学院硕士在职专班,工学院产业安全与防灾在职专班,管理科学系硕士学程 在职专班,工业工程与管理硕士在职专班,信息管理研究所硕士学程在职专班、科技 管理研究所在职专班。电子计算器中心更名计算器与网络中心。成立电子商务研究 中心。 共同科改制分设通识教育中心及语言教学与研究中心。 成立生物科技学系。 海峡两岸交大,五校齐聚本校,于13、14日举行"海峡两岸交通大学跨世纪科技与 教育研讨会"。大陆方面由上海交大谢绳武校长率领19名来自上海、西安、北方, 以及西南交大的学者与会。会议焦点在讨论跨世纪教育与跨世纪科技两部分。
2000年	推动国际化,订定"与外国大学合作颁授学位办法"。 交大出版社出版第二本书:丘成桐教授所撰之《20世纪的几何大师——陈省身》。 为解决校地严重不足之问题,本校与新竹县政府签署"璞玉发展计划"合作协议书, 双方议定共同开发高铁六家站区附近约1250公顷非都市土地,以为设置"竹北校区" 之用。 增设生化工程研究所硕士班、科技法律研究所硕士班、语言与文化研究所硕士班(分 文化研究、语言学研究二组)。应用艺术研究所音乐组改制为音乐研究所硕士班。 原隶属于人文社会学院之"艺术与传播中心"更名为"交大艺文中心",升级为校内 一级单位。
2001年	增设教育研究所硕士班、建筑研究所硕士班(1992年先于应用艺术研究所设建筑学程, 继于1996年成立建筑与文化研究室,再于1998年与电机资讯相关教授成立虚拟设计 研究中心,至本年始正式改制为研究所)。人文社会学院于传播研究所增设文化社会 政策研究硕士学位课程,并开始招生。运输工程与管理学系更名运输科技与管理学系。 举行校长续任投票,通过校长张俊彦续任案。 第一次大学学术追求卓越发展计划,本校共获得光电、通讯及网路三个计划,总经费 共九亿。

2002 年	台教育主管部门核定本校2003学年度新增博士班：生物资讯研究所、生化工程研究所、文化社会政策研究所。 成立"生物科技学院"与"建筑学院"筹备处。 台湾联合大学系统：本校获得分配45%之经费。 "半导体中心"（Semiconductor Research Center，简写 SRC）更名为"奈米中心"本校"半导体中心"（Semiconductor Research Center，简写 SRC）更名为"奈米中心"。 参与"台湾联合大学系统"。
2003 年	国际服务中心于2003学年度上学期成立，2003年9月1日正式挂牌运作。 光复校区之工程五馆、电资资讯大楼及材料实验室竣工。 本校于 SCI、SSCI 及 EI 等重要期刊所发表论文之总数，全台排名第三，仅次于台湾大学及成功大学两校；教师平均发表篇数亦名列前茅。 台教育主管部门核定本校2004学年度增设调整系所班组，包含：1.同意调整增设"光电工程学系学士班""资讯与财金管理学系学士班""显示科技研究所硕士班"。2.同意增设"人文社会学系学士班""传播与科技学系学士班"。3.同意电子物理学系学士班分两组招生："电子物理组""光电与奈米科学组"。
2004 年	2004学年度增设工学院专班永续环境科技组、理学院专班应用科技组。 "语言与文化研究所"更名为"外国文学与语言学研究所硕士班"。 合并资讯工程学系与资讯科学系为一系，并增设资讯学院。整并后调整为"资讯工程学系学士班""资讯科学与工程研究所（硕士班、博士班）""网路工程研究所硕士班""多媒体工程研究所硕士班"。 成立"通识教育委员会"。 教育学程中心更名为师资培育中心。 宏碁施振荣校友回馈母校，推动学生及社团参与社会活动、服务名群，特捐款五年五千万，设立"施振荣社会服务义工奖学金"。 2004学年度增设理学院"IC制程化学产业研发硕士专班"、工学院"半导体材料与制程产业研发硕士专班"、工学院"影像显示科技产业研发硕士专班"、电资学院"光电显示科技产业研发硕士专班"、电资学院"微电子奈米科技产业研发硕士专班"、电资学院"IC设计产业研发硕士专班"，"分子科学研究所硕士班"。
2005 年	光复校区工程六馆新建工程已于2004年12月20日取得使用执照，材料系及电物系已搬迁进驻使用。 西安交大一行人来访，参观本校。 2005年12月14日九十四学年度第2次教务会议通过议案：修订"国立交通大学学生成绩作业要点"。 取得客家文化学院用地坐落竹北市公园段394地号土地权利书。 "迈向顶尖大学计划（5年500亿）"审议结果，本校荣获补助8亿元，

2006 年	举行本校创校一百一十周年校庆，14 日至 20 日本校举办"第九届两岸交通大学学术研讨会"，邀请大陆北京交大、西安交大、西南交大、上海交大等四所交通大学共29 名学者参与研讨会，并进行学术交流参访。 增设管理学院企业管理硕士学程（MBA）。 校长张俊彦任期至 7 月届满，新任校长尚未选出，由副校长黄威暂代校长。 增设生医影像与工程研究所硕士班、数学建模与科学计算研究所硕士班、奈米科技研究所博士班、财务金融研究所博士班、平面显示技术硕士学位学程（硕士在职专班）。 10 月 11 日至 14 日本校学术交流组宋开泰组长至北京清华大学进行学术交流参访，并拜会清华大学港澳台办公室副主任，商讨两校合作交流事宜。 黄威代理校长暨教授参访上海交大及参观紫竹科学园区、复旦大学，商讨将来两岸交换学生短期研究合作计划。 成立顶尖研究中心。
2007 年	2 月 电机学院吴重雨院长经遴选接任本校校长。 5 月 推动"博士生教学助理"制度 6 月 7 日，首次将服务学习纳入正式课程学分。 8 月 新增"生医影像与工程研究所"硕士班、"数学建模与科学计算研究所"硕士班、"奈米科技研究所"博士班、"财务金融研究所"博士班、"平面显示技术硕士学位学程"、"理学院科学学士学位学程"（对内学位学程）。
2008 年	1 月 18 日，顶尖大学计划第 2 期获"优等"，核定金额每年九亿元，较第 1 期增加一亿元。 4 月 12 日，在台建校 50 周年校庆暨"台湾 50、影响 50"颁奖典礼，由校内外人士共同选出当今在产业界最具有影响力的 50 位交大校友，并于校庆典礼中颁奖，彰显其贡献。上海交大、北京交大、西安交大、西南交大及新竹交大五校校友齐聚同庆。 7 月 台教育主管部门公布七所研究型大学通识评鉴结果，本校获评优等。 8 月 增设"电机资讯国际学士学位学程""电机资讯国际硕士学位学程""加速器光源科技与应用硕士学位学程""族群与文化研究所" 8 月 增设"声音与音乐创意科技硕士学位学程"

2009 年	2 月 5 日，与上海交通大学签订学术交流合作协议。 2 月 与西安交通大学签订学术交流合作协议。 3 月 14 日，迈向顶尖大学计划执行成果，考评结果"优等" 3 月 31 日，举行"钻石计划 亚洲创新标杆"记者会，正式宣布带领交大成为亚洲 MIT 的"钻石计划"。 4 月 11 日，校庆庆祝大会在台建校 51 周年校庆。校园征才活动。 4 月 与北京交通大学签订学术交流合作协议。 4 月 与浙江大学签订学术交流合作协议。 4 月 电机学院、工学院之机械及土木工程学系通过"2008 年 IEET 工程认证"。 6 月 2008 学年度大学校院系所评鉴结果公布，本校系所通过率 91%。 8 月 增设"加速器光源科技与应用博士学位学程"。 8 月 台南分部光电学院增设"光电系统博士学位学程""照明与能源光电博士学位学程""照明与能源光电研究所""光电系统研究所""影像与生医光电研究所"。 9 月 与清华大学签订学术交流合作协议。 9 月 与北京大学签订学术交流合作协议。 12 月 14 日，客家文化学院大楼揭牌启用典礼。
2010 年	1 月 与南京大学签订学术交流合作协议。 1 月 与浙江大学签订学术交流合作协议。 1 月 亚欧国际学术网路（TENI3）正式启用。 7 月 获颁台教育主管部门"以通识教育为核心的全校课程革新计划"学生学习档案领航学校。 8 月 16 日，联发科五年内投入四千万，支持钻石计划。 8 月 17 日，台南校区奇美楼捐赠取得产权。 8 月 台南分部光电学院增设"光电科技硕士在职专班" 8 月 电机学院电机工程学系新增硕士班、博士班 10 月 29 日，两岸及香港校友专书《热情是唯一的答案》出版上市。 11 月 取得 ISO20000 ITMS 资讯服务品质管理国际认证，为全台第一所取得该认证之大学。
2011 年	2 月 1 日，新校长吴妍华正式上任。吴校长为交大 1958 年在台建校后第十任校长，也是交大创校以来首位女性校长。 3 月 31 日，为庆祝交大在台建校 53 周年校庆，本校与台湾交大校友总会，共同主办第一届五校交大（上海、西安、西南、北京、新竹）自行车环岛活动。 4 月 1 日，台教育主管部门公布第二期五年五百亿结果，本校共获得 10 亿补助，较前一年度增加 1 亿。

2012 年	7 月，新增总务处校园规划组、高等教育开放资源研究中心、工学院——前瞻火箭研究中心等单位。
2013 年	1 月，与大陆地区西安交通大学签署校级 Dual PhD 学位合约书。 4 月，全台最低温在交大——日本理化学研究所精密仪器进驻，正式启动全台首次极低温物理研究。 5 月，本校与加州大学柏克莱分校共同成立"国际顶尖异质整合绿色电子研究中心"，获"国科会""跨国顶尖研究中心"审查通过，由研发长张翼教授及 UC Berkeley 胡正明院士共同主持。同时，交大与世界晶圆代工龙头台积电亦签订合作协议，成立交大—台积电联合研发中心，强化双方半导体相关研究暨人才培育和合作。中心于 5 月 20 日举行揭幕仪式，共同推动下一世代半导体前瞻技术研发。 6 月，与上海交通大学签署院级 Dual PhD 学位合约书（电机院、信息院）。 8 月，管理学院"运输科技与管理学系"更名为"运输与物流管理学系"。 8 月，管理学院"信息与财金管理学系"更名为"信息与财务金融管理学系"；"信息管理研究所"及"财务金融研究所"整并于"信息与财务金融管理学系"。
2014 年	1 月 21 日，"联发科技——交大创新研究中心"成立。 5 月 19 日，邀请上海戏剧学院《经典文化校园行》，于本校演艺厅演出《牡丹亭·游园》《三岔口》《青冢记·出塞》及《打渔杀家》四部经典京剧、昆曲，为交大师生呈现难得一见、中国传承千年的传统艺术。 7 月，新增工学院——前瞻材料研究中心。 10 月 7 日，电物系邀诺贝尔物理学奖 George F. Smoot 博士，以天文物理科技讲题"Mapping the Universe in Space and Time"分享宇宙奥妙。校长吴妍华并颁赠 George F. Smoot 博士为荣誉讲座教授。 10 月 2 日，104 年度新任校长遴选委员会召开会议，选出张懋中教授为本校新任校长 11 月 23 日至 26 日，由谢副校长率团出访大陆 8 所高校，西南交通大学、电子科技大学、四川大学、西安交通大学、武汉大学、华中科技大学、中山大学及北京工业大学，除进行交流会谈外，并至各校办理科普讲座，与各校青年学子简介本校专业领域，以延揽优秀人才至本校就学。 12 月 3 日，交大电机与美国 IBM 公司合作成立之"交大——IBM 智慧物联网巨量资料分析研发中心"，正式揭牌营运。

2015 年	2月1日，科技法律学院成立。新增交大——IBM智慧物联网与巨量资料分析研发中心。 3月，成立物联网智慧系统研究中心。 4月，成立"跨领域生医工程实验动物中心"。 7月，成立M2M智慧联网研究中心。 8月3日，举行卸任、新任校长交接典礼，张懋中校长正式接任1958年在台建校后第十一任校长职务。 11月15日至20日，由谢汉萍副校长带队，交大一行人前往赴大陆地区参访哈尔滨工业大学、吉林大学、大连理工大学、北京工业大学、北京航空航天大学、北京大学等校，进行光电、理、工领域之学术合作交流及洽谈学生交换事宜。 12月，成立大数据研究中心。

台湾政治大学

1950年	4月9日，本校在台校友于圆山饭店举行大规模的聚会，到会者约五百人，由张金鉴先生担任主席，会中曾通过筹组校友会及促进在台"复校"案。
1954年	6月9日，台教育主管部门负责人张其昀先生，呈函台湾地区行政管理机构，略谓：拟先在台恢复设置政治大学，以应急需。此为本校"复校"之议。 7月3日，台湾地区领导人蒋介石核派张其昀、黄少谷、陶希圣、陈雪屏、余井塘、蒋经国、倪文亚、严家淦、徐柏园、张道藩等10位为"复校"筹备委员，并指定张先生为召集人。在日后筹备会中，决定先恢复研究部，初期设立行政、公民教育、新闻及国际关系等四研究所。 10月20日，陈大齐先生奉命为政大代理校长。
1955年	4月1日，奉蒋介石之令，任命陈大齐先生为台湾政治大学校长，陈先生原为代理校长，至此为正式校长。 7月13日，大学部新设的教育、政治、新闻、外交和边政等5个学系，决定共招收新生一百名，各系分配名额以不超过22人为原则。
1956年	2月29日，制定本校校徽，校徽采用原"中华民国国徽"梅花形及"国旗"之青红白三色，中央为"政大"二字。 11月26日，本校首次召开校务会议。
1957年	11月13日，台湾地区行政管理机构第144次行政会议，决议成立文、法、商三学院。（一）文学院：教育、中文、东语、西语等4系，另增设历史系。东语系内增设土耳其语文组。（二）法学院：政治、外交、新闻、边政等4系，另增设法律、财税两系。（三）商学院：国贸系，另增设计政、银行两系。
1959年	5月20日，本校新建四维堂落成，是日于该堂举行本校成立32周年校庆大会。 8月11日，陈大齐校长请辞获准，并以刘季洪先生为本校继任校长。 10月31日，本校图书馆不再隶属教务处而独立设置，以何日章先生为馆长，专责其成，并成立图书馆委员会，以协助馆务之推进。

1960 年	2 月 18 日，本校附设实验学校正式开学上课，暂设小学部一至五年级及幼稚班各 1 班，供儿童求学，且为本校教育系所学生实习之所。 5 月 5 日，奉台教育主管部门令，筹设夜间部，并于 1960 学年度招收新生两班，每班 50 人，所设科系原则上以应用科学为主。 12 月 3 日，本校政治所高级研究生周道济，通过台教育主管部门考试获得法学博士学位，为依据台湾地区博士学位授予法获得此项学位之第一人。
1961 年	10 月 18 日，台湾地区行政管理机构第 256 次行政会议，原则通过社会科学资料中心自 50 学年度起改制独立，分采录、编目、管理 3 组，各设主任 1 人。
1962 年	1 月 4 日，本校与美国密西根大学合作，创办公共行政及企业管理教育与在职训练，成立公共行政及企业管理教育中心，并设规划委员会委员 11 人。
1963 年	7 月 5 日，本校"公共行政及企业管理中心"大厦落成典礼，由刘季洪校长主持，台教育主管部门负责人黄季陆主持启钥仪式。并同时开始办理"财务行政及成本控制讲习会""审计人员储备训练班"及"财务人员研习会"。
1964 年	9 月 30 日，实习广播电台成立，开始播音。
1969 年	2 月 28 日，本校召开第 27 次校务会议，决定将文学院改为文理学院，自 59 学年度起实施，并决先设数学系和心理系。
1970 年	3 月 1 日，本校法律系师生创办之"法律服务社"正式为社会服务，由刘清波傲授担任主任。 5 月 20 日，新建成之东亚研究所大楼，在万寿路所址举行落成典礼。 8 月 30 日，设立语言实验中心，提供全校学生加强语言训练之用。规定一年级新生必须修习英语实习课，每周 2 小时。
1973 年	3 月 29 日，本校首次举办"指南山下"园游会，由学生活动中心与学生代联合共同策划。 10 月 31 日，刘季洪校长经台湾地区领导人蒋介石提名，出任台湾地区考试机构第五任副首长，校长之职由李元簇博士继任。
1974 年	10 月 19 日，本校新建游泳池启用，举行首届游泳比赛，外文系李浩文于男子蝶式 100 公尺项目、企管系王贵英于女子 200 公尺自由式项目，双破台湾地区大专院校纪录。

1976 年	6 月 1 日，中正图书馆新建工程土木部分开标，馆区总面积 4356 建坪，落成后为岛内最大之大学图书馆。
1977 年	4 月 19 日，李元簇校长出任台湾教育主管部门负责人，并为台湾行政管理机构之"政务委员"。 5 月 2 日，前任校长李元簇与新任校长欧阳勋举行交接典礼，台湾教育主管部门派其"政务次长"朱汇森前来监交。全校教职员生并举行迎新送旧茶会。 9 月 9 日，空中行政专科补习学校在台湾中华电视台举行开学典礼。 9 月 15 日，中正图书馆布置就绪，正式开放。
1979 年	8 月 1 日，本校电子计算机中心改制正式成立。
1985 年	4 月 10 日，本校在台"复校"研究所第一届校友为毕业 30 年举行联谊会。
1986 年	8 月 1 日，欧阳勋校长任期届满卸任，原教务长陈治世博士奉令接任校长，于当日举行交接典礼，由台湾教育主管部门"次长"阮大年监交。
1988 年	12 月 31 日，艺文中心落成启用，设有各社团以及各项艺文活动专属活动场地。
1989 年	6 月 30 日，"外国语言实验中心"更名为"语言视听教育中心"，以承担各种外国语言及华语视听教育任务。 8 月 1 日，成立外语学院及传播学院，首任院长分别为金陵教授及阎沁恒教授。 12 月 31 日，"有限责任台湾政治大学员工消费合作社"成立，现已易名为"台湾政治大学员工消费合作社"。
1990 年	5 月 20 日，行政大楼落成典礼，由张京育校长、陈前校长治世及校友会代表金克和先生共同剪彩。 12 月 31 日，传播学院院馆落成启用典礼，请陈立夫先生、黄少谷先生、张京育校长及阎沁恒院长共同剪彩。
1992 年	5 月 17 日，举办 65 周年校庆园游会，新建校门落成仪式 9 时 30 分举行，由张京育校长暨李锺桂主任共同剪彩。 6 月 13 日，政大之声实习广播电台复播。 8 月 1 日，附设空中行政专科进修补习学校移并台湾空中大学。 10 月 21 日，语视中心大楼完工。语言视听教育中心迁移至山上校区新馆。

1993 年	1 月 31 日，资讯与教室大楼完工，共增加普通教室 27 间、研究室 10 间及电算中心教学、办公室等空间。
1994 年	3 月 14 日，张京育校长奉调入台湾地区行政管理机构，由教务长郑丁旺代理校长职务。 11 月 1 日，郑丁旺教授经选举当选本校校长。
1995 年	8 月 1 日，军训室依据本校组织章程改制为一级单位，负责军训及护理课程之规划与教学，必要时并接受校长交办之学生生活辅导事项，分设两组。
1996 年	7 月 1 日，国际关系研究中心正式改制纳编，成为政大附属单位之一。 9 月 30 日，实行校务基金制度，与第一银行木栅分行签约代理运作。
2000 年	5 月 20 日，社会科学院新建综合院馆落成剪彩典礼。
2001 年	6 月 16 日，第 113 次校务会议通过本校教师基本绩效评量办法。 8 月 1 日，教育学程中心成立。 8 月 1 日，国际事务学院正式成立，由郑校长、台湾地区监察机构负责人、本校退休之资深教授朱建民及国际事务学院首任院长李登科教授共同揭牌。 10 月 2 日，首届驻校艺术家林怀民驻校活动至 6 日止。 11 月，举办政大第一届包种茶节
2002 年	4 月 15 日，政大全球校友服务网正式上线，校友资料库同时启用。 8 月 1 日，教育学院正式成立，由秦梦群教授出任院长。
2003 年	4 月 26 日，首度举办大一新生家长亲师茶会。 8 月 1 日，郑瑞城校长连任校长就职。 12 月 5 日，本校获台湾地区行政管理机构之研考会营造优质英语生活环境特优奖。 12 月，校史网建置完成上线。
2004 年	5 月 20 日，首度发行政大校友证。 8 月 1 日，学术研究与合作委员会正式改制为研究发展处，由刘义周教授出任研发长。 8 月 1 日，成立国际教育交流中心，由林月云教授出任主任。 8 月 1 日，外语学院成立外文中心。 8 月 1 日，教务处通识教育中心成立。 9 月 30 日，山下校园景观改善工程完工。 11 月 25 日，首度开办四维堂前广场艺术秀。

2005 年	1 月 3 日，公文书横式书写推动方案正式上线。 1 月 18 日，第二教室更名为"学思楼"。 2 月 16 日，校园巡回公车开始行驶。 3 月 10 日，台湾教育主管部门到校进行大学校务评鉴实地访评。 5 月 20 日，发行首批校友证亲爱精诚卡。 8 月 1 日，附属高级中学开始招生。 8 月 1 日，外语学院成立北区大学外文中心。 8 月，推动台湾教育主管部门"教学卓越计划"，成立教学发展中心、职涯发展中心、学习发展中心及学习资源中心（至 2006 年 2 月陆续完成）。
2006 年	6 月 9 日，校史馆整修竣工启用。 8 月 1 日，吴思华先生接任校长。 9 月 30 日，与北市府签订学术服务交流协议书。 10 月 1 日，"原住民教育语言研究中心"升为校级研究中心。 12 月 23 日，与阳明大学、台北市联合医院（市医）共同签署合作交流协议。
2007 年	1 月 1 日，成立教学发展中心；成立心脑与学习研究中心。 3 月 1 日，"原住民研究中心"升格为校级研究中心；政大网站改版。 5 月 18 日，首届政大滚山球比赛。 5 月 19 日，颁授查良镛、张忠谋、林怀民先生名誉博士学位。 7 月 1 日，开办首届夏日学院。 8 月 1 日，生命科学研究所揭牌；成立政大出版社。 9 月 1 日，俄文系更名为"斯拉夫语文学系"，为台湾地区首创。 10 月 1 日，与"国防医学院"缔结教育暨学术研究策略联盟。 11 月 1 日，校长之家整修为心理咨商中心正式启用。 12 月 18 日，枫香步道完工启用。

2008 年	1 月 1 日，全新开发的校园 Portal 网站"iNCCU"启用。 1 月 11 日，创意学习中心启用。 2 月 10 日，增设华语文教学硕士、博士学位学程及亚太研究英语博士学程。 3 月 3 日，学务处增设住宿组及职业生涯发展中心，整并生活辅导组与侨生辅导组为生活事务暨侨生辅导组。 5 月，颁授余光中、林南、余英时名誉博士学位。 5 月 16 日，中山所更名台湾地区发展所。 6 月 14 日，商学院顶尖学园启用。 8 月 1 日，设置特聘教授；国际教育交流中心改制为国际合作事务处；秘书室改制秘书处，增设第三组，职司校友联系及募款事宜。 9 月 22 日，政大书院启用。 9 月 27 日，校友服务中心正式启用；校园影像记忆网"茶言观政"平台启用。 10 月 27 日，自强宿舍区成立山居学习中心，推动学宿合一。 12 月 1 日，捐募款专属网站"捐政网"上线。
2009 年	4 月 15 日，台文所陈芳明所长将手稿全数捐赠图书馆。 4 月 24 日，成立全台首创社区学习研究发展中心。 5 月 16 日，舜文大讲堂启用。 5 月 20 日，与台北市立联合医院合作设立政大门诊部；四维堂欢庆 50 周年。 7 月 1 日，电子公文线上签核系统正式上线。 8 月 1 日，"应用物理研究所"揭牌；社会行政与社会工作研究所更名为"社会工作研究所"；生科所更名"神经科学研究所"。
2010 年	1 月 4 日，校务建言系统上线。 5 月，商学院通过全球高等商管教育最高荣誉之一的 EQUIS 认证，为全台第一所获此认证大学。 8 月 1 日，吴思华校长连任就职。 11 月 25 日，中东与伊斯兰研究中心成立。 11 月 26 日，获台湾教育主管部门之品德教育绩优学校表扬。 12 月 1 日，欧盟研究中心揭幕。 12 月 17 日，国际学生暨学人会馆（I-House）落成启用。

台湾中山大学

1979 年	7 月，成立台湾中山大学筹备处（地址：台北市仁爱路三段 29 号 9 楼之 1），筹备处主任：李焕博士。
1980 年	7 月，奉台教育主管部门之台（69）高 18060 号函，于高雄市西子湾设立台湾中山大学。首任校长：李焕博士，以"国父"诞辰十一月十二日为校庆。 8 月，成立中国文学系、外国语文学系、电机工程学系、企业管理学系及中山学术研究所硕士班、企业管理研究所硕士班，学生人数共 189 人。 9 月，全校同仁集中于高雄市西子湾校本部办公。 10 月，本校第一届学生始业式，新生报到注册，开始上课。 10 月，成立学生代联会及学生活动中心大会。 11 月，正式发行第一份学生刊物——西子潮。
1981 年	8 月，成立化学系、材料科学研究所硕士班、海洋生物研究所硕士班。
1982 年	1 月，台湾中山大学校刊创刊号出刊。 3 月，成立教师联谊会。 6 月，举办第一届研究生毕业典礼（共 13 位毕业生）。 8 月，成立机械工程学系。
1983 年	8 月，成立海洋资源学系、机械工程研究所硕士班。 8 月，1983 学年度第一次行政会议通过"校歌"歌词，采用广州中山大学原有校歌，歌词稍作修改。
1984 年	6 月，举办大学部学生第一届毕业典礼。 7 月，新旧任校长交接（卸任校长：李焕博士，新任校长：赵金祈博士）。 8 月，成立资讯管理学系、电机工程研究所硕士班；中山学术研究中心成立；文理学院、工学院、管理学院成立。
1991 年	3 月，主办"第一届西子湾文学奖"。 8 月，物理研究所硕士班、环境工程研究所硕士班、财务管理研究所硕士班、海洋资源研究所硕士班成立。 12 月，主办"中小企业国际化研讨会"并邀请诺贝尔经济学奖得主马可维兹（Prof. Harry Markowi）与会作专题演讲。

1992 年	6 月，电子计算机中心完成岛内第一套全中文化的校园网路。 8 月，中国文学系夜间部、公共事务研究所硕士班、资讯工程研究所硕士班、生物科学研究所硕士班、日本研究中心成立。
1993 年	8 月，成立人力资源管理研究所硕士班、海洋环境工程研究所硕士班、大陆研究所硕士班、政治学研究所硕士班、光电工程研究硕士班、中文所博士班、管理科学研究中心成立。
1994 年	8 月，外文系夜间部、音乐研究所硕士班、外国语文研究所博士班、应用数学研究所博士班、资讯管理研究所博士班成立。 8 月，诺贝尔物理奖得主苏立佛（Prof. Robert Schrieffer）来校访问。
1995 年	1 月，诺贝尔物理奖得主丁肇中博士来校访问。 8 月，社会科学院、资讯管理学系夜间部、经济学研究所硕士班、财务管理研究所博士班、海洋生物研究所博士班及学术研究处、推广教育中心、体育室、军训室等一级行政单位成立。 11 月，诺贝尔物理奖得主 Nicolaas Bloembergen 教授来校访问。
1996 年	6 月，林基源校长荣任台湾地区考试机构之"保训会"主任委员。 7 月，第三任校长交接（卸任校长：林基源博士、新任校长：刘维琪博士）。 8 月，海下技术研究所硕士班、海洋资源研究所博士班、资讯工程研究所博士班、物理研究所博士班成立；海洋地质研究所更名为海洋地质及化学研究所。
1997 年	8 月，传播管理研究所硕士班、环境工程研究所博士班、生物科学研究所博士班成立。
1998 年	3 月，首度办理中山艺术季——阳光艺术节。 3 月，西子湾新闻创刊。 4 月~9 月，水资源研究中心、教育研究所硕士班、公共事务研究所博士班、人力资源管理研究所博士班、光电研究所博士班、大陆研究所博士班、生物科技研究中心、海洋环境系更名为海洋环境及工程学系、神经科学研究中心先后成立。 5 月，本校通过 BSI 颁发 ISO-9002 国际品质认证，全面建立为"行政工作标准化"的综合大学。 6 月，1998 亚洲周刊调查本校排名亚洲各大学第 18 名（1999 年第 22 名、2000 年第 20 名），持续朝向一流大学目标迈进。

1999 年	1 月，将蒋公行馆整修为艺术展览场所并开放。 3 月，台湾行政管理机构同意将台南县山上乡一笔公有土地（面积 66 公顷）拨交本校管理，并规划成立台南分部。 7 月，刘维琪校长获校长连任信任投票同意续任校长，另分别提名周昌弘教授及林财源教授为学术及行政副校长。 8 月，资讯工程学系、生物医学科学研究所硕士班成立。 12 月，本校神经科学中心陈庆铿主任通过台教育主管部门之"大学学术追求卓越发展计划"申请案。
2000 年	1 月，成立中山大学校务基金管理委员会。 8 月，成立海洋环境工程研究所博士班。 9 月，开办行驶校园公车。 10 月，成立先进有机材料科技中心。 自 2000 学年度起对大一新生实施英语能力检订作业。
2001 年	8 月，政治经济学系成立；海洋物理研究所硕士班、通讯工程研究所硕士班、政治学研究所博士班成立，机械工程学系更名为机械与机电工程学系。 10 月，本校被台湾教育主管部门评选为岛风 9 所重点大学之一。 10 月，光电所张道源及资管系梁定澎教授分别获台教育主管部门之"大学学术追求卓越发展计划"申请案。 10 月，成立网路大学事务委员会，积极推动课程数位网路化。
2002 年	3 月，本校与台湾大学、政治大学、成功大学等四校组成"台湾大学系统"（Taiwan University System），共同为高等教育携手合作。 8 月，医务管理研究所硕士班、哲学研究所硕士班成立，生物医学科学研究所更名为生物医学研究所。
2003 年	6 月，成立台湾中山大学校友总会。 8 月，设立一级行政单位"国际交流处"，成立生物医学研究所博士班、公共事务管理研究所硕士在职专班（澎湖班）、剧场艺术学系硕士班、材料与光电工程学系。
2004 年	5 月，成立"前瞻讲座"，启迪师生同仁视野与宏观。 8 月，成立财务管理学系二年制在职专。 11 月，举办廿四周年校庆，历届校长（李焕、赵金祁、林基源、刘维琪、张宗仁）勉励庆生。

2005 年	2 月，台湾教育主管部门核定私立国光高中、国光初中等二校归属本校"附属国光实验高级中学"。 3 月，张宗仁校长顺利通过信任投票，连任校长（2005 年 3 月）。 4 月，管理学院为岛内第一家荣获"国际高等商业管理学院联盟"（AACSB）学术认证通过。 5 月，大学校务评鉴莅校实地访评［8 月公布评鉴结果，本校在社会科学（含教育）、训辅（学生事务）、通识教育等类组表现较佳］。 7 月，实施 3233 人才培育计划（3 年学士、2 年硕士、3 年博士、3 年出国研修）。 8 月，成立"艺文中心"，隶属一级行政单位；每年举办"中山阳光艺术季""西湾表演艺术季"。 8 月，海洋资源学系更名为"海洋生物科技暨资源学系"；工学院电机系、资工系分别通过"工程及科技教育认证"（IEET）。 10 月，本校荣获台湾"发展国际一流大学及顶尖研究中心计划"重点学校之一（每年补助 6 亿元）。 12 月，北京大学许智宏校长率团莅校表演参访。
2006 年	2 月，为提升行政效率与议事功能，精简行政会议人数，并取消主管会报。 3 月，会议通过本校核心价值、教学目标、总体目标之内容(94 学年度第 15 次主管会报)。 3 月，中山、高医两校签订合作协议，成立"中山高医跨校研究中心"。 8 月，电机电力工程国际硕士学程、管理学院国际经营管理硕士学程、海洋事务研究所硕士班成立。 12 月，为落实学生自治精神，校务会议通过成立学生会组织章程。
2007 年	1 月，实施高雄中山大学教师教学研究奖励办法，建立教师弹性薪资制度。 3 月，通过各院院长遴选制度，强化院长职掌（开课权、评鉴权、人事权、经费权）。 4 月，张校长率"海峡两岸大学菁英培育交流参访团"（巴洛克驻校乐团）赴大陆重点大学（吉林大学、北京大学、浙江大学、中山大学）参访演出与学术交流。 5 月，台湾"中研院"翁启惠院长率领主管莅校参访，共同设置海洋领域国际博士学位学程；首次办理教师评鉴（区分通过、条件式通过、未通过三种）。 8 月，管理学院（大一、大二不分系）、理学院（大一不分系）、工学院（大一不分系）、教育研究所博士班成立；海下技术研究所、海洋物理研究所整并为"海下科技暨应用海洋物理研究所"，艺术管理研究所并入剧场艺术学系。 8 月，社会学研究所硕士班成立（延至 2008 学年度招生）。 8 月，张校长聘请周逸衡教务长兼代行政副校长、翁金辂学研长兼代学术副校长。 10 月，台湾教育主管部门核定本校自 2008 学年度试办二年繁星计划单独招生（本校以"照顾弱势、区域平衡"为目标，并更名为"南星计划"）。

2007 年	10 月，教评会原则性通过"教师升等教学审查办法"（即二阶段升等），内容细节再研议之。 12 月，本校与台湾地区同步辐射研究中心签订"合作意愿书"，共同推动招收国际博士生之学术合作（预定 2009 学年度招收"海洋科技学程""奈米国际学程"）
2008 年	2 月，台湾教育主管部门核定第 2 梯次"发展国际一流大学及顶尖研究中心计划"，本校 2008 年度补助 6 亿元。 3 月，中山、成大、中兴三所大学共组"T3 大学联盟"，并签订合作协议书。 8 月，通讯工程研究所博士班、医务管理硕士学位学程、光电工程学系成立；中山学术研究所与原大陆研究所整并并更名为"中国与亚太区域研究所"，材料科学研究所并入材料与光电工程学系，并更名为"材料与光电科学学系"。
2009 年	10 月，校务会议通过本校：5 年发展计划（2010—2014）。 12 月，台湾高等教育评鉴中心公布 98 年度系所评鉴结果，本校共 21 系所（43 班制）接受评鉴，19 系所（41 班制）通过，2 系所（2 班制）待观察。
2010 年	1 月，成立一级行政单位"产学营运中心"，结合产官学研，扩大产学服务能量 3 月，中山光电系、材光系、海工系、通讯所、环工所通过 IEET 认证。 3 月，杨弘敦校长率团赴广州中山大学、厦门大学、香港大学、香港城市大学、香港中文大学学术参访。 6 月，颁赠名誉管理学博士学位吴家录先生，表彰其管理成效与致力保险社会教育。 7 月，本校成为"高高屏教学资源中心"中心学校，发挥区域教学资源整合、分享之效益。 10 月，学校办理校务自我评鉴；俾配合 2011 年上半年之校务评鉴实地访评。 11 月，举办 30 周年校庆，并以"砥柱中流，三十而立"为主轴；校庆当天校友赠"西子楼"（校友会馆）模型予母校。 12 月，首任校长李焕先生辞世，学校举办"筚路蓝缕，以启山林——李焕与中山大学"学术纪念研讨会。
2011 年	3 月，与标杆学校 UCSD 签订合作备忘录。 4 月，台湾教育主管部门公布"迈向顶尖学校计划"申请案，本校获 4 亿补助。 4 月，学校办理 2011 年度校务评鉴（含性别平等、体育）实地访评。 5 月，北京大学周其凤校长率团莅校参访表演，两校签订合作备忘录（2011 年 5 月）。第七届世界华人物理学大会于本校举行。 11 月，女性教师联谊会成立。 12 月，通过 2011 年度校务评鉴（含性别平等、体育）。 12 月，主办"第一届山海论坛"研讨会（高雄中山大学、广州中山大学及厦门大学三校共同参与）。

2012 年	1 月，由本校发起，结合高雄市政府海洋局、台湾交通主管机构下属之高雄港务局，及高雄海洋科技大学、台湾海洋科技研究中心、海洋生物博物馆以及台湾海洋公园管理处等单位，共同组成"海洋策略联盟"。 1 月，办理本校行使校长杨弘敦续聘信任同意权投票，投票结果同意票过半，并完成台湾教育主管部门规定的程序。
2013 年	1 月，本校与台湾港务公司签署合作备忘录。 8 月，海洋科学学士学位学程、海洋地质及化学研究所及海洋生物研究所二所，于 2013 学年度整并并更名为海洋科学系（含学士班、硕士班、博士班）。 8 月，设立人力资源管理全英语硕士学位学程、亚太事务英语硕士学位学程。 11 月，成立余光中人文讲座。 12 月，2009 年诺贝尔化学奖得主艾达·尤纳斯（Ada E. Yonath）莅台参加：第一届"以色列—台湾生命科学双边研讨会"并于 12 日在中山大学进行学术座谈及参观实验室。
2014 年	8 月，产学营运中心及推广教育处，于 2014 学年度整并并更名为产学营运及推广教育处。 8 月，分别将传播管理研究所更名为：行销传播管理研究所，海下科技暨应用海洋物理研究所更名为：海下科技研究所，加速器光源及中子束应用博士学位学程更名为：加速器光源与中子束应用国际博士学位学程。 8 月，新增医学科技研究所、教育研究所硕士在职专班、电信工程国际硕士学位学程；医务管理硕士学位学程整并为企业管理学系医务管理硕士班。 10 月，本校主办第四届山海论坛及合作研究成果发表会（广州中山大学、厦门大学共同参与）。 10 月，国际研究大楼落成启用典礼。 10 月，2010 年诺贝尔化学奖得主 Akira Suzuki（铃木章）教授莅临本校专题演讲。 11 月，第一届校友捐赠首任校长李焕铜像揭幕仪式。 12 月，2014 年诺贝尔物理奖得主あまのひろし（天野浩 Hiroshi Amano）教授莅临本校参加 ISSLED 2014 第 10 届国际半导体发光元件研讨会。

2015 年	1 月，中山管院通过 AACSB 认证。 4 月，工学院通过 IEET 周期性审查，认证时间六年。 5 月，校务品质保证中心纳入本校组织规程，并附设校务研究办公室、内部控制小组与内部稽核小组。 5 月，本校杨弘敦校长亲自领军参加"玄奘之路商学院戈壁挑战赛"。 5 月，国光中学改制中山大学附中 10 周年（2015 年 5 月）。 10 月，本校表达与高雄海洋科技大学推动合校意愿。 11 月，参与第五届山海论坛研讨会（厦门大学举办），本校与广州中山大学、厦门大学共同参与。 12 月，组成校长遴选委员会，并召开校长遴选委员会第一次会议。
2016 年	5 月，本校杨弘敦校长接任台湾科技管理部门负责人（5/20），并由吴济华行政副校长接任代理校长。 8 月，第七任新卸任校长交接。卸任代理校长：吴济华博士新任校长：郑英耀博士。 11 月，本校东南亚研究中心成立暨揭牌。 11 月，本校赴广州中山大学参加第六届山海论坛。 11 月，2016 学年度，台湾教育主管部门之大专校院统合视导，本校六项项目皆获通过。

台湾中央大学

1956 年	1 月 12 日，中央大学校友会第十次常务干事会决议申请母校在台"复校"，展开"复校"工作。 4 月 21 日，校友会代表向台湾当局投递"国立中央大学校友会请求复校文"。台湾当局复函："中央财力有限，目前无法复校。"
1958 年	3 月 26 日，适逢国际地球物理年，校友会代表向台湾当局面递《再请复校呈文》。 7 月 3 日，台行政管理机构会议原则上通过中央大学复校案。 11 月，校友会接受苗栗人士赠地，作为复校校址。
1960 年	获台教育主管部门编列预算，苗栗政坛人士组成"国立中央大学在苗复校促进委员会"。
1962 年	5 月，台教育主管部门成立"国立中央大学地球物理研究所筹备委员会"，由台教育主管部门负责人梅贻琦先生兼任主任委员，复改由黄季陆、徐柏园相继担任主任委员。 6 月，"中央大学地球物理研究所"在苗栗二平山破土兴工，经费系由校友会募资新台币 230 万元。 7 月，奉台教育主管部门成立"中央大学地球物理研究所"，聘戴运轨为所长，成为本校第一个成立的研究所，也是国内第一个地球物理研究所。 10 月 1 日，中央大学地球物理研究所开学，第一年暂借台湾大学物理馆上课。
1963 年	3 月，苗栗新建大楼竣工。 9 月，宿舍工程完成。 9 月 15 日，中央大学地球物理研究所迁驻苗栗。
1966 年	获准进行迁校中坜计划。
1967 年	6 月，奉准迁校桃园县中坜市，并征购土地五十甲。
1968 年	5 月 8 日，奉准设立大学部物理学及大气物理学两系，校名暂称"国立中央大学理学院"，原地球物理研究所改隶于院。戴运轨改任院长。 秋，第一年暂借省立中坜中学上课，研究所仍暂留苗栗。 9 月 29 日，校友会成立"国立中央大学建校促进委员会"，协助进行建校工作。 12 月 7 日，中坜新校舍首期工程"科学大楼"及"秉文堂"兴工。

1969 年	夏，中坜新校舍首期及二期竣工，完成迁校工作。 9 月，奉准增设数学、化学工程学、中国文学三系。成立"中央大学学生活动中心"。
1970 年	5 月，选举第一届学生活动中心总干事，并举办第一次全校辩论比赛。 6 月，举行第一届全校运动会。 6 月 7 日，代表中央大学之刊物《中大青年》创刊。 8 月，成立外国语文学系。 12 月，举行第一届全校越野赛跑。
1971 年	8 月，成立土木工程学系。
1972 年	6 月，复校后第一届大学部学生毕业。
1973 年	7 月 1 日，戴运轨院长奉准退休，李新民继任院长。
1974 年	8 月，成立数学研究所。 10 月 31 日，桃园市 2 路公车开始营运中坜市与中央大学理学院之间。
1975 年	3 月，为纪念"国父"逝世五十周年，"省府植树节大会"于中大校园内植树八千余株，并于大门口圆环土地上栽植黄榕，编成"中央大学"四个字。 12 月，成立电子计算机中心。
1976 年	8 月，成立化学工程研究所。
1977 年	8 月，成立物理与天文研究所、生产工程学系。
1978 年	校友会呈请台教育主管部门恢复本院"国立中央大学"校名。 8 月，成立大气物理研究所。
1979 年	7 月 1 日，奉准恢复"国立中央大学"校名，李新民院长奉派为校长。设有理、工、文三个学院，共十个学系，七个研究所。 8 月，成立统计研究所。 9 月，生产工程学系改名为机械工程学系。
1980 年	8 月，成立电机工程学系、地球物理研究所博士班（此为复校后第一个博士班）。
1981 年	8 月，外国语文学系改称为英美语文学系。 8 月，成立法国语文学系、土木工程研究所、资讯及电子工程研究所。

1982 年	6 月，大礼堂完工启用。 7 月 30 日，李新民校长任期届满，余传韬继任校长。 8 月，成立光电科学研究所、机械工程研究所。
1983 年	成立财团法人中大学术基金会。 8 月，成立大气物理研究所博士班。
1984 年	7 月 1 日，成立太空及遥测研究中心。 8 月，成立企业管理学系、化学工程研究所博士班。
1985 年	8 月，成立土木工程研究所博士班、资讯管理学系及产业经济研究所，并成立管理学院，成为中大在台复校后第四个学院。
1986 年	8 月，成立物理与天文研究所班。
1987 年	成立环境工程研究中心、光电科学研究中心。 8 月，成立统计研究所博士班、光电科学研究所博士班、中国文学研究所。
1988 年	8 月，成立哲学研究所。理学院"物理与地球科学系"正式招生，将理学院原有之物理、地球物理、大气物理三系整合，实施一、二年级不分系之教学实验，开创全台近代大学教育先例。 11 月 29 日，训导处为增加全校师生沟通的管道，发行《训导通讯》。
1989 年	3 月 25 日，正式实施"意见墙"和"言论广场"，全校教职员生皆可借此表达不同意见。 8 月，成立机械工程研究所博士班、财务管理研究所。 12 月 22，1989 学年度第二次校务会议提案增列讲师、助教、职工、学生代表出席校务会议，通过列席。
1990 年	电算中心完成全校校园办公、研究、教学区楼内乙太网路建设。中大成为台教育主管部门台湾学术网路桃园区域网路中心。 6 月，余传韬校长请辞获准，刘兆汉继任校长。 8 月，理学院停办物理及地球科学系之科系整合实验，地球物理学系更名为地球科学系，大气物理学系更名为大气科学系。 8 月，成立环境工程研究所、经济学系、太空科学研究所。 12 月 4 日，全校班代会议通过"国立中央大学学生临时议会实施办法"。
1991 年	1/8 学生投票选举学生临时议会议长、副议长、议员。 成立软体研究中心。 8 月成立资讯管理研究所、企业管理研究所、应用地质研究所。 10 月 23 日，学生临时议会三读通过"国立中央大学学生会章程"。 12 月 10 日，大学部同学投票复决通过"国立中央大学学生会章程"，并于次日由校长公布实行。

1992 年	8 月，成立产业经济研究所博士班、资讯工程学系、财务管理学系、天文研究所。
1993 年	1 月，环境工程研究中心改名为环境研究中心。 5 月，训导处开辟资讯网路，使全校师生能够立即掌握训导处业务动态。 8 月，成立环境工程研究所博士班、化学研究所、电机工程研究所、艺术学研究所、历史研究所。 10 月，电算中心完成学生和教职员宿舍电脑网路。12/31 中大资源卫星接收站启用。
1994 年	3 月 21 日，中正图书馆新馆正式开馆启用。 6 月，台湾首座资源卫星接收站于中大完工，为当时全世界灵敏度最高的接收站；开启岛内卫星遥测科技新纪元。 8 月，成立中国文学研究所博士班、财务管理研究所博士班、电机工程研究所博士班、资讯管理研究所博士班、人力资源管理研究所、工业管理研究所、英美语文研究所。资讯电子工程研究所改为资讯工程研究所。全校此时设有四个学院，十六个系，二十七个研究所。
1995 年	增设通识教育中心、教育学程中心、通讯系统研究中心。
1996 年	科学四馆、管理二馆竣工。
1997 年	刘兆汉续任校长，成为本校新制组织规程实施后，首位校务会议遴选之校长。 11 月 1 日，成立灾害防治研究中心、增设研究发展处与副校长职务。
1998 年	增设资讯电机学院、地球科学学院、台湾经济发展研究中心。
1999 年	1 月 13 日，中大鹿林山天文台启用。由本校参与研发的"中华卫星一号"成功发射升空，开启太空科技研究航程。 2 月 24 日，本校取得"中大"注册商标，为专属名称。
2000 年	刘兆汉续任校长。 1 月，中大与"国科会"合作推动全球第一个网路虚拟城市——亚卓市正式开幕。 5 月，成立客家研究中心。 10 月 24 日，台湾中国技术服务社捐赠中大 2 亿，兴建国鼎图书资料馆，内设台湾经济发展研究中心。
2001 年	中大被台教育主管部门列为台湾九所重点培植的研究型大学。

2002 年	中大与台湾清华大学、交通大学、阳明大学共同组成"台湾联合大学系统联盟"。
2003 年	刘兆汉校长任期届满,刘全生继任校长。 成立客家学院、学习科技研究中心、奈米科技研究中心、语言中心。
2004 年	工程五馆落成启用。 成立光机电工程研究所、客家语文研究所、客家政治经济研究所。
2005 年	1 月 10 日,科学五馆举行落成典礼。 台达电子董事长郑崇华捐赠 2 亿打造国鼎光电大楼(中大首座绿建筑)。 增设光电科学与工程学系、法律与政府研究所硕士班、软体工程研究所硕士班、客家政治经济与政策研究所(在职专班)、营建管理研究所博士班、网路学习科技研究所博士班、水文科学研究所博士班、生物资讯与系统生物研究所博士及硕士班。 10 月 9 日,中大获选为台教育主管部门"五年五百亿迈向顶尖大学计划"补助的 12 所学校之一。
2006 年	1 月,刘全生校长任期届满,李罗权继任校长。 3 月,新大学法公布施行,中大成立组织规程研修小组配合修正组织规程。4 月中大参与研发的"福卫三号"发射升空,使台湾成为全球气象资讯中心。
2007 年	成立科学教育中心、生物科技与生医工程中心、人文研究中心、数据分析方法研究中心。GPS 中心正式在本校成立营运。
2008 年	5 月 20 日,李罗权校长荣升台湾科学委员会主任委员,蒋伟宁副校长代理校务。 8 月,中大于 97 学年度开设理学院学士班,实行大一、大二不分系招生学程,首届招收 15 位学生。 设立材料科学与工程研究所博士班、会计研究所硕士班、照明与显示科技研究所硕士班、遥测科技硕士学位学程。 11 月,中大、桃县府合作筹设附属中学。 12 月,国鼎光电大楼、客家学院大楼正式动工。
2009 年	1 月,蒋伟宁校长真除,成为中大在台复校第七任校长。 7 月,中大执行太平洋温室效应气体观测计划(PGGM),建造全球最大的空中海上温室效应气体观测平台。 8 月,人文社会科学大楼(文三馆)、学人宿舍正式动工。 成立光机电工程研究所博士班、中央大学与"中央研究院"地球系统科学国际研究生学位学程博士班、戏曲研究所硕士班。 12 月,中大于台教育主管部门五年五百亿执行绩效里连续四年获评"优等"。

2010 年	1 月，本校"绿色启动"计划开跑，发展绿能研究特色，打造中大为"绿色大学"。管理学院 EMBA 开办全国首创之"绿色经济管理组"（Green EMBA）。 2 月，台教育主管部门宣布本校五年五百亿执行绩效，考评成绩连续第四年为"优"。 4 月，台教育主管部门公布"大学系统组织及运作办法"第五条修正草案通过，台湾联合大学系统学生转学或跨校逕读博士，比照校内转系，不需经过转学考。 5 月，"教学研究综合大楼"正式动工。 7 月，本校首次增设四技二专推荐甄选入学之管道。 10 月，本校获台教育主管部门颁奖表扬"通识教育领航学校"。
2011 年	1 月，"客家学院大楼"落成启用。 4 月，中大再获台教育主管部门"发展国际一流大学及顶尖研究中心计划"第二阶段（100–104 年）审核通过。 5 月，中大首栋绿建筑"国鼎光电大楼"落成启用。 5 月 11 日，与北京大学缔约，推动学术交流合作。6 月台湾中央大学、香港中文大学与南京大学签署成立两岸及香港"绿色大学"联盟。

台湾清华大学

1955 年	12 月，台湾地区行政管理机构组设"清华大学研究院筹备委员会"，决定： 1. 校址设于新竹市赤土崎。 2. 先设原子科学研究所，招收研究生。 3. 开办费及建筑费请政府核拨，图书仪器费由清华基金支付。 12 月，《清华学报》在台复刊。
1956 年	1 月 1 日，本校于台北成立"国立清华大学研究院筹备处"，聘台湾师范大学理学院陈可忠院长（清华学校 52 级）为主任。 3 月，接收台湾"中国石油公司"拨让新竹市赤土崎土地及新竹县政府赠送土地，并陆续收购民地，校地面积共 78 公顷。 6 月，新竹校区建筑开始。 7 月 1 日，正式以"国立清华大学"为名运作。 9 月，招考原子科学研究所首届研究生，录取 21 人，假台湾大学上课。
1957 年	8 月，首批建筑完成，包括办公楼（1989 年拆除改建综合化学馆）及教职员宿舍。 9 月，原子科学研究所正式迁新竹校区办公上课。
1958 年	5 月 25 日，物理馆落成(1990 年拆除改建综合化学馆)。反应器实验馆建筑工程动土。 7 月，首届学生毕业，原子科学研究所 10 人，颁授理学硕士学位。
1959 年	春，范氏加速器于物理馆安装完成。
1960 年	10 月，核子工程馆（1994 年拆除改建动机工工馆）、反应器实验馆、同位素馆完工。
1961 年	4 月 13 日，水池式反应器（原子炉）装置完成，临界试车顺利（12 月 2 日于台北举行落成典礼）。 12 月 5 日，校友举行茶会庆祝梅贻琦校长掌校三十年。
1962 年	4 月 29 日，《清华校友通讯》在台复刊，首卷为新一期校庆专刊。 5 月 19 日，梅贻琦校长逝世，陈可忠教务长代理校长。 7 月，科学仪器馆完工。 11 月 18 日，梅故校长安葬于梅园。
1963 年	2 月，数学研究所成立，第一届研究生 3 月入学。第二届秋季入学。 5 月，反应器实验馆命名为"梅贻琦纪念馆"。

1964 年	8 月，恢复大学部，设核子工程学系及数学系。
1965 年	1 月，陈可忠教授真除校长。 7 月，台湾"国家长期科学发展委员会"（国科会之前身）设立五科学研究中心（1988 年更名"推动研究中心"），其中物理研究中心由本校主办，数学研究中心由本校协办。 8 月，大学部增设物理学系。 12 月 11 日，百龄堂落成。
1966 年	8 月，物理学研究所硕士班成立，大学部增设化系。 11 月，数学馆落成（其后增建数学二馆、三馆，均于 1991 年拆除改建资讯电机馆）。
1967 年	2 月，化学馆落成（1996 年整建为研发大楼）。 5 月 19 日，校友捐建于台北市之月涵堂落成（1985 年 8 月扩建完成）。 8 月，物理研究所增设博士班，11 月入学。
1968 年	3 月，图书馆（红楼）落成。物理二馆完工。 6 月，首届大学部毕业生毕业，核工系 35 人，数学系 22 人。 8 月，化学研究所硕士班成立。 10 月，游泳池落成。
1969 年	2 月 24 日，物理研究中心启用 IBM-1130 计算机。 3 月 8 日，与交通大学联合举办之首届"梅竹锦标赛"开幕。 7 月 4 日，陈可忠校长退休，台湾当局青年辅导委员会阎振兴主任委员（土木系 43 级）继任。
1970 年	原子科学研究所停止招生（1975 年恢复招生）。 8 月，原子核工程研究所硕士班成立，数学系增设应用数学组。 8 月 10 日，首位博士班毕业生：物理研究所石育民口试通过，亦为全台各大学毕业之首位理科博士。 9 月 1 日，阎振兴校长调掌台湾大学，美国普渡大学徐贤修教授（算学系 35 级）继任。
1971 年	3 月，体育馆完工（1993 年更名为羽球馆）。
1972 年	8 月，成立工业化学系、材料科学工程学系、动力机械工程学系等三个学系，同时增设应用数学研究所、应用物理研究所、应用化学研究所、工业化学研究所、材料科学工程研究所、动力机械工程研究所等六个硕士班。

1973 年	4 月，工程馆完工。 6 月 18 日，徐贤修校长任台湾"国家科学委员会"主任委员，仍兼本校校长。 8 月，系所之上设理、工、原子科学三个学院，聘物理系沈君山教授为理学院院长，11 月聘原科所冯彦雄教授为原子科学院院长，1974 年 2 月聘工化系毛高文教授为工学院院长。
1974 年	4 月，分子生物馆完工。 4 月 28 日，美国阿冈国家实验室借赠本校阿冈诺反应器，由原子科学研究所装置完成，原子能委员会钱思亮主任委员主持启钥运转。 7 月，开设暑期教师进修班（后通称四十学分班，分数学、物理、化学三组招生，1992 年增设历史组，四十学分班至 2001 年暑期结束）。 8 月，理学院增设化学研究所博士班、分子生物研究所硕士班；工学院增设工业工程学系。
1975 年	9 月 1 日，徐贤修校长请辞，台湾大学化工系张明哲教授（化工系 35 级）继任。
1976 年	8 月，成立电子计算机中心，工学院增设电机电力工程学系。
1977 年	8 月，理学院增设计算机管理决策研究所硕士班，工学院增设电机电力工程研究所硕士班，原子科学院增设辐射生物研究所硕士班。
1978 年	8 月，工学院增设高分子研究所。 9 月，工程二馆完工。
1979 年	7 月，工程三馆完工（电机系所使用）。 8 月，工业化学研究所成立博士班，"电机电力工程学系（研究所）"更名"电机工程学系（研究所）"。
1980 年	1 月，计算机中心启用 CYBER-172 计算机。 6 月，辐射生物馆完工。 7 月，"国科会"新竹贵重分析仪器使用中心于本校成立（1999 年 7 月更名本校贵重仪器使用中心）。 8 月，工学院增设工业工程研究所硕士班，理学院增设中国语文学系。"工业化学系（研究所）"更名"化学工程学系（研究所）"。
1981 年	4 月，综合大楼落成（含行政单位、讲堂等）。 8 月 1 日，张明哲校长出任台湾"国家科学委员会"主任委员，台湾工业技术学院毛高文院长继任。 8 月，增设动力机械工程研究所博士班、材料科学工程研究所博士班、原子核工程研究所博士班，核子工程学系招收双班。 12 月，原子科学研究中心大楼完工。

1982 年	8 月，理学院增设外国语文学系，数学研究所增设博士班。 9 月，长期发展委员会制定本校第一期五年校务发展计划。 11 月，水木餐厅完工（1983 年 1 月 29 日正式开张）。
1983 年	8 月，成立研究发展委员会。计算机管理决策研究所及电机工程研究所增设博士班，应用物理研究所并入物理研究所，应用化学研究所并入化学研究所；与中山科学研究院合作成立自强科学研究中心。
1984 年	4 月，工程四馆第一期工程完工。 8 月，增设人文社会学院，聘"中央研究院"民族学研究所李亦园所长为院长，下设中国语文学系、外国语文学系、新增设之经济学系及共同学科。
1985 年	5 月，第二综合大楼完工（含图书馆、计算机中心、国际会议厅等）。 6 月，核能科技一馆完工。 8 月，人文社会学院增设历史研究所硕士班、工业工程研究所增设博士班。"分子生物研究所"更名"生命科学研究所"，"原子核工程研究所"更名"核子工程研究所"。体育学科成立，隶属人文社会学院。 9 月，人文社会学院迁入旧图书馆（红楼）。计算机中心启用 CYBER 180/840 主机。
1986 年	6 月，生物工程研究中心成立。 6 月，首次提前一年修完学士学位学生 3 人（物理系王孟源 720342、物理系锺葳 720345、电机系徐永珍 720927）毕业。 8 月，人文社会学院增设语言学研究所硕士班，应用数学研究所增设博士班。电机工程学系及动力机械工程学系招收双班。 9 月，双学位制开始实施。第一位获双学位学生（化工系马卫华 720613，双学位电机系）1988 年 6 月毕业。 11 月，生命科学馆完工。
1987 年	2 月 17 日，开始实施学生劳作服务制度。 8 月 1 日，毛高文校长调任台教育主管部门负责人，化学系刘兆玄教授继任。 8 月，人文社会学院增设社会人类学研究所硕士班，原子科学研究所增设博士班。
1988 年	3 月 24 日，"国立清华大学简讯"创刊（2001 年 1 月 1 日起停刊，改以"清华资讯网"取代，2006 年 3 月 13 日复刊）。 3 月，学术研究专案赞助计划，首届八位教授受奖。每人三年内最多可补助三百万元。 5 月，艺术中心成立。 8 月，人文社会学院增设经济学研究所硕士班，理学院增设统计研究所（后更名"统计学研究所"）硕士班。"计算机管理决策研究所"更名"资讯科学研究所"。 9 月，综合三馆完工（理学院、数学系、应数所、统计所等单位使用）。 10 月，综合物理馆完工。

1989 年	8 月，人文社会学院增设文学研究所硕士班，统计学研究所增设博士班，辐射生物研究所增设博士班。 12 月，梅贻琦校长百年冥诞纪念会于梅园举行，校友会举办多项纪念活动。
1990 年	3 月，"大学部成绩优异学生甄试直升研究所硕士班"开始办理。 7 月，开发整合型图书馆自动化系统。 8 月，理学院增设资讯科学系，语言学研究所增设博士班。 12 月 3 日，人文社会馆落成典礼。
1991 年	4 月，80 年校庆，邀请陈省身（数学所 34 级）、杨振宁（物理所 44 级）、李政道（物理系）、李远哲（原科所 61 级）四位杰出校友共同主持座谈会，并分别发表学术演讲。 8 月，理学院增设生物医学研究所硕士班及生命科学系。
1992 年	3 月，教务会议通过弹性学程办法，修毕发给学程证明。 5 月，"共同学科"更名"通识教育中心"。 7 月，生命科学院成立，聘美国约翰霍普金斯大学生物化学系黄秉干教授为院长，由生命科学系、生命科学研究所及生物医学研究所组成。 8 月，原子科学院增设原子科学系。
1993 年	2 月，室内温水游泳池完工。 2 月 8 日，阿冈诺反应器除役（3 月 29 日完成）。 3 月 5 日，刘兆玄校长就任台交通部门负责人，李家同教务长代理校长。 5 月，综合化学馆、综合化工馆完工。 6 月，校长遴选委员会组成，校长首次由官派改为遴选产生。 7 月，资讯电机馆完工。 9 月，核能教学馆完工。
1994 年	1 月 3 日，新大学法修正公布。 1 月 28 日，首任遴选校长——物理系沈君山教授就任。 8 月，工学院增设工程管理研究所硕士班，人文社会学院增设哲学研究所硕士班，文学研究所增设博士班。 8 月，大学法中教师增设"助理教授"一级，本学期开始聘任助理教授。 9 月 9 日，北京清华大学王大中校长来访，并邀请沈君山校长率团访问北京清华。 11 月，共同教育委员会成立，下设通识教育中心、体育室、军训室及艺术中心。 11 月 29 日，"训导处"更名为"学生事务处"，简称"学务处"。 11 月，生命科学二馆完工。

1995 年	7 月 1 日，开始实施校务基金制度，经费之运用较具弹性，但学校亦须自筹经费。 8 月，依新大学法精神，系所名称相同者，采行系所合一架构，研究所併入学系。工程管理研究所併入工业工程学系，生物医学研究所增设博士班后併入生命科学系；"核子工程学系"更名"核子工程与工程物理系"，"中国语文学系"更名"中国文学系"；文学研究所博士班并入中国文学系，文学研究所硕士班分併入中文、外语系；数学研究所、应用数学所至 1996 年才并入数学系。 8 月，开办中等学校教育学程（教育学程中心于 1996 年 11 月校务会议通过成立，隶属共同教育委员会）。 8 月 30 日，本校学生访问团（叶铭泉总务长领队）至北京清华大学参访，两岸清华大学交流伊始。 12 月 10 日，沈君山校长率团访问北京清华大学，12 日签订"海峡两岸清华大学交流合作备忘录"。
1996 年	1 月，东亚研究型大学协会（The Association of East Asia Research Universities，AEARU）成立，本校及北京清华大学均为创始会员。 4 月，台教育主管部门同意核备本校新组织规程。 5 月 5 日，由原化学馆及工程二馆整建而成之研发大楼正式启用。 6 月 21 日，首次颁赠名誉博士，授诺贝尔物理奖得主杨振宁教授名誉理学博士。 8 月，工学院增设电子工程研究所硕士班及博士班，历史研究所增设博士班，社会人类所增设人类学组博士班。 9 月，台湾清华大学校友会成立，推选李远哲校友（原科所 61 级）为第一届理事长。
1997 年	4 月，校务会议通过新校长任期由三年改为四年。 8 月 1 日，本校与台湾交通大学合作之"国家理论科学研究中心"在本校设立。 8 月，"核子工程与工程物理学系"（1995 年，核工系更名为核子工程与工程物理学系）更名"工程与系统科学系"，"资讯科学系"更名"资讯工程学系"。材料科学工程学系及资讯工程学系学士班招收双班。生命科学院增设生物技术研究所硕士班，经济学系增设计量财务组。 11 月 4 日，沈君山校长任满届退，陈信雄教务长代理校长。 11 月，动机工工馆完工。应为 1998 年 4 月完工（见台湾清华大学简讯第 356 期、校园建筑物调查清册）

1998 年	2 月 1 日，电机资讯学院成立，聘资工所陈文村教授为院长，由电机工程学系、资讯工程学系及电子工程研究所组成。 2 月 4 日，美国伊利诺大学香槟校区刘炯朗助理副校长继任本校校长。 8 月，辐射生物研究所併入生命科学系。"工业工程学系"更名"工业工程与工程管理学系"。社会人类研究所分设为社会学研究所（硕士班）及人类学研究所（硕士班及博士班）。开办高阶经营管理硕士学位在职进修专班（EMBA）。 9 月 1 日，创新育成中心设立。
1999 年	8 月，电机资讯学院增设通讯工程研究所硕士班及博士班。 10 月，"研究发展委员会"更名"研究发展处"。 11 月 2 日，校务会议通过刘炯朗校长提名物理系陈信雄教授为副校长。 12 月，本校《教师伦理守则》编辑完成。
2000 年	1 月，大学学术追求卓越发展计划本校获台教育主管部门/"国科会"补助四年六亿八千万元。 2 月，首届杰出校友遴选，许明德（核工系 68 级）、孔祥重（数学系 68 级）、黄洲杰（电机系 66 级）、吴子倩（材料系 78 级）四位校友获选。获颁本校名誉博士学位之校友杨振宁（物理所 44 级）、李政道（物理系）、李远哲（原科所 61 级）、陈省身（数学所 34 级）、俞国华（政治系 34 级）等五位亦为第一届杰出校友。 8 月，成立计量财务金融学系、科技管理研究所及科技法律研究所，并设科技管理学院筹备处。经济学系学士班招收双班，计量财务组并入计量财务金融学系。开办国民小学教育学程。 8 月 25 日，台湾积体电路公司捐赠一亿五千万元兴建大楼，命名"科技管理学院——台积馆"。 10 月 5 日，科技管理学院获台教育主管部门核准成立，聘王国明教授为院长。
2001 年	1 月 4 日，台达电子工业公司董事郑崇华先生捐赠台达公司股票一百万股，在本校设立"孙运璿科技讲座"。 2 月，加强推动两岸学术合作：与北京清华签订多项合作合约；与北大、复旦、苏州、兰州大学合办"莙政学者"交换学生计划。 4 月 22 日，创校 90 周年暨在台建校 45 周年校庆，北京清华王大中校长、诺贝尔奖得主杨振宁校友等来校庆祝。29 日，刘炯朗校长率团赴北京清华参加校庆活动。 8 月，成立天文研究所硕士班、资讯系统与应用研究所硕士班。 11 月，获台教育主管部门补助"大学学术追求卓越发展计划第二梯次"，经费四亿六千万元。 12 月 10 日，旺宏公司董事长胡定华及总经理吴敏求代表旺宏电子公司捐赠三亿元，协助本校兴建学习资源中心。

2002 年	2 月 4 日，刘炯朗校长任满退休，由美国加州大学柏克莱分校天文讲座徐遐生教授继任。 8 月，成立微机电系统工程研究所硕博士班、台湾文学研究所硕士班、人文社会学系。生命科学院系所架构调整为生命科学系、分子与细胞生物研究所硕博士班、分子医学研究所硕博士班、生物资讯与结构生物研究所硕博士班、生物科技研究所硕博士班。 9 月，获台教育主管部门评选为国内七所重点研究型大学之一，获得三亿多元重点补助。
2003 年	8 月，资讯工程学系学士班新增第三班，物理学系学士班增设光电物理组，成立光电工程研究所硕、博士班，及工业工程与工程管理学系硕士在职专班。
2004 年	8 月，成立经济学系博士班及社会学研究所博士班。 9 月，学生人数首度超过万人，计 10，265 人。
2005 年	7 月，本校宜兰园区奉台教育主管部门核定设立，8 月 1 日成立筹备处。 8 月，新增资讯系统与应用研究所博士班、科技管理研究所博士班、工学院产业研发光电科技硕士专班；经济学系由人文社会学院改隶科技管理学院。
2006 年	2 月 1 日，徐遐生校长卸任，由资工所陈文村教授（核工系 70 级）继任。 4 月，本校获台教育主管部门"迈向顶尖大学计划（五年五百亿计划）"补助，前二年（2006—2007）各新台币十亿元。 6 月，"材料科学中心"与"奈米微系统中心"合并为"奈微与材料科技中心"。 6 月，校务会议通过"教师学术卓越奖励办法"及"讲座及特聘教授设置办法"。 8 月，依本校"教师学术卓越奖励办法"开始实施弹性薪资制度。 8 月，"原子科学系"更名为"生医工程与环境科学系"，成立台湾研究教师在职进修硕士学位班、理学院学士学位学程、科技管理学院学士学位学程；"秘书室"更名"秘书处"。
2007 年	1 月，发行英文季刊"News Letter"。 5 月，聘请诺贝尔奖得主杨振宁教授为清华荣誉特聘讲座。 7 月，成立生物医学研发中心。 8 月，成立人文社会研究中心。 8 月，"微机电系统工程研究所"更名为"奈米工程与微系统研究所"；成立核子工程与科学研究所硕士班、国际专业管理硕士班、工学院学士班、人文社会学院学士学位学程；增设计量财务金融学系硕士班、科技管理研究所硕士在职专班。

2008 年	2 月 1 日，正式成立"清华学院"，任命李家维教授为院长，唐传义教授为执行长。 2 月 5 日，获得台教育主管部门"发展国际一流大学及顶尖研究中心计划"第二梯次（2008—2010）每年十二亿元经费补助，审议结果较第一梯次（2006—2007）每年十亿元补助增加二亿元，是所有获补助学校中，增加额度及幅度最高者。 4 月 18 日，科技管理学院——台积馆启用典礼。 6 月，首度实施"专任教师评量"（96 学年度通过本校"专任教师评量办法"）。 8 月，新增：核子工程与科学研究所博士班、系统神经科学研究所硕士班、服务科学研究所硕士班、先进光源科技硕士学位学程、生命科学院学士学位学程、电机资讯学院学士班。 8 月 30 日，学儒斋正式启用，为岛内首获台教育主管部门核备同意，以专案融资方式兴建之学生宿舍。 10 月 31 日，教学大楼——台达馆动土典礼，2011 年 10 月 13 日启用。
2009 年	1 月，财团法人高等教育评鉴中心发布 97 年度上半年大学校院系所评鉴结果，中文系学士班、外语系学士班、人文社会学系学士班、奈米工程与微系统研究所硕士班及博士班、核子工程与科学研究所硕士班，认可结果为"待观察"。 8 月，98 学年度新增天文研究所博士班（理学院）、先进光源科技博士学位学程、原子科学学士班；"科技管理研究所硕士在职专班"更名为"经营管理硕士在职专班"，且改隶科技管理学院。 9 月，为增进北京清华大学与本校在学术研究领域中相互合作，促成卓越研究，双方每年编列经费，分别补助两方研究团队，实施"两岸清华合作计划"。
2010 年	2 月 1 日，陈文村校长卸任，由材料系陈力俊教授继任。 4 月 1 日，诺贝尔生理医学奖得主"DNA 之父"詹姆斯华生（James D. Watson）博士为生命科学院二馆的"詹姆斯.华生演讲厅"命名仪式揭牌且发表专题演说，本校并颁予荣誉特聘讲座教授头衔。 5 月 17 日，李伟德校友（核工系 1969 级）慷慨捐赠新台币一亿五千万元，协助兴建"绿色低碳能源教学研究大楼"。本笔捐款是清华在台建校以来，最大一笔之校友个人捐赠。 8 月，新增医学科学系（学士班）、学习科学研究所（硕士班）；人文社会学系与人文社会学院学士班整并为人文社会学院学士班；"原子科学院学士学位学程"更名为"原子科学院学士班"、"生命科学院学士学位学程"更名为"生命科学院学士班"、"理学院学士学位学程"更名为"理学院学士班"、"科技管理学院学士学位学程"更名为"科技管理学院学士班"。 9 月，本学年度入学学生成绩由百分计分法改采等级制。

2011 年	"清华百岁庆，五五百大进"，为庆祝创校一百周年暨在台建校 55 周年，展开为期一年的各式庆祝活动。两岸清华大学亦互派副校长带团参加百岁校庆活动，并洽谈两岸清华合作事宜。校庆大会上，台湾当局领导人马英九及政、商、学界各界代表，以及历届校友齐聚校园，祝贺清华百岁校庆。 4 月，为呈现清华大学百年发展的历史轨迹，本校集结校内外人士力量，出版"校庆系列丛书"：《话说清华》《图像清华》《人物清华》《人培清华》《百岁清华》《相约清华》《原子能与清华》《师铎清华》《梅竹清华》《通识清华》《创业清华》《温馨清华》《游艺清华》《绿能清华》《艺于言表》，建置"水木清华网"——清华校史线上多媒体知识系统，并发行"国立清华大学建校百年纪念"邮票，提供多元的平台与角度来认识清华。 4 月，本校获台教育主管部门"迈向顶尖大学计划"审议通过，获得每年十二亿元补助，本计划自 2011 年 4 月开始执行，为期 5 年。 4 月 16 日，谢宏亮校友（物理系 73 级）捐赠之罗丹"沉思者"铜雕完成安装，4 月 20 日揭幕典礼。本件铜雕亦是本校首件列为珍贵动产管理者。 6 月 7 日，2000 学年度第 4 次校务会议通过，以梅花为新竹清华校花。 9 月，首度招收大陆地区学生来台修读学位，共录取 17 名硕士生、1 名博士生。并获鸿海、威刚科技捐助奖学金。
2012 年	1 月，"电子公文线上签核系统"上线，使本校公文签核由纸本列印，进入电子传输时代。 2 月 15 日，办理清斋启用典礼。本栋创新提供师长房，及短期住宿，为多功能型宿舍。2011 年 9 月完工，总经费 5.79 亿元。 8 月，新增台湾文学研究所博士班，及生物医学工程研究所硕士班。 10 月 26 ～ 27 日，适逢梅贻琦校长逝世 50 周年，特举办研讨会以兹纪念。 11 月 10 日，颁授国际知名动物行为学家——珍古德博士名誉哲学博士学位。 11 月 15 日，校友体育馆正式启用（2011 年 4 月 24 日动土）。此为多功能体育馆，由 145 位校友捐赠金额达一亿七千二百万元兴建，是台湾清华首次由校友捐赠全部经费的建筑。

2013 年	4 月 11 日，学习资源中心——旺宏馆启用，本馆于 2008 年 12 月 18 日动土，2011 年 4 月 24 日落成。 6 月 1 日，奕园揭幕。林海峰、聂卫平及曹薰铉三位围棋大师，首次进行罕见的三人对弈，后定名为"LNT 棋局"。 8 月，新设亚际文化研究国际硕士学位学程，为台湾联合大学系统首次设立之学位学程。 9 月，规划宁静寝室，新生入住新斋 3–5 楼，实行准时熄灯及关闭网路等公约。 10 月，成立清华永续基金，初期即达五千万元的募款目标。 12 月 9 日，"以色列—台湾生命科学双边研讨会"为两国首次进行的正式双边交流会议，由本校及以、台当局机关等单位主办。 12 月 19 日，清华名人堂揭幕，包含诺贝尔奖得主：杨振宁、李远哲等贵宾出席，并于典礼结束后进行"诺贝尔大师在清华"专题演讲，吸引千余位师生参与。
2014 年	2 月 1 日，陈力俊校长卸任，动机系贺陈弘教授继任。 6 月，健康资讯管理系统启用，加强全校教职员生健康检查资料的追踪及统计，并首创自行登录健康指标功能，方便个人健康管理。 8 月，新增服务科学研究所博士班、社群网路与人智计算国际研究生博士学位学程；台湾联合大学系统新增：光电博士学位学程、跨领域神经科学博士学位学程。 8 月，作家王默人先生捐赠本校 350 万美元，以孳息设立"王默人周安仪文学讲座"，为清华获赠来自人文领域的最大笔捐款。 9 月，因应全球化学术交流趋势，学生宿舍鸿斋转型为国际学生宿舍，内设厨房、祈祷室，提供国际学生不同饮食及信仰需求。 11 月 5 日，启动清华永续基金（2013 年 10 月成立）投资计划，为本校首次运用捐款投资股市，入场下单，以所得孳息挹注校务所需。
2015 年	2 月 1 日，"文物馆筹备处"成立，以杨儒宾暨方圣平教授捐款，及清华企业家协会资助之"文化荟—特藏文物发展基金"，推动本校文物馆设置，发展特色典藏。 5 月 6 日，岛内大专院校运动会，清华共获 16 金 9 银 11 铜，创下连续三年皆获 16 金之记录，亦为本校参与此竞赛所获金牌数最高者。 5 月 26 日，本校经管月涵堂前栋建物，经台北市文化资产审议委员会第 69 次会议决议，登录为历史建筑。 8 月，教务处"推广教育组"更名为"推广教育中心"，可直接聘任教师，招生开班，推行新设之推广教育制度，为本校推广教育工作新的里程碑。 8 月，新增跨院国际博士班学位学程、科技法律研究所博士班，及高阶经营管理深圳境外硕士在职专班。 8 月，共教会组织重整，更名为"清华学院"，聘周怀朴副校长为院长。

后 记

经近 10 个月，但凡有时间并进入闭关式的写作，书稿终于撰毕，算做了一件不大不小的事情。纯从时间上看，不足 300 天左右，就完成了一本 20 余万字的书，似有信手拈来之嫌。其实。本书的章节体系实为多年学术积累的结果，且大部分观点都在《高等教育研究》《现代大学教育》《大学教育科学》《书屋》等公开发表过，其中多半文章曾分别受到《文汇读书周报》、《南方都市报·文化周刊》、《人大报刊复印资料·高等教育》、中国社会科学网、国研网等的独立点评或全文转载。本书不过是在过去基础上，当然，也增加了不少新的材料，对原先已有之观点，重新按逻辑关系进行梳理而成。故曰本书不是神来之笔，用时虽短，却是心力之作。

针对台湾"复校"大学的专门研究，尤其是将原民国大学与之对接比较的成果，大陆学术界眼下尚不多见。而于台湾方面观察，此类成果同样鲜见，仅有的极少数成果，也是在高等教育"去中国化"的前提下，认为"复校"大学名不符实，不过是一些有中国情结人士为延续正统的慰藉和寄托。此种情形，令人堪忧。所以，出版此书，也希望学术界关注台湾以"复校"大学为主体的高等教育之发展，借此拓宽中国高等教育发展史的视野。

另外，本书得以完成，首先需感谢台湾政治大学王瑞琦教授，在台期间，从住所、学术日程安排、联系参访学校、借书证办理等，王瑞琦教授均悉心提供了诸多便利；时在政大读研究生的蓝元鸿同学，作为我在台调研的生活助手，也为我解决了不少难题。书稿写完后，湖南电气职业技术学院严俊杰博士、湖南工程学院唐林轩老师不厌其烦校对了初稿，在此一并致谢。

黄俊伟

2017 年 6 月